성남시 의료원

필기전형

성남시의료원

필기전형

초판 발행	2021년 11월 26일
개정판 발행	2026년 3월 6일

편 저 자 | 취업적성연구소
발 행 처 | ㈜서원각
등록번호 | 1999-1A-107호
주　　소 | 경기도 고양시 일산서구 덕산로 88-45(가좌동)
교재주문 | 031-923-2051
팩　　스 | 031-923-3815
교재문의 | 카카오톡 플러스 친구[서원각]
홈페이지 | goseowon.com

PREFACE

우리나라 기업들은 1960년대 이후 현재까지 비약적인 발전을 이루었다. 이렇게 급속한 성장을 이룰 수 있었던 배경에는 우리나라 국민들의 근면성 및 도전정신이 있었다. 그러나 빠르게 변화하는 세계 경제의 환경에 적응하기 위해서는 근면성과 도전정신 이외에 또 다른 성장 요인이 필요하다.

최근 많은 공사·공단에서는 기존의 직무 관련성에 대한 고려 없이 인·적성, 지식 중심으로 치러지던 필기전형을 탈피하고, 산업현장에서 직무를 수행하기 위해 요구되는 능력을 산업부문별·수준별로 체계화 및 표준화한 NCS를 기반으로 하여 채용공고 단계에서 제시되는 직무 설명자료상의 직업기초능력과 직무수행능력을 측정하기 위한 직업기초능력평가, 직무수행능력평가 등을 도입하고 있다.

성남시의료원에서도 업무에 필요한 역량 및 책임감과 적응력 등을 구비한 인재를 선발하기 위하여 고유의 필기전형을 치르고 있다. 본서는 성남시의료원 채용대비를 위한 필독서로 성남시의료원 필기전형의 출제영역별 NCS 빈출 유형을 엄선·수록하여 응시자들이 보다 쉽게 시험유형을 파악하고 효율적으로 대비할 수 있도록 구성하였다.

신념을 가지고 도전하는 사람은 반드시 그 꿈을 이룰 수 있습니다. 처음에 품은 신념과 열정이 취업 성공의 그 날까지 빛바래지 않도록 서원각이 수험생 여러분을 응원합니다.

STRUCTURE

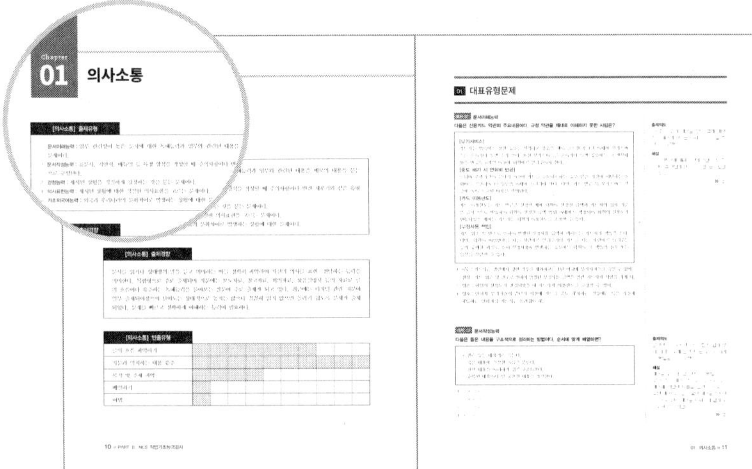

직업기초능력평가 출제경향 분석

평가항목별로 정리하여 출제유형, 출제경향, 빈출유형 분석표를 한눈에 볼 수 있도록 정리하였습니다.

평가항목별 대표유형문제 정리

평가항목별 모듈형으로 반드시 익혀둬야 하는 대표유형문제를 수록하였습니다.

출제예상문제

출제가 예상되는 문제를 다양한 유형별로 수록하여 학습에 도움이 되도록 하였습니다.

인성검사 분석

인성검사 준비전략

준비전략, 평가요소, 불합격 요인, 대응 전략을 상세히 저술하여 인성검사 준비에 도움이 되도록 하였습니다.

성향별 대응전략

심리적 측면, 행동적 측면, 의욕적 측면 별로 성향을 구분하여 특징을 정리하였습니다.

인성검사 예시

인성검사 시험에 출제되는 문제 예시를 정리하고, 응답 전략에 대해서 상세하게 정리하였습니다.

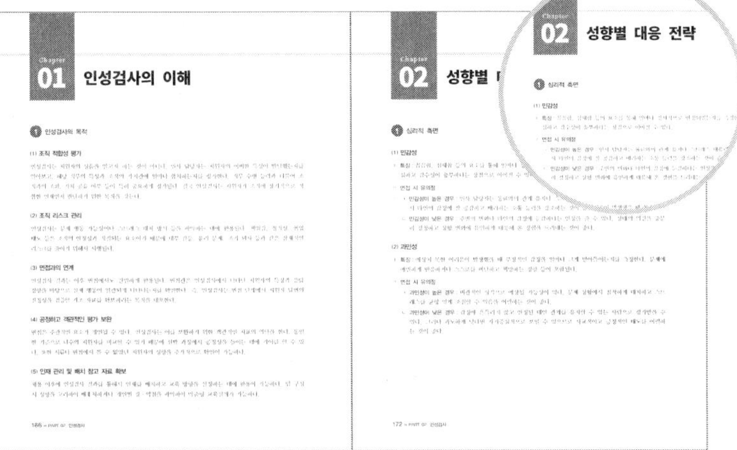

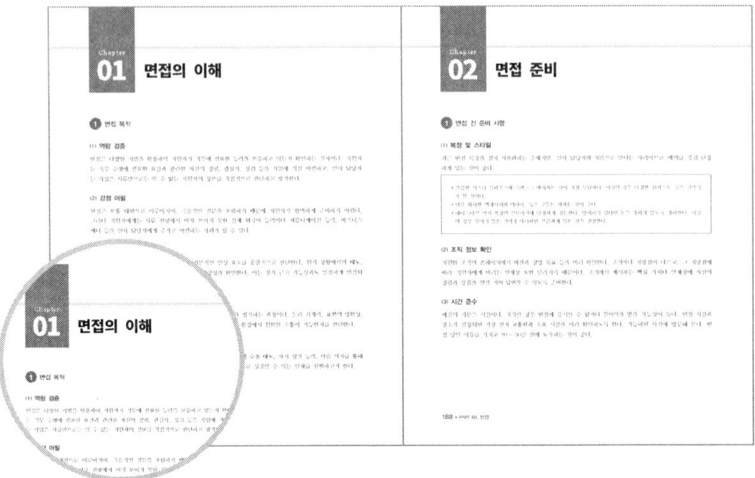

면접 분석

면접 준비

면접 전에 준비해야 할 것, 면접 중에 유념해야 할 것과 면접관이 감점을 주는 포인트를 정리하여 면접 준비에 도움이 되도록 하였습니다.

면접 답변 전략

면접 구조 및 유형별로 준비전략을 상세하게 정리하여 면접에 대한 감을 익히도록 하였습니다.

다빈도 기출질문

자주 출제되는 질문을 정리하였습니다.

CONTENTS

(1) 의료원 소개

성남시의료원은 우리나라 최초 시민발의로 건립한 시립의료원입니다.

① 우수한 의료진 및 시스템 … 최고의 의료진과 환자중심의 의료서비스

    ㉠ 진료과별 다양한 임상경험을 갖춘 전문의로 구성되어 환자중심의 의료서비스를 제공하고자 합니다.

    ㉡ 질환에 대한 여러 진료과 전문가와 최적의 치료를 위해 협진하는 다학제 협진 시스템은 환자를 위한 최적의 치료방법을 찾아 빠른 쾌유를 도움을 드릴 것입니다.

② 스마트 의료기술 연구개발 … 성남시 스마트병원

    ㉠ IT 기업들과의 결합을 통한 보건의료 서비스를 개발하여 미래 의료 서비스를 준비하고 있습니다.

    ㉡ 병원을 찾는 환자에게 스마트 기기를 활용한 의료체험 및 건강 학습 프로그램 등을 제공하여 재미와 감동을 드리겠습니다.

③ 응급의료중심의 공공의료모델 … 선진화된 응급의료시스템

    ㉠ 골든타임에 치료받지 못해 소중한 생명을 잃게 되는 상황을 막을 수 있는 선진화된 응급의료시스템을 구축하고 있습니다.

    ㉡ 국가기반 응급의료체계의 효과성과 효율성을 넘어서는 지역기반 응급의료체계를 구축하고 있습니다.

④ 지역사회통합 건강시스템 … 성남시 보건 의료 자원들과의 밀접한 연계

    ㉠ 성남시 보건의료 당국 및 보건 의료 자원들과 밀접하게 연계해 지역사회통합 건강시스템을 운영하고 있습니다.

    ㉡ 병원을 찾는 환자의 치료뿐만 아니라 지역으로 돌아가 연속적인 치료 서비스를 받아 건강한 삶을 누릴 수 있도록 돕겠습니다.

⑤ 장애물 없는 생활환경 … 가장 먼저 환자를 생각하는 가치중심 병원

    ㉠ 장애인 및 사회적 약자의 불편함이 없도록 환경을 개선하여 누구나 편리하게 이용할 수 있도록 하였습니다.

    ㉡ 병원을 찾는 모든 이가 믿고 찾을 수 있는 병원을 만들어 나가도록 하겠습니다.

(2) 미션 및 비전

① 우리 의료원의 사명(MISSION) … 신뢰 받는 보건의료서비스를 제공하여 시민의 건강증진을 실현한다.

② 우리 의료원이 나아갈 길(VISION)

    ㉠ 지역사회 공공의료를 선도하는 병원

    ㉡ 책임지는 응급의료서비스를 제공하는 병원

    ㉢ 진료, 연구, 교육의 조화로 발전하는 병원

    ㉣ 시민과 직원들이 자긍심을 갖는 병원

③ 우리 의료원이 지켜야 할 핵심가치(CORE VALUE) … 봉사, 협력, 발전, 청렴

(3) 전형절차

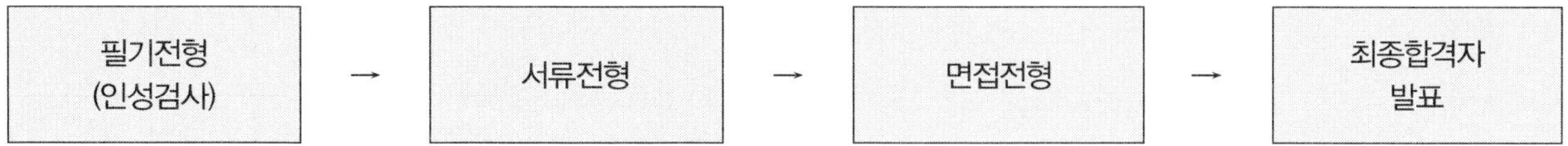

(4) 필기전형(인성검사)

① 직업기초능력평가(50문항)

　ㄱ 평가항목 : 의사소통 20문항, 수리 10문항, 문제해결 10문항, 직업윤리 10문항

　ㄴ 40퍼센트 이상 득점한 자 중 가산점을 포함한 총 득점이 높은 순으로 채용 예정 인원의 3배수 선정(동점자의 경우 전원합격)

② 인성검사(온라인)

　ㄱ 대상자 : 응시자 전원(필기시험 합격자)

　ㄴ 약 320문항 출제 (약 55분 소요)

　ㄷ 면접전형 참고자료로 활용

　ㄹ 필기시험 및 인성검사 구성은 대행업체 상호 검토 시 변경될 수 있음

(5) 서류전형(필기전형(온라인) 합격자)

① 채용공고에 맞는 대상에 한하여 적격여부 판단

② 지원서 작성 시 해당 자격기준에 대한 충족조건을 명시해야 하며 서류작성에 대한 기재내용 오기 및 누락으로 인한 불이익에 대한 책임은 지원자 본인에게 있음

③ 제출서류 진위 여부를 판단하여 적격하지 못할 경우 등의 사유 발생 시 불합격 처리함

(6) 면접전형(서류전형 적격자)

① 다대다 면접 또는 다대일 면접 방식으로 진행

　ㄱ 평가항목 : 직무적합성, 대인관계능력, 자기계발능력, 직업윤리 등

　ㄴ 가산점을 포함한 총 면접점수 60퍼센트 초과 득점한 자 중 필기점수 50% + 면접점수 50% 합산하여 고득점자 순으로 채용 결정

② 해당 직종(분야)에 따라 직무적합성 평가의 경우 실기시험을 진행 할 수 있으며 진행 시 면접 당일 안내 예정임

직업기초
능력평가

[의사소통] 출제유형

① 문서이해능력 : 업무 관련성이 높은 문서에 대한 독해능력과 업무와 관련된 내용을 메모의 내용을 묻는 문제이다.
② 문서작성능력 : 공문서, 기안서, 매뉴얼 등 특정 양식을 작성할 때 주의사항이나 빈칸 채우기와 같은 유형으로 구성된다.
③ 경청능력 : 제시된 상황을 적절하게 경청하는 것을 묻는 문제이다.
④ 의사표현능력 : 제시된 상황에 대한 적절한 의사표현을 고르는 문제이다.
⑤ 기초외국어능력 : 외국과 우리나라의 문화차이로 발생하는 상황에 대한 문제이다.

[의사소통] 출제경향

문서를 읽거나 상대방의 말을 듣고 의미하는 바를 정확히 파악하여 자신의 의사를 표현·전달하는 능력을 의미한다. 복합형으로 주로 출제되며 지문에는 보도자료, 참고자료, 회의자료, 상품설명서 등의 자료로 글의 흐름이나 유추하는 독해능력을 물어보는 질문이 주로 출제가 되고 있다. 최근에는 디지털 관련 지문이 일부 출제되어졌으며 난이도는 상대적으로 높지는 않으나 꼼꼼히 읽지 않으면 틀리기 쉽도록 문제가 출제되었다. 문제를 빠르고 정확하게 이해하는 능력이 필요하다.

[의사소통] 빈출유형

글의 흐름 파악하기											
지문과 일치하는 내용 유추											
목적 및 주제 파악											
배열하기											
어법											

예제 01 문서이해능력

다음은 신용카드 약관의 주요내용이다. 규정 약관을 제대로 이해하지 못한 사람은?

> [부가서비스]
> 카드사는 법령에서 정한 경우를 제외하고 상품을 새로 출시한 후 1년 이내에 부가서비스를 줄이거나 없앨 수가 없다. 또한 부가서비스를 줄이거나 없앨 경우에는 그 세부내용을 변경일 6개월 이전에 회원에게 알려주어야 한다.
>
> [중도 해지 시 연회비 반환]
> 연회비 부과기간이 끝나기 이전에 카드를 중도해지하는 경우 남은 기간에 해당하는 연회비를 계산하여 10 영업일 이내에 돌려줘야 한다. 다만, 카드 발급 및 부가서비스 제공에 이미 지출된 비용은 제외된다.
>
> [카드 이용한도]
> 카드 이용한도는 카드 발급을 신청할 때에 회원이 신청한 금액과 카드사의 심사 기준을 종합적으로 반영하여 회원이 신청한 금액 범위 이내에서 책정되며 회원의 신용도가 변동되었을 때에는 카드사는 회원의 이용한도를 조정할 수 있다.
>
> [부정사용 책임]
> 카드 위조 및 변조로 인하여 발생된 부정사용 금액에 대해서는 카드사가 책임을 진다. 다만, 회원이 비밀번호를 다른 사람에게 알려주거나 카드를 다른 사람에게 빌려주는 등의 중대한 과실로 인해 부정사용이 발생하는 경우에는 회원이 그 책임의 전부 또는 일부를 부담할 수 있다.

① 혜수 : 카드사는 법령에서 정한 경우를 제외하고는 1년 이내에 부가서비스를 줄일 수 없어.

② 진성 : 카드 위조 및 변조로 인하여 발생된 부정사용 금액은 일괄 카드사가 책임을 지게 돼.

③ 영훈 : 회원의 신용도가 변경되었을 때 카드사가 이용한도를 조정할 수 있어.

④ 영호 : 연회비 부과기간이 끝나기 이전에 카드를 중도 해지하는 경우에는 남은 기간에 해당하는 연회비를 카드사는 돌려줘야 해.

출제의도

주어진 약관의 내용을 읽고 그에 대한 상세 내용의 정보를 이해하는 능력을 측정하는 문항이다.

해설

② 부정사용에 대해 고객의 과실이 있으면 회원이 그 책임의 전부 또는 일부를 부담할 수 있다.

》 ②

예제 02 문서작성능력

다음은 들은 내용을 구조적으로 정리하는 방법이다. 순서에 맞게 배열하면?

> ㉠ 관련 있는 내용끼리 묶는다.
> ㉡ 묶은 내용에 적절한 이름을 붙인다.
> ㉢ 전체 내용을 이해하기 쉽게 구조화한다.
> ㉣ 중복된 내용이나 덜 중요한 내용을 삭제한다.

① ㉠㉡㉢㉣

② ㉠㉡㉣㉢

③ ㉡㉠㉢㉣

④ ㉡㉠㉣㉢

출제의도

음성정보는 문자정보와는 달리 쉽게 잊혀 지기 때문에 음성정보를 구조화 시키는 방법을 묻는 문항이다.

해설

내용을 구조적으로 정리하는 방법은 '㉠ 관련 있는 내용끼리 묶는다. → ㉡ 묶은 내용에 적절한 이름을 붙인다. → ㉣ 중복된 내용이나 덜 중요한 내용을 삭제한다. → ㉢ 전체 내용을 이해하기 쉽게 구조화한다.'가 적절하다.

》 ②

예제 03 문서작성능력

다음 중 공문서 작성에 대한 설명으로 가장 적절하지 못한 것은?

① 공문서나 유가증권 등에 금액을 표시할 때에는 한글로 기재하고 그 옆에 괄호를 넣어 숫자로 표기한다.
② 날짜는 숫자로 표기하되 년, 월, 일의 글자는 생략하고 그 자리에 온점(.)을 찍어 표시한다.
③ 첨부물이 있는 경우에는 붙임 표시문 끝에 1자 띄우고 "끝."이라고 표시한다.
④ 공문서의 본문이 끝났을 경우에는 1자를 띄우고 "끝."이라고 표시한다.

예제 04 경청능력

다음은 면접스터디 중 일어난 대화이다. 민아의 고민을 해소하기 위한 조언으로 가장 적절한 것은?

> 지섭 : 민아씨, 어디 아파요? 표정이 안 좋아 보여요.
> 민아 : 제가 원서 넣은 공단이 내일 면접이어서요. 그동안 스터디를 통해서 면접 연습을 많이 했는데도 벌써부터 긴장이 되네요.
> 지섭 : 민아씨는 자기 의견도 명확히 피력할 줄 알고 조리 있게 설명을 잘 하시니 걱정 안하셔도 될 것 같아요. 아, 손에 꽉 쥐고 계신 건 뭔가요?
> 민아 : 아, 제가 예상 답변을 정리해서 모아둔거에요. 내용은 거의 외웠는데 이렇게 쥐고 있지 않으면 불안해서
> 지섭 : 그 정도로 준비를 철저히 하셨으면 걱정할 이유 없을 것 같아요.
> 민아 : 그래도 압박면접이거나 예상치 못한 질문이 들어오면 어떻게 하죠?
> 지섭 : _______________________________________

① 시선을 적절히 처리하면서 부드러운 어투로 말하는 연습을 해보는 건 어때요?
② 공식적인 자리인 만큼 옷차림을 신경 쓰는 게 좋을 것 같아요.
③ 당황하지 말고 질문자의 의도를 잘 파악해서 침착하게 대답하면 되지 않을까요?
④ 예상 질문에 대한 답변을 좀 더 정확하게 외워보는 건 어떨까요?

예제 05 의사표현능력

당신은 팀장님께 업무 지시내용을 수행하고 결과물을 보고 드렸다. 하지만 팀장님께서는 "최대리 업무를 이렇게 처리하면 어떡하나? 누락된 부분이 있지 않은가."라고 말하였다. 이에 대해 당신이 행할 수 있는 가장 부적절한 대처 자세는?

① "죄송합니다. 제가 잘 모르는 부분이라 이수혁 과장님께 부탁을 했는데 과장님께서 실수를 하신 것 같습니다."
② "주의를 기울이지 못해 죄송합니다. 어느 부분을 수정보완하면 될까요?"
③ "지시하신 내용을 제가 충분히 이해하지 못하였습니다. 내용을 다시 한 번 여쭤보아도 되겠습니까?"
④ "부족한 내용을 보완하는 자료를 취합하기 위해서 하루정도가 더 소요될 것 같습니다. 언제까지 재작성하여 드리면 될까요?"

1 다음은 A 출판사 B 대리의 업무보고서이다. 이 업무보고서를 통해 알 수 있는 내용이 아닌 것은?

업무 내용	비고
09:10~10:00 [실내 인테리어] 관련 신간 도서 저자 미팅	※ 외주 업무 진행 보고
10:00~12:30 시장 조사(시내 주요 서점 방문)	1. [보세사] 원고 도착
12:30~13:30 점심식사	2. [월간 무비스타] 영화평론 의뢰
13:30~17:00 시장 조사 결과 분석 및 보고서 작성	
17:00~18:00 영업부 회의 참석	※ 중단 업무
※ 연장근무	1. [한국어교육능력] 기출문제 분석
1. 문화의 날 사내 행사 기획 회의	2. [관광통역안내사] 최종 교정

① B 대리는 A 출판사 영업부 소속이다.

② [월간 무비스타]에 실리는 영화평론은 A 출판사 직원이 쓴 글이 아니다.

③ B 대리는 시내 주요 서점을 방문하고 보고서를 작성하였다.

④ A 출판사에서는 문화의 날에 사내 행사를 진행할 예정이다.

⑤ B 대리의 현재 중단 업무는 2개이다.

✔해설 ① B 대리가 영업부 회의에 참석한 것은 사실이나, 해당 업무보고서만으로 A 출판사 영업부 소속이라고 단정할 수는 없다.

ANSWER 1.①

2 다음의 업무제휴협약서를 보고 이해한 내용을 기술한 것 중 가장 적절하지 않은 것을 고르면?

〈업무제휴협약〉

㈜○○○과 ★★ CONSULTING(이하 ★★)는 상호 이익 증진을 목적으로 신의성실의 원칙에 따라 다음과 같이 업무협약을 체결합니다.

1. 목적
양사는 각자 고유의 업무영역에서 최선을 다하고 영업의 효율적 진행과 상호 관계의 증진을 통하여 상호 발전에 기여하고 편의를 적극 도모하고자 한다.

2. 업무내용
① ㈜○○○의 A제품 관련 홍보 및 판매
② ★★ 온라인 카페에서 A제품 안내 및 판매
③ A제품 관련 마케팅 제반 정보 상호 제공
④ A제품 판매에 대한 합의된 수수료 지급
⑤ A제품 관련 무료 A/S 제공

3. 업체상호사용
양사는 업무제휴의 목적에 부합하는 경우에 한하여 상대의 상호를 마케팅에 사용 가능하나 사전에 협의된 내용을 변경할 수 없다.

4. 공동마케팅
양사는 상호 이익 증진을 위하여 공동으로 마케팅을 할 수 있다. 공동마케팅을 필요로 할 경우 그 일정과 방법을 상호 협의하여 진행하여야 한다.

5. 협약기간
본 협약의 유효기간은 1년으로 하며, 양사는 매년 초 상호 합의에 의해 유효기간을 1년 단위로 연장할 수 있고 필요 시 업무제휴 내용의 변경이 가능하다.

6. 기타사항
① 양사는 본 협약의 권리의무를 타인에게 양도할 수 없다.
② 양사는 상대방의 상호, 지적재산권 및 특허권 등을 절대 보장하며 침해할 수 없다.
③ 양사는 업무제휴협약을 통해 알게 된 정보에 대해 정보보안을 요청할 경우, 대외적으로 비밀을 유지하여야 한다.

2026년 1월 1일

㈜○○○　　　　　　　　　　　　　　　★★ CONSULTING
대표이사 김XX　　　　　　　　　　　　대표이사 이YY

① 해당 문서는 두 회사의 업무제휴에 대한 전반적인 사항을 명시하기 위해 작성되었다.

② ★★은 자사의 온라인 카페에서 ㈜○○○의 A제품을 판매하고 이에 대해 합의된 수수료를 지급 받는다.

③ ★★은 업무 제휴의 목적에 부합하는 경우에 ㈜○○○의 상호를 마케팅에 사용할 수 있으며 사전에 협의된 내용을 변경할 수 있다.

④ 협약기간에 대한 상호 합의가 없다면, 본 계약은 2026년 12월 31일부로 만료된다.

⑤ ★★은 ㈜○○○의 지적재산권 및 특허권을 절대 보장하며 침해할 수 없다.

✔ **해설** '3. 업체상호사용' 항목에 따르면, 양사는 업무제휴의 목적에 부합하는 경우에 한하여 상대의 상호를 마케팅에 사용 가능하나 사전에 협의된 내용을 변경할 수는 없다.

▌3~4▐ **다음은 어느 공사의 윤리강령에 관한 일부 내용이다. 이를 보고 물음에 답하시오.**

임직원의 기본윤리
- 제4조 : 임직원은 공사의 경영이념과 비전을 공유하고 공사가 추구하는 목표와 가치에 공감하여 창의적인 정신과 성실한 자세로 맡은바 책임을 다하여야 한다.
- 제7조 : 임직원은 직무를 수행함에 있어 공사의 이익에 상충되는 행위나 이해관계를 하여서는 아니 된다.
- 제8조 : 임직원은 직무와 관련하여 사회통념상 용인되는 범위를 넘어 공정성을 저해할 수 있는 금품 및 향응 등을 직무관련자에게 제공하거나 직무관련자로부터 제공받아서는 아니 된다.
- 제12조 : 임직원은 모든 정보를 정당하고 투명하게 취득·관리하여야 하며 회계기록 등의 정보는 정확하고 정직하게 기록·관리하여야 한다.

고객에 대한 윤리
- 제13조 : 임직원은 고객이 공사의 존립이유이며 목표라는 인식하에서 항상 고객을 존중하고 고객의 입장에서 생각하며 고객을 모든 행동의 최우선의 기준으로 삼는다.
- 제14조 : 임직원은 고객의 요구와 기대를 정확하게 파악하여 이에 부응하는 최고의 상품과 최상의 서비스를 제공하기 위해 노력한다.

경쟁사 및 거래업체에 대한 윤리
- 제16조 : 임직원은 모든 사업 및 업무활동을 함에 있어서 제반법규를 준수하고 국내외 상거래관습을 존중한다.
- 제17조 : 임직원은 자유경쟁의 원칙에 따라 시장경제 질서를 존중하고 경쟁사와는 상호존중을 기반으로 정당한 선의의 경쟁을 추구한다.
- 제18조 : 임직원은 공사가 시행하는 공사·용역·물품구매 등의 입찰 및 계약체결 등에 있어서 자격을 구비한 모든 개인 또는 단체에게 평등한 기회를 부여한다.

ANSWER 2.③

임직원에 대한 윤리

- 제19조 : 공사는 임직원에 대한 믿음과 애정을 가지고 임직원 개개인을 존엄한 인격체로 대하며, 임직원 개인의 종교적 · 정치적 의사와 사생활을 존중한다.
- 제20조 : 공사는 교육 및 승진 등에 있어서 임직원 개인의 능력과 자질에 따라 균등한 기회를 부여하고, 성과와 업적에 대해서는 공정하게 평가하고 보상하며, 성별 · 학력 · 연령 · 종교 · 출신지역 · 장애 등을 이유로 차별하거나 우대하지 않는다.
- 제21조 : 공사는 임직원의 능력개발을 적극 지원하여 전문적이고 창의적인 인재로 육성하고, 임직원의 독창적이고 자율적인 사고와 행동을 촉진하기 위하여 모든 임직원이 자유롭게 제안하고 의사표현을 할 수 있는 여건을 조성한다.

3 공사의 윤리강령을 보고 이해한 내용으로 가장 적절하지 않은 것은?

① 윤리강령은 윤리적 판단의 기준을 임직원에게 제공하기 위해 작성되었다.
② 국가와 사회에 대한 윤리는 위의 윤리강령에 언급되지 않았다.
③ 임직원이 지켜야 할 행동 기준뿐만 아니라 공사가 임직원을 어떻게 대해야 하는지에 관한 윤리도 포함되었다.
④ 강령에 저촉된 행위를 한 임직원에 대하여는 징계 조치를 취할 수 있다.
⑤ 공사는 임직원에 대하여 성별 · 학력 · 연령 · 종교 · 출신지역 · 장애 등을 이유로 차별하거나 우대하지 않는다.

✔해설 ④ 윤리강령을 나열하였을 뿐, 징계 조치에 관한 부분은 나와 있지 않다.

4 위의 '임직원의 기본윤리' 중 언급되지 않은 항목은?

① 이해충돌 회피
② 부당이득 수수금지
③ 투명한 정보관리
④ 책임완수
⑤ 자기계발

✔해설 제4조는 책임완수, 제7조는 이해충돌 회피, 제8조는 부당이득 수수 금지, 제12조는 투명한 정보관리에 관한 내용이다. 자기계발에 관한 부분은 언급되지 않았다.

5 다음은 유인입국심사에 대한 설명이다. 옳지 않은 것은?

◆ 유인입국심사 안내
- 입국심사는 국경에서 허가받는 행위로 내외국인 분리심사를 원칙으로 하고 있습니다.
- 외국인(등록외국인 제외)은 입국신고서를 작성하여야 하며, 등록대상인 외국인은 입국일로부터 90일 이내 관할 출입국관리사무소에 외국인 등록을 하여야 합니다.
- 단체사증을 소지한 중국 단체여행객은 입국신고서를 작성하지 않으셔도 됩니다.(청소년 수학여행객은 제외)
- 대한민국 여권을 위·변조하여 입국을 시도하는 외국인이 급증하고 있으므로 다소 불편하시더라도 입국심사관의 얼굴 대조, 질문 등에 적극 협조하여 주시기 바랍니다.
- 외국인 사증(비자) 관련 사항은 법무부 출입국 관리국으로 문의하시기 바랍니다.

◆ 입국신고서 제출 생략
내국인과 90일 이상 장기체류 할 목적으로 출입국사무소에 외국인 등록을 마친 외국인의 경우 입국신고서를 작성하실 필요가 없습니다.

◆ 심사절차

STEP 01	기내에서 입국신고서를 작성하지 않은 외국인은 심사 전 입국신고서를 작성해 주세요.
STEP 02	내국인과 외국인 심사 대기공간이 분리되어 있으니, 줄을 설 때 주의해 주세요. ※ 내국인은 파란선, 외국인은 빨간선으로 입장
STEP 03	심사대 앞 차단문이 열리면 입장해 주세요.
STEP 04	내국인은 여권을, 외국인은 입국신고서와 여권을 심사관에게 제시하고, 심사가 끝나면 심사대를 통과해 주세요. ※ 17세 이상의 외국인은 지문 및 얼굴 정보를 제공해야 합니다.

① 등록대상인 외국인은 입국일로부터 90일 이내 관할 출입국관리사무소에 외국인 등록을 하여야 한다.

② 중국 청소년 수학여행객은 단체사증을 소지하였더라도 입국신고서를 작성해야 한다.

③ 모든 외국인은 지문 및 얼굴 정보를 제공해야 한다.

④ 입국심사를 하려는 내국인은 파란선으로 입장해야 한다.

⑤ 내국인은 입국신고서를 작성할 필요가 없다.

✔해설 ③ 지문 및 얼굴 정보 제공은 17세 이상의 외국인에 해당한다.

6 〈보기〉를 참조할 때, ㉠과 유사한 예로 볼 수 없는 것은?

> 어머니가 세탁기 버튼을 눌러 놓고는 텔레비전 드라마를 보고 있다. 우리가 이러한 모습을 볼 수 있는 이유는 바로 전자동 세탁기의 등장 때문이다. 전자동 세탁기는 세탁조 안에 탈수조가 있으며 탈수조 바닥에는 물과 빨랫감을 회전시키는 세탁판이 있다. 그리고 세탁조 밑에 클러치가 있는데, 클러치는 모터와 연결되어 있어서 모터의 힘을 세탁판이나 탈수조에 전달한다. 마이크로컴퓨터는 이 장치들을 제어하여 빨래를 하게 한다. 그렇다면 빨래로부터 주부들의 ㉠ <u>손을 놓게</u> 한 전자동 세탁기는 어떻게 빨래를 하는가?

> 〈보기〉
>
> ㉠은 '손(을)'과 '놓다'가 결합하여, 각 단어가 지닌 원래 의미와는 다른 새로운 의미, 즉 '하던 일을 그만두거나 잠시 멈추다.'의 뜻을 나타낸다. 이렇게 두 개 이상의 단어가 만나 새로운 의미를 가지는 경우가 있다.

① 어제부터 모두들 그 식당에 <u>발을 끊었다</u>.
② 모든 학생들이 선생님 말씀에 <u>귀를 기울였다</u>.
③ 결국은 결승전에서 우리 편이 <u>무릎을 꿇었다</u>.
④ 조용히 <u>눈을 감고</u> 미래의 자신의 모습을 생각했다.
⑤ 장에 가신 아버지가 오시기를 <u>목을 빼고</u> 기다렸다.

✔해설 ④ '눈을 감고'는 눈꺼풀을 내려 눈동자를 덮는 것을 의미한다. 단어의 본래의 의미가 사용되었으므로 관용적 표현이 아니다.

7 다음은 항공보안 자율신고제도의 FAQ이다. 잘못 이해한 사람은?

> Ⓠ 누가 신고하나요?
> Ⓐ 누구든지 신고할 수 있습니다.
> • 승객(공항이용자) : 여행 중에 항공보안에 관한 불편사항 및 제도개선에 필요한 내용 등을 신고해 주세요.
> • 보안업무 종사자 : 업무 수행 중에 항공보안 위해요인 및 항공보안을 해칠 우려가 있는 사항 등을 신고해 주세요.
> • 일반업무 종사자 : 공항 및 항공기 안팎에서 업무 수행 중에 항공보안 분야에 도움이 될 사항 등을 신고해 주세요.
>
> Ⓠ 신고한 내용은 어디에 활용되나요?
> Ⓐ 신고내용은 위험분석 및 평가와 개선대책 마련을 통해 국가항공보안 수준을 향상시키는데 활용됩니다.

Ⓠ 무엇을 신고하나요?

Ⓐ 항공보안 관련 내용은 무엇이든지 가능합니다.

• 항공기내 반입금지 물품이 보호구역(보안검색대 통과 이후 구역) 또는 항공기 안으로 반입된 경우

• 승객과 승객이 소지한 휴대물품 등에 대해 보안검색이 미흡하게 실시된 경우

• 상주직원과 그 직원이 소지한 휴대물품 등에 대해 보안검색이 미흡하게 실시된 경우

• 검색 받은 승객과 받지 않은 승객이 섞이는 경우

• X-ray 및 폭발물흔적탐지장비 등 보안장비가 정상적으로 작동이 되지 않은 상태로 검색이 된 경우

• 공항운영자의 허가를 받지 아니하고 보호구역에 진입한 경우

• 항공기 안에서의 소란 · 흡연 · 폭언 · 폭행 · 성희롱 등 불법행위가 발생된 경우

• 항공보안 기준 위반사항을 인지하거나 국민불편 해소 및 제도개선이 필요한 경우

Ⓠ 신고자의 비밀은 보장되나요?

Ⓐ 「항공보안법」 제33의2에 따라 다음과 같이 신고자와 신고내용이 철저히 보호됩니다.

• 누구든지 자율신고 내용 등을 이유로 신고자에게 불이익한 조치를 하는 경우 1천만 원 이하 과태료 부과

• 신고자의 의사에 반하여 개인정보를 공개할 수 없으며, 신고내용은 보안사고 예방 및 항공보안 확보 목적
  이외의 용도로 사용금지

Ⓠ 마시던 음료수는 보안검색대를 통과할 수 있나요?

Ⓐ 국제선을 이용하실 때에는 100ml 이하 용기에 한해 투명지퍼백(1L)에 담아야 반입이 가능합니다.

① 甲 : 공항직원이 아니라도 공항이용자라면 누구든지 신고가 가능하군.

② 乙 : 기내에서 담배를 피우는 사람을 발견하면 신고해야겠네.

③ 丙 : 자율신고자에게 불이익한 조치를 하면 1천만 원 이하의 과태료에 처해질 수 있군.

④ 丁 : 500ml 물병에 물이 100ml 이하로 남았을 경우 1L 투명지퍼백에 담으면 국제선에 반입이 가능하네.

⑤ 戊 : 자율신고를 통해 국가항공보안 수준을 향상시키려는 좋은 제도구나.

✔ 해설   ④ 100ml 이하 용기에 한함으로 500ml 물병에 들어있는 물은 국제선 반입이 불가능하다.

┃8~9┃ 다음은 어느 회사 약관의 일부이다. 약관을 읽고 물음에 답하시오.

제6조(보증사고)

① 보증사고라 함은 아래에 열거된 보증사고 사유 중 하나를 말합니다.

   1. 보증채권자가 전세계약기간 종료 후 1월까지 정당한 사유 없이 전세보증금을 반환받지 못하였을 때

   2. 전세계약 기간 중 전세목적물에 대하여 경매 또는 공매가 실시되어, 배당 후 보증채권자가 전세보증금을 반환받지 못하였을 때

② 제1항 제1호의 보증사고에 있어서는 전세계약기간이 갱신(묵시적 갱신을 포함합니다)되지 않은 경우에 한합니다.

제7조(보증이행 대상이 아닌 채무)

보증회사는 다음 각 호의 어느 하나에 해당하는 사유가 있는 경우에는 보증 채무를 이행하지 아니합니다.

   1. 천재지변, 전쟁, 내란 기타 이와 비슷한 사정으로 주채무자가 전세계약을 이행하지 못함으로써 발생한 채무

   2. 주채무자의 전세보증금 반환의무 지체에 따른 이자 및 지연손해금

   3. 주채무자가 실제 거주하지 않는 명목상 임차인 등 정상계약자가 아닌 자에게 부담하는 채무

   4. 보증채권자가 보증채무이행을 위한 청구서류를 제출하지 아니하거나 협력의무를 이행하지 않는 등 보증채권자의 책임 있는 사유로 발생하거나 증가된 채무 등

제9조(보증채무 이행청구시 제출서류)

① 보증채권자가 보증채무의 이행을 청구할 때에는 보증회사에 다음의 서류를 제출하여야 합니다.

   1. 보증채무이행청구서

   2. 신분증 사본

   3. 보증서 또는 그 사본(보증회사가 확인 가능한 경우에는 생략할 수 있습니다)

   4. 전세계약이 해지 또는 종료되었음을 증명하는 서류

   5. 명도확인서 또는 퇴거예정확인서

   6. 배당표 등 전세보증금 중 미수령액을 증명하는 서류(경·공매시)

   7. 회사가 요구하는 그 밖의 서류

② 보증채권자는 보증회사로부터 전세계약과 관계있는 서류사본의 교부를 요청받은 때에는 이에 응하여야 합니다.

③ 보증채권자가 제1항 내지 제2항의 서류 중 일부를 누락하여 이행을 청구한 경우 보증회사는 서면으로 기한을 정하여 서류보완을 요청할 수 있습니다.

제18조(분실·도난 등)

보증채권자는 이 보증서를 분실·도난 또는 멸실한 경우에는 즉시 보증회사에 신고하여야 합니다. 만일 신고하지 아니함으로써 일어나는 제반 사고에 대하여 보증회사는 책임을 부담하지 아니합니다.

8 이 회사의 사원 L은 약관을 읽고 질의응답에 답변을 했다. 질문에 대한 답변으로 옳지 않은 것은?

① Q : 2년 전세 계약이 만료되고 묵시적으로 계약이 연장되었는데, 이 경우도 보증사고에 해당하는 건가요?

　A : 묵시적으로 전세계약기간이 갱신된 경우에는 보증사고에 해당하지 않습니다.

② Q : 보증서를 분실하였는데 어떻게 해야 하나요?

　A : 즉시 보증회사에 신고하여야 합니다. 그렇지 않다면 제반 사고에 대하여 보증회사는 책임지지 않습니다.

③ Q : 주채무자가 전세보증금 반환의무를 지체하는 바람에 생긴 지연손해금도 보증회사에서 이행하는 건가요?

　A : 네. 주채무자의 전세보증금 반환의무 지체에 따른 이자 및 지연손해금도 보증 채무를 이행하고 있습니다.

④ Q : 보증회사에 제출해야 하는 서류는 어떤 것들이 있나요?

　A : 보증채무이행청구서, 신분증 사본, 보증서 또는 그 사본, 전세계약이 해지 또는 종료되었음을 증명하는 서류, 명도확인서 또는 퇴거예정확인서, 배당표 등 전세보증금중 미수령액을 증명하는 서류(경·공매시) 등이 있습니다.

⑤ Q : 여름 홍수로 인해서 주채무자가 전세계약을 이행하지 못하고 있습니다. 이 경우에도 보증회사가 보증 채무를 이행하는 건가요?

　A : 천재지변의 사유가 있는 경우에는 보증 채무를 이행하지 아니합니다.

✔ **해설**　③ 주채무자의 전세보증금 반환의무 지체에 따른 이자 및 지연손해금은 보증 채무를 이행하지 아니한다(제7조 제2호).

9 다음과 같은 상황이 발생하여 적용되는 약관을 찾아보려고 한다. 적용되는 약관의 조항과 그에 대한 대응방안으로 옳은 것은?

> 보증채권자인 A는 보증채무 이행을 청구하기 위하여 보증채무이행청구서, 신분증 사본, 보증서 사본, 명도확인서를 제출하였다. 이를 검토해 보던 사원 L은 A가 전세계약이 해지 또는 종료되었음을 증명하는 서류를 제출하지 않은 것을 알게 되었다. 이 때, 사원 L은 어떻게 해야 하는가?

① 제9조 제2항, 청구가 없었던 것으로 본다.

② 제9조 제2항, 기간을 정해 서류보완을 요청한다.

③ 제9조 제3항, 청구가 없었던 것으로 본다.

④ 제9조 제3항, 기간을 정해 서류보완을 요청한다.

⑤ 제9조 제3항, 처음부터 청구를 다시 하도록 한다.

✔ **해설**　보증채권자가 서류 중 일부를 누락하여 이행을 청구한 경우 보증회사는 서면으로 기한을 정하여 서류보완을 요청할 수 있다.

ANSWER 8.③　9.④

10 다음 자료는 H전자 50주년 기념 프로모션에 대한 안내문이다. 안내문을 보고 이해한 내용으로 틀린 사람을 모두 고른 것은?

H전자 50주년 기념행사 안내

50년이라는 시간동안 저희 H전자를 사랑해주신 고객여러분들께 감사의 마음을 전하고자 아래와 같이 행사를 진행합니다. 많은 이용 부탁드립니다.

– 아래 –

1. 기간 : 20××년 12월 1일~ 12월 15일
2. 대상 : 전 구매고객
3. 내용 : 구매 제품별 혜택 상이

제품명		혜택	비고
노트북	H-100	• 15% 할인	현금결제 시 할인금액의 5% 추가 할인
	H-105	• 2년 무상 A/S • 사은품 : 노트북 파우치 or 5GB USB(택1)	
세탁기	H 휘롬	• 20% 할인 • 사은품 : 세제 세트, 고급 세탁기커버	전시상품 구매 시 할인금액의 5% 추가 할인
TV	스마트 H TV	• 46in 구매시 LED TV 21.5in 무상 증정	
스마트폰	H-Tab20	• 10만 원 할인(H카드 사용 시) • 사은품 : 샤오밍 10000mAh 보조배터리	–
	H-V10	• 8만 원 할인(H카드 사용 시) • 사은품 : 샤오밍 5000mAh 보조배터리	–

4. 기타 : 기간 내에 H카드로 매장 방문 20만 원 이상 구매고객에게 1만 서비스 포인트를 더 드립니다.
5. 추첨행사 안내 : 매장 방문고객 모두에게 추첨권을 드립니다(1인 1매).

등수	상품
1등상(1명)	H캠-500D
2등상(10명)	샤오밍 10000mAh 보조배터리
3등상(500명)	스타베네 상품권(1만 원)

※ 추첨권 당첨자는 20××년 12월 25일 www.H-digital.co.kr에서 확인하실 수 있습니다.

┌───┐
│ ㉠ 수미 : H-100 노트북을 현금으로 사면 20%나 할인 받을 수 있구나.
│ ㉡ 병진 : 스마트폰 할인을 받으려면 H카드가 있어야 해.
│ ㉢ 지수 : 46in 스마트 H TV를 사면 같은 기종의 작은 TV를 사은품으로 준대.
│ ㉣ 효정 : H전자에서 할인 혜택을 받으려면 H카드나 현금만 사용해야 하나봐.
└───┘

① 수미   ② 병진, 지수
③ 수미, 효정   ④ 수미, 병진, 효정
⑤ 수미, 지수, 효정

해설 ㉠ 15% 할인 후 가격에서 5%가 추가로 할인되는 것이므로 20%보다 적게 할인된다.
㉡ 위 안내문과 일치한다.
㉢ 같은 기종이 아닌 LED TV가 증정된다.
㉣ 노트북, 세탁기, TV는 따로 H카드를 사용해야 한다는 항목이 없으므로 옳지 않다.

---

11 다음은 '저출산 문제 해결 방안'에 대한 글을 쓰기 위한 개요이다. ㉠에 들어갈 내용으로 가장 적절한 것은?

┌───┐
│ Ⅰ. 서론 : 저출산 문제의 심각성
│ Ⅱ. 본론
│   1. 저출산 문제의 원인
│   ① 출산과 양육에 대한 부담 증가
│   ② 직장 일과 육아 병행의 어려움
│   2. 저출산 문제의 해결 방안
│   ① 출산과 양육에 대한 사회적 책임 강화
│   ② (㉠   )
│ Ⅲ. 결론 : 해결 방안의 적극적 실천 당부
└───┘

① 저출산 실태의 심각성   ② 미혼율 증가와 1인가구 증가
③ 저출산으로 인한 각종 사회문제 발생   ④ 출산율 감소 원인
⑤ 가정을 배려하는 직장 문화 조성

해설 저출산 문제의 원인으로 '직장 일과 육아 병행의 어려움'이 있으므로 해결 방안으로 '가정을 배려하는 직장 문화 조성'이 들어가야 적절하다.

ANSWER 10.⑤ 11.⑤

12 다음 글의 밑줄 친 부분을 고쳐 쓰기 위한 방안으로 적절하지 않은 것은?

> 봉사는 자발적으로 이루어지는 것이므로 원칙적으로 아무런 보상이 주어지지 않는다. ㉠ 그리고 적절한 칭찬이 주어지면 자발적 봉사자들의 경우에도 더욱 적극적으로 활동하게 된다고 한다. ㉡ 그러나 이러한 칭찬 대신 일정액의 보상을 제공하면 어떻게 될까? ㉢ 오히려 봉사자들의 동기는 약화된다고 한다. ㉣ 나는 여름 방학 동안에 봉사활동을 많이 해 왔다. 왜냐하면 봉사에 대해 주어지는 금전적 보상은 봉사자들에게 그릇된 메시지를 전달하기 때문이다. 봉사에 보수가 주어지면 봉사자들은 다른 봉사자들도 무보수로는 일하지 않는다고 생각할 것이고 언제나 보수를 기대하게 된다. 보수를 기대하게 되면 그것은 봉사라고 하기 어렵다. ㉤ 즉, 자발적 봉사가 사라진 자리를 이익이 남는 거래가 차지하고 만다.

① ㉠은 앞의 문장과는 상반된 내용이므로 '하지만'으로 고쳐 쓴다.

② ㉡에서 만일의 상황을 가정하므로 '그러나'는 '만일'로 고쳐 쓴다.

③ ㉢'오히려'는 뒤 내용이 일반적 예상과는 다른 결과가 될 것임을 암시하는데, 이는 적절하므로 그대로 둔다.

④ ㉣은 글의 내용과는 관련 없는 부분이므로 삭제한다.

⑤ ㉤의 '즉'은 '예를 들면'으로 고쳐 쓴다.

✔ **해설** ⑤ '즉'은 옳게 쓰여진 것으로 고쳐 쓰면 안 된다.

┃13~16┃ 다음 글을 순서대로 바르게 배열한 것을 고르시오.

13

> 저소득 계층을 위한 지원 방안으로는 대상자에게 현금을 직접 지급하는 소득보조, 생활필수품의 가격을 할인해 주는 가격보조 등이 있다.
> ㈎ 특별한 조건이 없다면 최적의 소비선택은 무차별 곡선과 예산선의 접점에서 이루어진다.
> ㈏ 또한 X재, Y재를 함께 구매했을 때, 만족도가 동일하게 나타나는 X재와 Y재 수량을 조합한 선을 무차별 곡선이라고 한다.
> ㈐ 그런데 소득보조나 가격보조가 실시되면 실질 소득의 증가로 예산선이 변하고, 이에 따라 소비자마다 만족하는 상품 조합도 변하게 된다.
> ㈑ 이 제도들을 이해하기 위해서는 먼저 대체효과와 소득효과의 개념을 아는 것이 필요하다.
> ㈒ 어떤 소비자가 X재와 Y재만을 구입한다고 할 때, 한정된 소득 범위 내에서 최대로 구입 가능한 X재와 Y재의 수량을 나타낸 선을 예산선이라고 한다.
> 즉 예산선과 무차별 곡선의 변화에 따라 각 소비자의 최적 선택지점도 변하는 것이다.

① ㈎ － ㈏ － ㈑ － ㈒ － ㈐

② ㈐ － ㈒ － ㈎ － ㈏ － ㈑

③ ㈑ － ㈒ － ㈏ － ㈎ － ㈐

④ ㈒ － ㈎ － ㈏ － ㈐ － ㈑

⑤ ㈏ － ㈎ － ㈒ － ㈐ － ㈑

 ㈜ '이 제도'라는 것을 보아 앞에 제도에 대한 설명이 있음을 알 수 있다. 따라서 제시된 글의 바로 뒤에 와야
한다.
㈔ ㈜에서 개념을 아는 것이 필요하다고 했으므로 뒤에서 설명이 시작됨을 알 수 있다.
㈏ '또한'이라는 말을 통해 ㈔의 이야기에 연결된다는 것을 알 수 있다.
㈎ 예산선과 무차별 곡선에 대한 이야기가 나오고, 특별한 조건이 없다면 이 둘의 접점에서 최적의 소비선택이
이루어진다고 말하고 있다.
㈐ '그런데' 이후는 ㈎에서 제시된 특별한 조건에 해당한다.

14

제약 산업은 1960년대 냉전 시대부터 지금까지 이윤율 1위를 계속 고수해 온 고수익 산업이다.

㈎ 또 미국은 미−싱가폴 양자 간 무역 협정을 통해 특허 기간을 20년에서 50년으로 늘렸고, 이를 다른
나라와의 무역 협정에도 적용하려 하고 있다.

㈏ 다국적 제약사를 갖고 있는 미국 등 선진국들이 지적 재산권을 적극적으로 주장하는 핵심적인 이유도
이런 독점을 이용한 이윤 창출에 있다.

㈐ 이 이윤율의 크기는 의약품 특허에 따라 결정되는데 독점적인 특허권을 바탕으로 '마음대로' 정해진 가
격이 유지되고 있다.

㈑ 이를 위해 다국적 제약 회사와 해당 국가들은 지적 재산권을 제도화하고 의약품 특허를 더욱 강화하고
있다.

㈒ 제약 산업은 냉전 시대에는 군수 산업보다 높은 이윤을 창출하였고, 신자유주의 시대인 지금은 은행보
다 더 높은 평균이윤율을 자랑하고 있다.

① ㈏ − ㈑ − ㈎ − ㈒ − ㈐   ② ㈐ − ㈎ − ㈑ − ㈏ − ㈒

③ ㈐ − ㈑ − ㈏ − ㈎ − ㈒   ④ ㈒ − ㈏ − ㈐ − ㈑ − ㈎

⑤ ㈒ − ㈐ − ㈏ − ㈑ − ㈎

 첫 번째 문장에 제약 산업에 관한 글이 제시되었다. 제약 산업에 관한 연결된 글로 ㈒가 적절하다. ㈒에서 제시
된 평균이윤율을 ㈐에서 '이 이윤율'이라고 하여 설명하고 있으므로 ㈒ − ㈐의 순서가 된다. ㈏의 '이런 독점'이
라는 단어를 통해 ㈐의 독점을 이용한 이윤 창출이라는 말과 연결된다는 것을 알 수 있다. ㈑의 '이를 위해'는
㈏의 '이런 독점을 이용한 이윤 창출'과 연결되고, ㈎에서는 ㈑의 구체적 사례를 들고 있다.

ANSWER 12.⑤ 13.③ 14.⑤

15

(개) 끝으로 지금까지 우리나라 기업의 자금조달 방식을 살펴보면 주요 선진국들에 비해 간접금융이 차지하는 비중은 높았던 반면 직접금융의 비중은 금융환경의 변화에 따라 급감하거나 급증하는 등 변동성이 매우 컸다. 직접금융을 상대적으로 중시하는 시장중심 금융시스템과 간접금융을 상대적으로 중시하는 은행 중심 금융시스템 간 상대적 우월성에 대한 논쟁이 꾸준히 있어 왔으며 이를 뒷받침하기 위한 연구도 다수 이루어졌다. 그 결과 최근에는 직접금융과 간접금융은 상호보완적이라는 인식이 높아지면서 두 금융시스템이 균형 있게 발전해야 한다는 쪽으로 의견이 모아지고 있다.

(내) 이러한 직접금융과 간접금융은 자금공급자와 자금수요자 간의 금융계약이 특정의 조직 내지 관계를 매개로 하는 것인지 아니면 시장을 매개로 하는 것인지에 따라 양상을 달리하는데 후자는 주로 주거래은행제도나 관계금융 등 은행 중심 금융시스템을 발전시키는 토양이 되며 전자는 자본시장이나 투자은행이 발달한 직접금융시스템을 배태한다고 말할 수 있다.

(대) 금융거래는 자금공급자로부터 자금수요자로 자금이 이동하는 형태에 따라 직접금융과 간접금융으로 구분된다. 직접금융은 자금수요자가 자기명의로 발행한 증권을 자금공급자에게 팔아 자금수요자로부터 자금을 직접 조달하는 거래이고, 간접금융은 은행과 같은 금융 중개 기관을 통하여 자금이 공급자에게서 수요자에게로 이동되는 거래이다. 직접금융의 대표적인 수단으로 주식·채권 등이 있으며 간접금융거래의 대표적인 수단으로 예금과 대출 등이 있다.

(래) 여기서 간접금융이나 주거래은행제도는 다음과 같은 특징을 지닌다. 첫째, 은행과 고객기업 간에는 장기적 거래관계가 있다. 둘째, 은행은 고객기업의 결제구좌의 보유나 회사채 수탁업무 등을 통해 시장이나 다른 금융기관이 입수하기 힘든 기업의 내부정보를 얻어 동 기업이 일시적인 경영위기에 봉착했는가 아니면 근본적인 경영파산 상태에 빠져 있는가 등을 분별해낼 수 있다. 셋째, 은행은 위와 같은 기업 감시 활동을 통해 근본적인 경영파산 상태에 놓인 기업을 중도에 청산시키거나 계속기업으로서 가치가 있으나 일시적인 경영위기에 봉착한 기업을 구제할 수 있다. 그 외에도 은행은 다른 금융기관이나 예금자의 위임된 감시자로서 활동하여 정보의 효율성을 향상시킬 수도 있다.

① (내) − (개) − (대) − (래)

② (대) − (래) − (내) − (개)

③ (대) − (내) − (래) − (개)

④ (내) − (대) − (개) − (래)

⑤ (개) − (대) − (내) − (래)

 **해설** (대) 직접금융과 간접금융의 정의와 예
(내) 직접금융과 간접금융의 양상
(래) 간접금융이나 주거래은행제도의 특징
(개) 지금까지 우리나라 기업의 자금조달 방식

16

(가) 앞서 조선은 태종 때 이미 군선이 속력이 느릴 뿐만 아니라 구조도 견실하지 못하다는 것이 거론되어 그 해결책으로 쾌선을 써보려 하였고 귀화왜인으로 하여금 일본식 배를 만들게 하여 시험해 보기도 하였다. 또한 귀선 같은 특수군선의 활용방안도 모색하였다.

(나) 갑조선은 조선 초기 새로운 조선법에 따라 만든 배를 말하는데 1430년(세종 12) 무렵 당시 중국·유구·일본 등 주변 여러 나라의 배들은 모두 쇠못을 써서 시일을 두고 건조시켜 견고하며 경쾌하며 오랫동안 물에 떠 있어도 물이 새지 않았고 큰 바람을 만나도 손상됨이 없이 오래도록 쓸 수 있었지만 우리나라의 군선은 그렇지 못하였다.

(다) 그리고 세종 때에는 거도선을 활용하게 하는 한편 「병선수호법」을 만드는 등 군선의 구조개선이 여러 방면으로 모색되다가 드디어 1434년에 중국식 갑조선을 채택하기에 이른 것이다. 이 채택에 앞서 조선을 관장하는 경강사수색에서는 갑조선 건조법에 따른 시험선을 건조하였다.

(라) 하지만 이렇게 채택된 갑조선 건조법도 문종 때에는 그것이 우리나라 실정에 적합하지 않다는 점이 거론되어 우리나라의 전통적인 단조선으로 복귀하게 되었고 이로 인해 조선시대의 배는 평저선구조로 일관하여 첨저형선박은 발달하지 못하게 되었다.

(마) 이에 중국식 조선법을 본떠 배를 시조해 본 결과 그것이 좋다는 것이 판명되어 1434년부터 한때 쇠못을 쓰고 외판을 이중으로 하는 중국식 조선법을 채택하기로 하였는데 이를 갑선·갑조선 또는 복조선이라 하고 재래의 전통적인 우리나라 조선법에 따라 만든 배를 단조선이라 했다.

① (가) – (나) – (다) – (라) – (마)   ② (나) – (마) – (가) – (다) – (라)

③ (가) – (라) – (다) – (나) – (마)   ④ (나) – (다) – (가) – (마) – (라)

⑤ (라) – (마) – (가) – (나) – (다)

✔ **해설**   (나) 갑조선의 정의와 1430년대 당시 주변국과 우리나라 군선의 차이

(마) 중국식 조선법을 채택하게 된 계기

(가) 태종 때 군선 개량의 노력

(다) 세종 때 군선 개량의 노력

(라) 단조선으로 복귀하게 된 계기와 조선시대 배가 평저선구조로 일관된 이유

사진은 자신의 주관대로 끌고 가야 한다. 일정한 규칙이 없는 사진 문법으로 의사 소통을 하고자 할 때 필요한 것은 대상이 되는 사물의 객관적 배열이 아니라 주관적 조합이다. 어떤 사물을 어떻게 조합해서 어떤 생각이나 느낌을 나타내는가 하는 것은 작가의 주관적 판단에 의할 수밖에 없다. 다만 철저하게 주관적으로 엮어야 한다는 것만은 확실하다.

주관적으로 엮고, 사물을 조합한다고 해서 소위 '만드는 사진'처럼 합성을 하고 이중 촬영을 하라는 뜻은 아니다. 특히 요즈음 디지털 사진이 보편화되면서 포토샵을 이용한 합성이 많이 보이지만, 그런 것을 권하려는 것이 아니다. 사물을 있는 그대로 찍되, 주위 환경과 어떻게 어울리게 하여 어떤 의미로 살려 낼지를 살펴서 그들끼리 연관을 지을 줄 아는 능력을 키우라는 뜻이다.

사람들 중에는 아직도 사진이 객관적인 매체라고 오해하는 사람들이 퍽 많다. 그러나 사진의 형태만 보면 객관적일 수 있지만, 내용으로 들어가 보면 객관성은 한 올도 없다. 어떤 대상을 찍을 것인가 하는 것부터가 주관적인 선택 행위이다. 아름다움을 표현하기 위해서 꽃을 찍는 사람이 있는가 하면 꽃 위를 나는 나비를 찍는 사람도 있을 것이고 그 곁의 여인을 찍는 사람도 있을 것이다. 이처럼 어떤 대상을 택하는가 하는 것부터가 주관적인 작업이며, 이것이 사진이라는 것을 머리에 새겨 두고 사진에 임해야 한다. 특히 그 대상을 어떻게 찍을 것인가로 들어가면 이제부터는 전적으로 주관적인 행위일 수밖에 없다. 렌즈의 선택, 셔터 스피드나 조리개 값의 결정, 대상과의 거리 정하기 등 객관적으로는 전혀 찍을 수 없는 것이 사진이다. 그림이나 조각만이 주관적 예술은 아니다.

때로 객관적이고자 하는 마음으로 접근할 수도 있기는 하다. 특히 다큐멘터리 사진의 경우 상황을 객관적으로 파악, 전달하고자 하는 마음은 이해가 되지만, 어떤 사람도 완전히 객관적으로 접근할 수는 없다. 그 객관이라는 것도 그 사람 입장에서의 객관이지 절대적 객관이란 이 세상에 있을 수가 없는 것이다. 더구나 예술로서의 사진으로 접근함에 있어서야 말할 것도 없는 문제이다. 객관적이고자 하는 시도도 과거의 예술에서 있기는 했지만, 그 역시 객관적이고자 실험을 해 본 것일 뿐 객관적 예술을 이루었다는 것은 아니다. 예술이 아닌 단순 매체로서의 사진이라 해도 객관적일 수는 없다. 그 이유는 간단하다. 사진기가 저 혼자 찍으면 모를까, 찍는 사람이 있는 한 그 사람의 생각과 느낌은 어떻게든지 그 사진에 작용을 한다. 하다못해 무엇을 찍을 것인가 하는 선택부터가 주관적인 행위이다. 더구나 예술로서, 창작으로서의 사진은 주관을 배제하고는 존재조차 할 수 없다는 사실을 깊이 새겨서, 언제나 '나는 이렇게 보았다. 이렇게 생각한다. 이렇게 느꼈다.'라는 점에 충실하도록 노력해야 할 것이다.

① 사진의 주관성을 염두에 두어야 하는 까닭은 무엇인가?

② 사진으로 의사 소통을 하고자 할 때 필요한 것은 무엇인가?

③ 단순 매체로서의 사진도 객관적일 수 없는 까닭은 무엇인가?

④ 사진의 객관성을 살리기 위해서는 구체적으로 어떤 작업을 해야 하는가?

⑤ 사진을 찍을 때 사물을 주관적으로 엮고 조합하라는 것은 어떤 의미인가?

> **✔해설** ④ 이 글에서는 사진의 주관성에 대해 설명하면서 주관적으로 사진을 찍어야 함을 강조하고 있을 뿐, 사진을 객관적으로 찍으려면 어떻게 작업해야 한다는 구체적인 정보는 나와 있지 않다.

18 다음은 주문과 다른 물건을 배송 받은 Mr. Hopkins에게 보내는 사과문이다. 순서를 바르게 나열한 것은?

> Dear Mr. Hopkins
>
> a. We will send you the correct items free of delivery charge.
>
> b. We are very sorry to hear that you received the wrong order.
>
> c. Once again, please accept our apologies for the inconvenience, and we look forward to serving you again in the future.
>
> d. Thank you for your letter dated October 23 concerning your recent order.
>
> e. Apparently, this was caused by a processing error.

① c − e − a − d − b

② d − b − e − a − c

③ b − c − a − e − d

④ e − a − b − d − c

⑤ a − e − d − b − c

✔해설 「Mr. Hopkins에게
　　d. 당신의 최근 주문에 관한 10월 23일의 편지 감사합니다.
　　b. 당신이 잘못된 주문을 받았다니 매우 유감스럽습니다.
　　e. 듣자 하니, 이것은 프로세싱 오류로 인해 야기되었습니다.
　　a. 우리는 무료배송으로 당신에게 정확한 상품을 보낼 것입니다.
　　c. 다시 한 번, 불편을 드린 것에 대한 저희의 사과를 받아주시길 바라오며, 장래에 다시 서비스를 제공할 수 있기를 기대합니다.」

ANSWER 17.④ 18.②

19 다음은 안전한 스마트뱅킹을 위한 스마트폰 정보보호 이용자 6대 안전수칙이다. 다음 안전수칙에 따르지 않은 행동은?

1. 의심스러운 애플리케이션 다운로드하지 않기
스마트폰용 악성코드는 위·변조된 애플리케이션에 의해 유포될 가능성이 있습니다. 따라서 의심스러운 애플리케이션의 다운로드를 자제하시기 바랍니다.
2. 신뢰할 수 없는 사이트 방문하지 않기
의심스럽거나 알려지지 않은 사이트를 방문할 경우 정상 프로그램으로 가장한 악성 프로그램이 사용자 몰래 설치될 수 있습니다. 인터넷을 통해 단말기가 악성코드에 감염되는 것을 예방하기 위해서 신뢰할 수 없는 사이트에는 방문 하지 않도록 합니다.
3. 발신인이 불명확하거나 의심스러운 메시지 및 메일 삭제하기
멀티미디어메세지(MMS)와 이메일은 첨부파일 기능을 제공하기 때문에 스마트폰 악성코드를 유포하기 위한 좋은 수단으로 사용되고 있습니다. 해커들은 게임이나 공짜 경품지급, 혹은 유명인의 사생활에 대한 이야기 등 자극적이거나 흥미로운 내용을 전달하여 사용자를 현혹하는 방법으로 악성코드를 유포하고 있습니다. 발신인이 불명확하거나 의심스러운 메시지 및 메일은 열어보지 마시고 즉시 삭제하시기 바랍니다.
4. 블루투스 등 무선인터페이스는 사용 시에만 켜놓기
지금까지 국외에서 발생한 스마트폰 악성코드의 상당수가 무선인터페이스의 일종인 블루투스(Bluetooth) 기능을 통해 유포된 것으로 조사되고 있습니다. 따라서 블루투스나 무선랜을 사용하지 않을 경우에는 해당 기능을 비활성화(꺼놓음) 하는 것이 필요합니다. 이로써 악성코드 감염 가능성을 줄일 뿐만 아니라 단말기의 불필요한 배터리 소모를 막을 수 있습니다.
5. 다운로드한 파일은 바이러스 유무를 검사한 후 사용하기
스마트폰용 악성프로그램은 인터넷을 통해 특정 프로그램이나 파일에 숨겨져 유포될 수 있으므로, 프로그램이나 파일을 다운로드하여 실행하고자 할 경우 가급적 스마트폰용 백신프로그램으로 바이러스 유무를 검사한 후 사용하는 것이 좋습니다.
6. 비밀번호 설정 기능을 이용하고 정기적으로 비밀번호 변경하기
단말기를 분실 혹은 도난당했을 경우 개인정보가 유출되는 것을 방지하기 위하여 단말기 비밀번호를 설정하여야 합니다. 또한 단말기를 되찾은 경우라도 악의를 가진 누군가에 의해 악성코드가 설치될 수 있기 때문에 비밀번호 설정은 중요합니다. 제품출시 시 기본으로 제공되는 비밀번호(예 : "0000")를 반드시 변경하여 사용하시기 바라며, 비밀번호를 설정할 때에는 유추하기 쉬운 비밀번호(예 : "1111", "1234" 등)는 사용하지 않도록 합니다.

① 봉순이는 유명인 A씨에 대한 사생활 내용이 담긴 MMS를 받아서 열어보고선 삭제했다.
② 형식이는 개인정보 유출을 방지하기 위해 1개월에 한번 씩 비밀번호를 변경하고 있다.
③ 음악을 즐겨듣는 지수는 블루투스를 사용하지 않을 때에는 항상 블루투스를 꺼놓는다.
④ 평소 의심이 많은 봉기는 신뢰할 수 없는 사이트는 절대 방문하지 않는다.
⑤ 해진이는 스마트폰으로 파일을 다운로드 한 경우는 반드시 바이러스 유무를 검사한 후 사용한다.

해설　① 발신인이 불명확하거나 의심스러운 메시지 및 메일은 열어보지 말고 즉시 삭제해야 한다.

20 다음 ㉠, ㉡에 들어갈 내용으로 올바르게 짝지어진 것은?

현행 「독점규제 및 공정거래에 관한 법률」(이하 "공정거래법") 집행의 큰 문제점 중의 하나는 제재는 많으나 피해기업에 대한 배상은 쉽지가 않다는 점이다. 과징금제도는 제재와 부당이득환수의 목적이 있으나 금전적으로는 부당이득을 피해자가 아닌 국가가 환수하는 구조이다. 공정거래법 위반으로 인해 피해를 입은 자가 공정거래위원회에 신고하여 가해기업에게 거액의 과징금이 부과된다 하더라도 과징금은 국고로 편입되어 버리기 때문에 피해자에 대한 배상은 별도의 민사소송을 제기하여야 한다.

그런데 민사소송은 절차가 복잡하고 시간이 많이 소요될 뿐만 아니라 미국식의 당연위법원칙, 약자에게 관대한 경향이 있는 배심원 제도, 증거개시제도(discovery) 등이 도입되어 있지 않기 때문에 경제적 약자가 경제적 강자를 상대로 소송을 제기하여 승소하는 것은 쉽지가 않다. 미국에서도 사적 집행으로서의 손해배상소송이 급증한 것은 1960년대 이후이며 1977년에 절정이었는데, 당연위법원칙이나 배심원 제도 등이 주요 원인으로 지적되고 있다. 반면 1980년대 들어서는 당연위법원칙의 후퇴, 시카고학파의 영향에 따른 경제분석 강화 등으로 손해배상소송이 (㉠   )

결국, 피해자의 신고 후 공정거래위원회가 조사하여 거액의 과징금을 부과한다 하더라도 피해자는 그 결과에 만족하지 못하는 경우가 생기게 되고 그렇게 되면 공정거래절차의 효용성이 크게 (㉡) 국민의 불신이 높아질 수밖에 없다. 따라서 피해자의 실질적인 구제를 위하여서는 별도의 민사소송 제기 없이 공정거래위원회의 결정에 의해 손해배상명령을 직접 내리는 것이 효율적이라는 주장이 과거에도 간헐적으로 제기되어 왔다. 하지만 이러한 제도는 외국에서도 사례를 찾아보기 어려울 뿐만 아니라 우리나라의 법체계에 있어서도 너무나 독특한 것이기 때문에 정부 안팎에서만 논의가 되었을 뿐이다.

	㉠	㉡
①	늘어났다.	떨어지고
②	늘어났다.	올라가고
③	줄어들었다.	올라가고
④	줄어들었다.	떨어지고
⑤	유지되었다.	떨어지고

✔해설 ㉠ 미국에서 손해배상소송이 급증한 것은 당연위법원칙이나 배심원 제도 때문이었는데 1980년대 들어서 당연위법원칙이 후퇴하였으므로 손해배상소송이 줄어들었다.
㉡ 가해자에게 과징금을 부과한다 하더라도 국고로 편입되기 때문에 피해자는 만족하지 못하게 되며 공정거래절차의 효용성이 크게 떨어지고 국민의 불신이 높아진다.

주먹과 손바닥으로 상징되는 이항 대립 체계는 롤랑 바르트도 지적하고 있듯이 서구 문화의 뿌리를 이루고 있는 기본 체계이다. 천사와 악마, 영혼과 육신, 선과 악, 괴물을 죽여야 공주와 행복한 결혼을 한다는 이른바 세인트 조지 콤플렉스가 바로 서구 문화의 본질이었다고 할 수 있다. 그러니까 서양에는 이항 대립의 중간항인 가위가 결핍되어 있었던 것이다. 주먹과 보자기만 있는 대립항에서는 어떤 새로운 변화도 일어나지 않는다. 항상 이기는 보자기와 지는 주먹의 대립만이 존재한다.

서양에도 가위바위보와 같은 민속놀이가 있긴 하지만 그것은 동아시아에서 들어온 것이라고 한다. 그들은 이런 놀이를 들여옴으로써 서양 문화가 논리적 배중률이니 모순율이니 해서 극력 배제하려고 했던 가위의 힘, 말하자면 세 손가락은 닫혀 있고 두 손가락은 펴 있는 양쪽의 성질을 모두 갖춘 중간항을 발견하였다. 열려 있으면서도 닫혀 있는 가위의 존재, 그 때문에 이항 대립의 주먹과 보자기의 세계에 새로운 생기와 긴장감이 생겨난다. 주먹은 가위를 이기고 가위는 보자기를 이기며 보자기는 주먹을 이기는, 그 어느 것도 정상에 이를 수 없으며 그 어느 것도 밑바닥에 깔리지 않는 서열 없는 관계가 형성되는 것이다.

유교에서 말하는 중용(中庸)도 가위의 기호 체계로 보면 정태론이 아니라 강력한 동태적 생성력으로 해석될 수 있을 것이다. 그것은 단순한 균형이나 조화가 아니라 주먹과 보자기의 가치 시스템을 파괴하고 새로운 질서를 끌어내는 혁명의 원리라고도 볼 수 있다. 〈역경(易經)〉을 서양 사람들이 변화의 서(書)라고 부르듯이 중용 역시 변화를 전제로 한 균형이며 조화라는 것을 잊어서는 안 된다. 쥐구멍에도 볕들 날이 있다는 희망은 이와 같이 변화의 상황에서만 가능한 꿈이라고 할 수 있다.

요즘 서구에서 일고 있는 '제3의 길'이란 것은 평등과 자유가 이항 대립으로 치닫고 있는 것을 새로운 가위의 패러다임으로 바꾸려는 시도라고 풀이할 수 있다. 지난 냉전 체제는 바로 정치 원리인 평등을 극단적으로 추구하는 구소련의 체제와 경제 원리인 자유를 극대화한 미국 체제의 충돌이었다고 할 수 있다. 이 '바위-보'의 대립 구조에 새로운 가위가 끼어들면서 구소련은 붕괴하고 자본주의는 승리라기보다 새로운 패러다임의 전환점에 서 있게 된 것이다. 새 천년의 21세기는 새로운 게임, 즉 가위바위보의 게임으로 상징된다고도 볼 수 있다. 화식과 생식의 요리 모델밖에 모르는 서구 문화에 화식(火食)도 생식(生食)도 아닌 발효식의 한국 김치가 들어가게 되면 바로 그러한 가위 문화가 생겨나게 되는 것이다.

역사학자 홉스봄의 지적대로 20세기는 극단의 시대였다. 이런 대립적인 상황이 열전이나 냉전으로 나타나 1억 8천만 명의 전사자를 낳는 비극을 만들었다. 전쟁만이 아니라 정신과 물질의 양극화로 환경은 파괴되고 세대의 갈등과 양성의 대립은 가족의 붕괴, 윤리의 붕괴를 일으키고 있다. 원래 예술과 기술은 같은 것이었으나 그것이 양극화되어 이상과 현실의 간극처럼 되고 인간 생활의 균형을 깨뜨리고 말았다. 이런 위기에서 벗어나기 위해 우리는 주먹과 보자기의 대립을 조화시키고 융합하는 방법을 찾아야 할 것이다.

① 예술과 기술의 조화를 이룬 발전을 이루어야 한다.

② 미래의 사회는 자유와 평등을 함께 구현하여야 한다.

③ 동양 문화의 장점을 살려 새로운 문화를 창조해야 한다.

④ 이분법적인 사고에서 벗어나 새로운 발상을 하여야 한다.

⑤ 냉전 시대의 해체로 화합과 조화의 자세가 요구되고 있다.

✔해설 ④ 이분법적인 사고를 바탕으로 한 이항 대립의 한계(서구 문화)를 극복하고, 새로운 패러다임(중간항의 존재)으로 전환해야 한다는 논지를 전개하고 있다.

22 다음은 은행을 사칭한 대출 주의 안내문이다. 이에 대한 설명으로 옳지 않은 것은?

> 항상 OO은행을 이용해 주시는 고객님께 감사드립니다.
>
> 최근 OO은행을 사칭하면서 대출 협조문이 Fax로 불특정 다수에게 발송되고 있어 각별한 주의가 요망됩니다.
> OO은행은 절대로 Fax를 통해 대출 모집을 하지 않으니 아래의 Fax 발견시 즉시 폐기하시기 바랍니다.
>
> ---
> 아래 내용을 검토하시어 자금문제로 고민하는 대표이하 직원 여러분들에게 저의 은행의 금융정보를 공유할 수 있도록 업무협조 부탁드립니다.
>
> 수신 : 직장인 및 사업자
> 발신 : OO은행 여신부
> 여신상담전화번호 : 070-xxxx-xxxx
>
> | 대상 | 직장인 및 개인/법인 사업자 |
> |---|---|
> | 금리 | 개인신용등급적용 (최저 4.8~) |
> | 연령 | 만 20세~만 60세 |
> | 상환 방식 | 1년만기일시상환, 원리금균등분할상환 |
> | 대출 한도 | 100만원~1억원 |
> | 대출 기간 | 12개월~최장 60개월까지 설정가능 |
> | 서류 안내 | 공통서류 – 신분증
직장인 – 재직, 소득서류
사업자 – 사업자 등록증, 소득서류 |
>
> ---
> ※ 기타사항
> - 본 안내장의 내용은 법률 및 관련 규정 변경시 일부 변경될 수 있습니다.
> - 용도에 맞지 않을 시, 연락 주시면 수신거부 처리 해드리겠습니다.
>
> 현재 OO은행을 사칭하여 문자를 보내는 불법업체가 기승입니다. OO은행에서는 본 안내장 외엔 문자를 발송치 않으니 이점 유의하시어 대처 바랍니다.

① Fax 수신문에 의하면 최대 대출 한도는 1억 원까지이다.

② Fax로 수신되는 대출 협조문은 OO은행에서 보낸 것이 아니다.

③ 대출 주의 안내문은 수신거부 처리가 가능하다.

④ Fax로 수신되는 대출 협조문은 즉시 폐기하여야 한다.

⑤ OO은행에서는 대출 협조문을 문자로 발송한다.

✔ **해설** ⑤ OO은행에서는 본 안내장 외엔 문자를 발송하지 않는다.

ANSWER 21.④ 22.⑤

23 다음은 고령화 시대의 노인 복지 문제라는 제목으로 글을 쓰기 위해 수집한 자료이다. 자료를 모두 종합하여 설정할 수 있는 논지 전개 방향으로 가장 적절한 것은?

> ㉠ 노령화 지수 추이(통계청)
>
> | 연도 | 1990 | 2000 | 2010 | 2020 | 2030 |
> |------|------|------|------|------|------|
> | 노령화 지수 | 20.0 | 34.3 | 62.0 | 109.0 | 186.6 |
>
> ※ 노령화 지수 : 유년인구 100명당 노령인구
>
> ㉡ 경제 활동 인구 한 명당 노인 부양 부담이 크게 증가할 것으로 예상된다. 노인 인구에 대한 의료비 증가로 건강 보험 재정도 위기 상황에 처할 수 있을 것으로 보인다. 향후 노인 요양 시설 및 재가(在家) 서비스를 위해 부담해야 할 투자비용도 막대하다.
>
> – 00월 00일 ○○뉴스 중
>
> ㉢ 연금 보험이나 의료 보험 같은 혜택도 중요하지만 우리 같은 노인이 경제적으로 독립할 수 있도록 일자리를 만들어 주는 것이 더 중요한 것 같습니다.
>
> – 정년 퇴직자의 인터뷰 중 –

① 노인 인구의 증가 속도에 맞춰 노인 복지 예산 마련이 시급한 상황이다. 노인 복지 예산을 마련하기 위한 구체적 방안은 무엇인가?

② 노인 인구의 급격한 증가로 여러 가지 사회 문제가 나타날 것으로 예상된다. 이러한 상황의 심각성을 사람들에게 어떻게 인식시킬 것인가?

③ 노인 인구의 증가가 예상되면서 노인 복지 대책 또한 절실히 요구되고 있다. 이러한 상황에서 노인 복지 정책의 바람직한 방향은 무엇인가?

④ 노인 인구가 증가하면서 노인 복지 정책에 대한 노인들의 불만도 높아지고 있다. 이러한 불만을 해소하기 위해서 정부는 어떠한 노력을 해야 하는가?

⑤ 현재 정부의 노인 복지 정책이 마련되어 있기는 하지만 실질적인 복지 혜택으로 이어지지 않고 있다. 이러한 현상이 나타나게 된 근본 원인은 무엇인가?

✔ 해설 ㉠㉡을 통해 노인인구 증가에 대한 문제제기를 제기하고, ㉢을 통해 노인 복지 정책의 바람직한 방향을 금전적인 복지보다는 경제적인 독립, 즉 일자리 창출 등으로 잡아야 한다고 논지를 전개해야 한다.

24 다음은 라디오 대담의 일부이다. 대담 참여자의 말하기 방식에 대한 설명으로 적절하지 않은 것은?

진행자 : 청취자 여러분, 안녕하세요. 오늘은 ○○ 법률 연구소에 계신 법률 전문가를 모시고 생활 법률 상식을 배워보겠습니다. 안녕하세요?

전문가 : 네, 안녕하세요. 오늘은 '정당행위'에 대해 말씀드리고자 합니다. 먼저 여러분께 문제 하나 내 보겠습니다. 만약 스파이더맨이 도시를 파괴하려는 악당들과 싸우다 남의 건물을 부쉈다면, 부서진 건물은 누가 배상해야 할까요?

진행자 : 일반적인 경우라면 건물을 부순 사람이 보상해야겠지만, 이런 경우에 정의를 위해 악당과 싸운 스파이더맨에게 보상을 요구하는 것은 좀 지나친 것 같습니다.

전문가 : 청취자 여러분들도 이와 비슷한 생각을 하실 것 같은데요, 이런 경우에는 스파이더맨의 행위를 악당으로부터 도시를 지키기 위한 행위로 보고 민법 761조 1항에 의해 배상책임을 면할 수 있도록 하고 있습니다. 이때 스파이더맨의 행위를 '정당행위'라고 합니다.

진행자 : 아, 그러니까 악당으로부터 도시를 지키기 위해 싸운 스파이더맨의 행위가 '정당행위'이고, 정당행위로 인한 부득이한 손해는 배상할 필요가 없다는 뜻이군요.

전문가 : 네, 맞습니다. 그래야 스파이더맨의 경우처럼 불의를 보고 나섰다가 오히려 손해를 보는 일이 없겠죠.

진행자 : 그런데 문득 이런 의문이 드네요. 만약 스파이더맨에게 배상을 받을 수 없다면 건물 주인은 누구에게 배상을 받을 수 있을까요?

전문가 : 그래서 앞서 말씀드린 민법 동일 조항에서는 정당행위로 인해 손해를 입은 사람이 애초에 불법행위를 저질러 손해의 원인을 제공한 사람에게 배상을 청구할 수 있도록 하고 있습니다. 즉 건물 주인은 악당에게 손해배상을 청구할 수 있습니다.

① 진행자는 화제와 관련된 질문을 던지며 대담을 진전시키고 있다.

② 진행자는 전문가가 한 말의 핵심 내용을 재확인함으로써 청취자들의 이해를 돕고 있다.

③ 전문가는 청취자가 관심을 가질 질문을 던져 화제에 집중도를 높이고 있다.

④ 전문가는 구체적인 법률 근거를 제시하여 신뢰성을 높이고 있다.

⑤ 전문가는 추가적인 정보를 제시함으로써 진행자의 오해를 바로 잡고 있다.

> **✔해설** 제시문은 라디오 대담 상황으로, 진행자와 전문가의 대담을 통해 '정당행위'의 개념과 배상 책임 면제에 관한 법리를 쉽게 설명해 주고 있다. 전문가는 마지막 말에서 추가적인 정보를 제시하고 있지만 그것을 통해 진행자의 오해를 바로잡고 있는 것은 아니다.

25 문화체육관광부 홍보팀에 근무하는 김문화씨는 '탈춤'에 관한 영상물을 제작하는 프로젝트를 맡게 되었다. 제작계획서 중 다음의 제작 회의 결과가 제대로 반영되지 않은 것은?

- 제목 : 탈춤 체험의 기록임이 나타나도록 표현
- 주 대상층 : 탈춤에 무관심한 젊은 세대
- 내용 : 실제 경험을 통해 탈춤을 알아가고 가까워지는 과정을 보여 주는 동시에 탈춤에 대한 정보를 함께 제공
- 구성 : 간단한 이야기 형식으로 구성
- 전달방식 : 정보들을 다양한 방식으로 전달

〈제작계획서〉

제목		'기획 특집 – 탈춤 속으로 떠나는 10일간의 여행'	①
제작 의도		젊은 세대에게 우리 고유의 문화유산인 탈춤에 대한 관심을 불러일으킨다.	②
전체 구성	중심 얼개	• 대학생이 우리 문화 체험을 위해 탈춤이 전승되는 마을을 찾아가는 상황을 설정한다. • 탈춤을 배우기 시작하여 마지막 날에 공연으로 마무리한다는 줄거리로 구성한다.	③
	보조 얼개	탈춤에 대한 정보를 별도로 구성하여 중간 중간에 삽입한다.	
전달 방식	해설	내레이션을 통해 탈춤에 대한 학술적 이견들을 깊이 있게 제시하여 탈춤에 조예가 깊은 시청자들의 흥미를 끌도록 한다.	④
	영상 편집	• 탈에 대한 정보를 시각 자료로 제시한다. • 탈춤의 종류, 지역별 탈춤의 특성 등에 대한 그래픽 자료를 보여 준다. • 탈춤 연습 과정과 공연 장면을 현장감 있게 보여 준다.	⑤

✔ 해설 ④ 해당 영상물의 제작 의도는 탈춤에 무관심한 젊은 세대를 대상으로 하여 우리 고유의 문화유산인 탈춤에 대한 관심을 불러일으키기 위한 것이다. 따라서 탈춤에 대한 학술적 이견들을 깊이 있게 제시하는 것은 제작 의도와 맞지 않는다.

26 다음 밑줄 친 문구를 어법에 맞게 수정한 내용으로 적절하지 않은 것은?

> A : 지속가능보고서를 2007년 창간 이래 <u>매년 발간에 의해</u> 이해 관계자와의 소통이 좋아졌다.
> B : 2012년부터 시행되는 신재생에너지 공급의무제는 회사의 <u>주요 리스크로</u> 이를 기회로 승화시키기 위한 노력을 하고 있다.
> C : 전력은 필수적인 에너지원이므로 과도한 사용을 <u>삼가야 한다</u>.
> D : <u>녹색 기술 연구 개발 투자 확대 및</u> 녹색 생활 실천 프로그램을 시행하여 온실가스 감축에 전 직원의 역량을 결집하고 있다.
> E : 녹색경영위원회를 설치하여 전문가들과 함께하는 토론을 주기적으로 하고 있으며, 내·외부 <u>전문가의 의견 자문을 구하고 있다</u>.

① A : '매년 발간에 의해'가 어색하므로 문맥에 맞게 '매년 발간함으로써'로 고친다.

② B : '주요 리스크로'는 조사의 쓰임이 어울리지 않으므로, '주요 리스크이지만'으로 고친다.

③ C : '삼가야 한다'는 어법상 맞지 않으므로 '삼가해야 한다'로 고친다.

④ D : '및'의 앞은 명사구로 되어 있고 뒤는 절로 되어 있어 구조가 대등하지 않으므로, 앞 부분을 '녹색 기술 연구 개발에 대한 투자를 확대하고'로 고친다.

⑤ E : '전문가의 의견 자문을 구하고 있다'는 어법에 맞지 않으므로, '전문가들에게 의견을 자문하고 있다'로 고친다.

✔️ **해설** ③ '몸가짐이나 언행을 조심하다.'는 의미를 가진 표준어는 '삼가다'로, '삼가야 한다'는 어법에 맞는 표현이다. 자주 틀리는 표현 중 하나로 '삼가해 주십시오' 등으로 사용하지 않도록 주의해야 한다.

① 어떤 일의 수단이나 도구를 나타내는 격조사 '-로써'로 고치는 것이 적절하다.

② 어떤 사실이나 내용을 시인하면서 그에 반대되는 내용을 말하거나 조건을 붙여 말할 때에 쓰는 연결 어미인 '-지마는(-지만)'이 오는 것이 적절하다.

④ '및'은 '그리고', '그 밖에', '또'의 뜻으로, 문장에서 같은 종류의 성분을 연결할 때 쓰는 말이다. 따라서 앞뒤로 이어지는 표현의 구조가 대등해야 한다.

⑤ '자문하다'는 '어떤 일을 좀 더 효율적이고 바르게 처리하려고 그 방면의 전문가나, 전문가들로 이루어진 기구에 의견을 묻다.'라는 뜻으로 '~에/에게 ~을 자문하다' 형식으로 쓴다.

ANSWER   25.④   26.③

27 다음은 「보안업무규칙」의 일부이다. A연구원이 이 내용을 보고 알 수 있는 사항이 아닌 것은?

제3장 인원보안

제7조 인원보안에 관한 업무는 인사업무 담당부서에서 관장한다.

제8조

① 비밀취급인가 대상자는 별표 2에 해당하는 자로서 업무상 비밀을 항상 취급하는 자로 한다.

② 원장, 부원장, 보안담당관, 일반보안담당관, 정보통신보안담당관, 시설보안담당관, 보안심사위원회 위원, 분임보안담당관과 문서취급부서에서 비밀문서 취급담당자로 임용되는 자는 II급 비밀의 취급권이 인가된 것으로 보며, 비밀취급이 불필요한 직위로 임용되는 때에는 해제된 것으로 본다.

제9조 각 부서장은 소속 직원 중 비밀취급인가가 필요하다고 인정되는 때에는 별지 제1호 서식에 의하여 보안담당관에게 제청하여야 한다.

제10조 보안담당관은 비밀취급인가대장을 작성·비치하고 인가 및 해제사유를 기록·유지한다.

제11조 다음 각 호의 어느 하나에 해당하는 자에 대하여는 비밀취급을 인가해서는 안 된다.

    1. 국가안전보장, 연구원 활동 등에 유해로운 정보가 있음이 확인된 자

    2. 3개월 이내 퇴직예정자

    3. 기타 보안 사고를 일으킬 우려가 있는 자

제12조

① 비밀취급을 인가받은 자에게 규정한 사유가 발생한 경우에는 그 비밀취급인가를 해제하고 해제된 자의 비밀취급인가증은 그 소속 보안담당관이 회수하여 비밀취급인가권자에게 반납하여야 한다.

---

① 비밀취급인가 대상자에 관한 내용

② 취급인가 사항에 해당되는 비밀의 분류와 내용

③ 비밀취급인가의 절차

④ 비밀취급인가의 제한 조건 해당 사항

⑤ 비밀취급인가의 해제 및 취소

✔ **해설** 제시된 제7조~제12조까지의 내용은 각 조항별로 각각 인원보안 업무 취급 부서, 비밀취급인가 대상자, 비밀취급인가 절차, 비밀취급인가대장, 비밀취급인가의 제한 조건, 비밀취급인가의 해제 등에 대하여 언급하고 있다.
② 비밀의 등급이나 비밀에 해당하는 문서, 정보 등 취급인가 사항에 해당되는 비밀의 구체적인 내용에 대해서는 언급되어 있지 않다.

28 다음 보기 중, 아래 제시 글의 내용을 올바르게 이해하지 못한 것은? (실질 국외순수취 요소소득은 고려하지 않는다)

어느 해의 GDP가 그 전년에 비해 증가했다면 총 산출량이 증가했거나, 산출물의 가격이 상승했거나 아니면 둘 다였을 가능성이 있게 된다. 국가경제에서 생산한 재화와 서비스의 총량이 시간의 흐름에 따라 어떻게 변화하는지(경제성장)를 정확하게 측정하기 위해서는 물량과 가격 요인이 분리되어야 한다. 이에 따라 GDP는 명목 GDP와 실질 GDP로 구분되어 추계되고 있다. 경상가격 GDP(GDP at current prices)라고도 불리는 명목 GDP는 한 나라 안에서 생산된 최종생산물의 가치를 그 생산물이 생산된 기간 중의 가격을 적용하여 계산한 것이다. 반면에 실질 GDP는 기준연도 가격으로 측정한 것으로 불변가격 GDP(GDP at constant prices)라고도 한다.

그러면 실질 구매력을 반영하는 실질 GNI는 어떻게 산출될까? 결론적으로 말하자면 실질 GNI도 실질 GDP로부터 산출된다. 그런데 실질 GNI는 교역조건 변화에 따른 실질 무역손익까지 포함하여 다음과 같이 계산된다.

> '실질 GNI = 실질 GDP + 교역조건 변화에 따른 실질 무역손익 + (실질 국외순수취 요소소득)'

교역조건은 수출가격을 수입가격으로 나눈 것으로 수출입 상품간의 교환 비율이다. 교역조건이 변화하면 생산 및 소비가 영향을 받게 되고 그로 인해 국민소득이 변화하게 된다. 예를 들어 교역조건이 나빠지면 동일한 수출물량으로 사들일 수 있는 수입물량이 감소하게 된다. 이는 소비나 투자에 필요한 재화의 수입량이 줄어드는 것을 의미하며 수입재에 의한 소비나 투자의 감소는 바로 실질소득의 감소인 것이다. 이처럼 교역조건이 변화하면 실질소득이 영향을 받기 때문에 실질 GNI의 계산에는 교역조건 변화에 따른 실질 무역손익이 포함되는 것이다. 교역조건 변화에 따른 실질 무역손익이란 교역조건의 변화로 인해 발생하는 실질소득의 국외 유출 또는 국외로부터의 유입을 말한다.

① 한 나라의 총 생산량이 전년과 동일해도 GDP가 변동될 수 있다.

② GDP의 중요한 결정 요인은 가격과 물량이다.

③ 실질 GDP의 변동 요인은 물량이 아닌 가격이다.

④ 동일한 제품의 수입가격보다 수출가격이 높으면 실질 GNI는 실질 GDP보다 커진다.

⑤ 실질 GNI가 실질 GDP보다 낮아졌다는 것은 교역조건이 더 나빠졌다는 것을 의미한다.

✔ 해설 ③ 실질 GDP는 기준연도의 가격을 근거로 한 불변가격 GDP이므로 실질 GDP가 변하는 요인은 가격이 아닌 물량의 변동에 따른 것이다.
① 총 생산량 즉, 총 산출량이 동일해도 가치가 변동되면 GDP는 변동될 수 있다.
② 재화와 서비스의 총량 변화를 정확히 파악하기 위한 자료로 가격과 물량은 가장 중요한 요소이다.
④⑤ 교역조건이 나아지면 실질 GNI는 실질 GDP보다 높아지며 이것은 수출가격이 수입가격보다 높아져서 수출입 상품 간 교환 비율이 높아졌다는 것을 의미한다.

29 **공문서를 작성할 경우, 명확한 의미의 전달은 의사소통을 하는 일에 있어 가장 중요한 요소라고 할 수 있다. 다음에 제시되는 문장 중 명확하지 않은 중의적인 의미를 포함하고 있는 문장이 아닌 것은 어느 것인가?**

① 그녀를 기다리고 있던 성진이는 길 건너편에서 모자를 쓰고 있었다.

② 울면서 떠나는 영희에게 철수는 손을 흔들었다.

③ 그곳까지 간 김에 나는 철수와 영희를 만나고 돌아왔다.

④ 대학 동기동창이던 하영과 원태는 지난 달 결혼을 하였다.

⑤ 참석자가 모두 오지 않아서 회의가 진행될 수 없다.

✔ 해설 ② '철수는'이라는 주어가 맨 앞으로 와서 '철수는 울면서 떠나는 영희에게 손을 흔들었다.'고 표현하기 쉽지만, 이것은 우는 주체가 철수인지 영희인지 불분명한 경우가 될 수 있으므로 주의하여야 한다.
① 성진이가 모자를 쓰고 있는 '상태'인지, 모자를 쓰는 '동작'을 한 것인지 불분명하다.
③ 내가 철수와 영희 두 사람을 만난 것인지, 나와 철수가 함께 영희를 만나러 간 것인지 불분명하다.
④ 하영과 원태가 부부가 된 것인지, 각각 다른 사람과 결혼을 한 것인지 불분명하다.
⑤ 참석자 전원이 오지 않은 것인지, 참석자 모두가 다 온 것은 아닌 것인지 불분명하다.

30 **다음은 세계 에너지 수요에 대한 전망을 나타내는 보고서이다. 다음 보고서의 근거 자료가 〈표〉와 같다면, 밑줄 친 ㉠~㉤ 중 적절한 내용이 아닌 것은 어느 것인가?**

비OECD 국가인 개발도상국의 에너지수요는 2013~2040년 기간 중 연평균 1.6%씩 증가할 것으로 전망되어 ㉠ 2040년에는 2013년 대비 55.2%나 늘어날 것으로 예상된다. 반면, OECD 국가들의 같은 기간 에너지 수요 증가율은 연평균 -0.1%에 불과할 것으로 전망된다. 그 결과 ㉡ 비OECD 국가의 에너지 소비 비중은 2013년 58.1%에서 2040년 68.2%로 늘어날 것으로 보인다.

비OECD 국가들 중 아프리카권의 성장세가 가장 빠를 것으로 보이는데, ㉢ 2040년 에너지 소비는 2013년 대비 50% 선으로 증가할 전망이다. 아시아권은 동기간 60.2% 증가할 전망인데, 그 중 인도는 비OECD 국가 중 가장 빠르게 경제가 성장하는 국가로서 연평균 3.4%의 에너지소비 증가율을 기록하며 2040년에는 2013년 수준 대비 146.2%까지 성장할 전망이다. 중국의 2013년 에너지소비는 2000년 대비 158.7% 증가로 가파른 성장세를 기록했지만, 최근 저성장 기조로 들어서면서 2013년에서 2040년까지의 증가율은 32.4%까지 하락할 전망이다. ㉣ 비OECD 국가 중 중국과 인도의 2000년 세계 에너지 소비 비중은 약 16%이었으나, 2013년에는 28%로 상승했으며, 전망기간 중 양국의 경제성장률 강세에 힘입어 2040년에는 33%에 이를 것으로 예상된다.

한편, 전망기간 동안 중동과 중남미의 2040년 에너지소비는 2013년 대비 각각 70%, 50.8%의 빠른 증가가 예상되며, 유럽과 일본의 2040년 에너지소비는 인구감소와 저성장 그리고 에너지효율 향상 등의 복합적인 요인에 의해 감소세를 보이며 ㉤ 2013년 대비 각각 -11.7%, -12.3% 감소할 전망이다. 또한, 미국의 세계 에너지 소비에서의 비중은 2013년 16%에서 2040년 12%로 낮아질 전망이다.

〈표〉 세계 총에너지 소비 실적 및 수요 전망

(단위 : Mtoe)

구분	소비실적		수요전망					연평균 증가율(%)
	2000	2013	2020	2025	2030	2035	2040	
OECD	5,294	5,324	5,344	5,264	5,210	5,175	5,167	−0.1
미국	2,270	2,185	2,221	2,179	2,143	2,123	2,125	−0.1
유럽	1,764	1,760	1,711	1,658	1,620	1,586	1,554	−0.5
일본	519	455	434	424	414	406	399	−0.5
비 OECD	4,497	7,884	9,008	9,822	10,688	11,505	12,239	1.6
러시아 등	620	715	702	716	735	758	774	0.3
아시아	2,215	4,693	5,478	6,023	6,592	7,094	7,518	1.8
중국	1,174	3,037	3,412	3,649	3,848	3,971	4,020	1.0
인도	441	775	1,018	1,207	1,440	1,676	1,908	3.4
중동	356	689	822	907	1,002	1,089	1,171	2.0
아프리카	497	744	880	969	1,067	1,180	1,302	2.1
중남미	424	618	678	735	797	864	932	1.5
	10,063	13,559	14,743	15,503	16,349	17,166	17,934	1.0

※ 연평균 증가율은 2012~2040년 기준

① ㉠ ② ㉡

③ ㉢ ④ ㉣

⑤ ㉤

✔해설 아프리카의 2040년 에너지 소비는 2013년 대비 (1,304 − 744) ÷ 744 × 100 = 75%에 이를 것으로 전망할 수 있다.

31 다음은 정부에서 중점 추진하고 있는 에너지 신산업에 대한 글이다. 다음 글의 밑줄 친 부분이 의미하는 변화를 이루기 위해 가장 핵심적으로 요구되는 두 가지 기술 요소를 적절하게 연결한 것은 어느 것인가?

우리나라는 에너지 신산업의 일환으로 에너지 프로슈머 사업을 적극적으로 추진한다는 계획 하에 소규모 시범사업부터 대규모 프로슈머의 시범사업을 추진하고 있다. 기본적으로 에너지 프로슈머 사업이 활성화되기 위해서는 소비자 스스로 태양광 발전설비를 설치하고, 이웃과 거래할 수 있는 유인이 있어야 한다. 이러한 유인이 존재하려면 전력회사가 제공하는 전기의 요금보다 신재생에너지 발전단가가 낮아야 할 것이다. 앞으로도 소비자들의 프로슈머화는 가속화될 것이고 궁극적으로는 <u>자급자족 에너지 시스템으로의 변화</u>로 이어질 것으로 예상되고 있다.

에너지 프로슈머는 전력회사로부터 전력을 공급받아 단순히 소비만 하던 에너지 사용방식에서 탈피하여 신재생에너지원을 활용하여 직접 생산하여 소비한 후 남는 전력을 판매하기도 하는 소비자를 일컫는다. 소비자는 주로 태양광 발전설비를 이용하여 낮에 전력을 생산하여 자가 소비 후 잉여전력을 전력회사나 이웃에게 판매하는 방식으로 처리할 수 있다. 이 과정에서 소비자는 생산된 전력량으로부터 자가 소비량과 잉여전력량을 조절하는 한편, 전력회사로부터의 전력구입량도 관리하는 등 에너지 관리에 대한 선택이 확대된다. 더구나 전력저장장치가 결합된다면 저녁시간대의 전력 활용에 대한 선택이 커지므로 보다 전략적으로 에너지 관리를 할 수 있을 것이다.

소비자의 에너지 사용에 대한 행동변화는 소비자의 에너지 프로슈머화를 촉진시킬 뿐만 아니라 현재 대규모 설비위주의 중앙집중적 에너지 공급시스템을 분산형 전원을 활용하여 자급자족이 가능한 에너지 시스템으로 변화되도록 유도하고 있다. 그리고 소비자의 에너지 활용과 관련한 선택의 범위가 확대됨에 따라 다양한 에너지 서비스의 활성화에도 기여하고 있다. 소비자의 행동변화에 따라 에너지 사용데이터를 기반으로 공급자들도 에너지 수요관리와 관련된 다양한 서비스를 제공하는 한편, 에너지 프로슈머와의 경쟁적 환경에 놓이게 된 것이다.

① 전력저장장치, 전력구입량 관리 설비

② 전력저장장치, 분산형 전원

③ 중앙집중적 에너지 공급시스템, 전력구입량 관리 설비

④ 에너지 사용데이터 관리 시스템, 전력저장장치

⑤ 분산형 전원, 전력구입량 관리 설비

✔ **해설** 신재생에너지를 활용한 에너지 신산업의 핵심은 전력저장장치(Energy Storage System)와 분산형 전원(Distributed Resources)의 구축에 있다. 태양광 설비 등을 이용하여 에너지를 생산할 뿐만 아니라 이를 저장하여 사용 및 판매에 이르는 활동에까지 소비자들이 직접 참여할 수 있는, 이른바 에너지 자립을 단위 지역별로 가능하도록 하는 것이 핵심 내용이다. 이것은 기존의 중앙집중적인 에너지 공급 방식에서 탈피하여 에너지 자급자족이 가능한 분산형 전원 설비를 갖추어야만 가능한 일이다. 따라서 전력저장장치와 분산형 전원의 개술 개발과 보급은 에너지 신산업의 필수적이고 기본적인 조건이라고 할 수 있다.

32 다음에 제시되는 글과 내용에 포함된 표를 참고할 때, 뒤에 이어질 단락에서 다루어질 내용이라고 보기 어려운 것은 어느 것인가?

> 에너지의 사용량을 결정하는 매우 중요한 핵심인자는 함께 거주하는 가구원의 수이다. 다음의 표에서 가구원수가 많아질수록 연료비 지출액 역시 함께 증가하는 것을 확인할 수 있다.
>
> | 가구원수 | 비율 | 가구소득(천 원, %) | | 연료비(원, %) | | 연료비 비율 |
> |---|---|---|---|---|---|---|
> | 1명 | 17.0% | 1,466,381 | (100.0) | 59,360 | (100.0) | 8.18% |
> | 2명 | 26.8% | 2,645,290 | (180.4) | 96,433 | (162.5) | 6.67% |
> | 3명 | 23.4% | 3,877,247 | (264.4) | 117,963 | (198.7) | 4.36% |
> | 4명 | 25.3% | 4,470,861 | (304.9) | 129,287 | (217.8) | 3.73% |
> | 5명 이상 | 7.5% | 4,677,671 | (319.0) | 148,456 | (250.1) | 4.01% |
>
> 하지만 가구원수와 연료비는 비례하여 증가하는 것은 아니며, 특히 1인 가구의 지출액은 3인이나 4인 가구의 절반 수준, 2인 가구와 비교하여서도 61.5% 수준에 그친다. 연료비 지출액이 1인 가구에서 상대적으로 큰 폭으로 떨어지는 이유는 1인 가구의 가구유형에서 찾을 수 있다. 1인 가구의 40.8%가 노인가구이며, 노인가구의 낮은 소득수준이 연료비 지출을 더욱 압박하는 효과를 가져왔을 것이다. 하지만 1인 가구의 연료비 감소폭에 비해 가구소득의 감소폭이 훨씬 크며, 그 결과 1인 가구의 연료비 비율 역시 3인 이상인 가구들에 비해 두 배 가까이 높게 나타난다. 한편, 2인 가구 역시 노인가구의 비율이 21.7%로, 3인 이상 가구 6.8%에 비해 3배 이상 높게 나타난다.

① 가구 소득분위별 연료비 지출 현황

② 가구의 유형별 연료비 지출 현황

③ 연령대별 가구소득 및 노인가구 소득과의 격차 비교

④ 가구주 연령대별 연료비 지출 내역

⑤ 과거 일정 기간 동안의 연료비 증감 내역

✔ 해설 제시된 글에서 필자가 말하고자 하는 바는, 1인 가구의 대다수는 노인가구가 차지하고 있으며 노인가구는 소득수준은 낮은 데 반해 연료비 비율이 높다는 문제점을 지적하고자 하는 것이다. 따라서 보기 ①~④의 내용은 필자의 언급 내용과 직접적인 연관성이 있는 근거 자료가 될 수 있으나, 과거의 연료비 증감 내역은 반드시 근거로써 제시되어야 할 것이라고 볼 수는 없다.

제00조 이용신청 시기
고객의 송·배전용 전기설비 이용신청은 이용 희망일부터 행정소요일수와 표본 공정(접속설비의 설계·공사계약체결·공사시공기간 등) 소요일수를 합산한 기간 이전에 하는 것을 원칙으로 한다. 다만, 필요시 고객과 협의하여 이용신청 시기를 조정할 수 있다.

제00조 이용신청시 기술검토용 제출자료
고객은 이용신청 시 회사가 접속방안을 검토할 수 있도록 송·배전 기본계획자료를 제출하여야 한다. 고객은 자료가 확정되지 않은 경우에는 잠정 자료를 제출할 수 있으며, 자료가 확정되는 즉시 확정된 자료를 제출하여야 한다.

제00조 접속제의의 수락
고객은 접속제의서 접수 후 송전용전기설비는 2개월, 배전용전기설비는 1개월 이내에 접속제의에 대한 수락의사를 서면으로 통지하여야 하며, 이 기간까지 수락의사의 통지가 없을 경우 이용신청은 효력을 상실한다. 다만, 고객과의 협의를 통해 수락의사 통지기간을 1회에 한하여 송전용전기설비는 2개월, 배전용전기설비는 1개월 이내에서 연장할 수 있다. 접속제의에 이의가 있거나 새로운 접속방안의 검토를 희망하는 경우, 고객은 2회에 한하여 접속제의의 재검토를 요청할 수 있으며, 재검토 기간은 송전용전기설비는 3개월, 배전용전기설비는 1개월을 초과할 수 없다.

제00조 끝자리 수의 처리
이 규정에서 송·배전 이용요금 등의 계산에 사용하는 단위는 다음 표와 같으며 계산단위 미만의 끝자리 수는 계산단위 이하 첫째자리에서 반올림한다.

구분	계산단위
부하설비 용량	1kw
변압기설비 용량	1kVA
발전기 정격출력	1kw
계약전력	1kw
최대이용전력	1kw
요금적용전력	1kw
사용전력량	1k조
무효전력량	1kvarh
역률	1%

송·배전 이용요금 등의 청구금액(부가세 포함)에 10원 미만의 끝자리 수가 있을 경우에는 국고금관리법에 정한 바에 따라 그 끝자리 수를 버린다.

33 乙은 이용규정을 바탕으로 회사 홈페이지에 올라온 고객의 질의에 답변하려고 한다. 답변 내용 중 옳지 않은 것은?

① Q : 송 · 배전용 전기설비 이용신청은 언제 하여야 하나요?

　A : 이용신청은 이용 희망일부터 행정소요일수와 표본 공정소요일수를 합산한 기간 이전에 하여야 합니다.

② Q : 송 · 배전 기본계획자료가 아직 확정되지 않은 상태인데 어떻게 해야 하나요?

　A : 잠정 자료를 제출할 수 있으며, 자료가 확정되는 즉시 확정된 자료를 제출하면 됩니다.

③ Q : 수락의사 통지기간을 연장하고 싶은데 그 기간은 어느정도인가요?

　A : 회사와 고객 간의 협의를 통해 송전용전기설비는 1개월, 배전용전기설비는 2개월 이내에서 연장할 수 있습니다.

④ Q : 송 · 배전 이용요금 등의 청구금액에 10원 미만의 끝자리 수가 있을 경우는 어떻게 되나요?

　A : 끝자리 수가 있을 경우에는 국고금관리법에 정한 바에 따라 그 끝자리 수를 버리게 됩니다.

⑤ Q : 배전용전기설비의 새로운 접속방안 재검토 기간은 얼마나 되나요?

　A : 배전용전기설비의 재검토 기간은 1개월 이내입니다.

✓해설　③ 고객과의 협의를 통해 수락의사 통지기간을 1회에 한하여 송전용전기설비는 2개월, 배전용전기설비는 1개월 이내에서 연장할 수 있다.

34 접속제의에 이의가 있거나 새로운 접속방안의 검토를 희망하는 경우, 고객은 몇 회에 한하여 재검토를 요청할 수 있는가?

① 1회

② 2회

③ 3회

④ 4회

⑤ 5회

✓해설　접속제의에 이의가 있거나 새로운 접속방안의 검토를 희망하는 경우, 고객은 2회에 한하여 접속제의의 재검토를 요청할 수 있다.

ANSWER 33.③　34.②

35 다음은 산업현장 안전규칙이다. 선임 J씨가 신입으로 들어온 K씨에게 전달할 사항으로 옳지 않은 것은?

산업현장 안전규칙

- 작업 전 안전점검, 작업 중 정리정돈은 사용하게 될 기계 · 기구 등에 대한 이상 유무 등 유해 · 위험요인을 사전에 확인하여 예방대책을 강구하는 것으로 현장 안전관리의 출발점이다.
- 작업장 안전통로 확보는 작업장 내 통행 시 위험기계 · 기구들로부터 근로자를 보호하며 원활한 작업진행에도 기여한다.
- 개인보호구(헬멧 등) 지급착용은 근로자의 생명이나 신체를 보호하고 재해의 정도를 경감시키는 등 재해예방을 위한 최후 수단이다.
- 전기활선 작업 중 절연용 방호기구 사용으로 불가피한 활선작업에서 오는 단락 · 지락에 의한 아크화상 및 충전부 접촉에 의한 전격재해와 감전사고가 감소한다.
- 기계 · 설비 정비 시 잠금장치 및 표지판 부착으로 정비 작업 중에 다른 작업자가 정비 중인 기계 · 설비를 기동함으로써 발생하는 재해를 예방한다.
- 유해 · 위험 화학물질 경고표지 부착으로 위험성을 사전에 인식시킴으로써 사용 취급시의 재해를 예방한다.
- 프레스, 전단기, 압력용기, 둥근톱에 방호장치 설치는 신체부위가 기계 · 기구의 위험부분에 들어가는 것을 방지하고 오작동에 의한 위험을 사전 차단 해준다.
- 고소작업 시 안전 난간, 개구부 덮개 설치로 추락재해를 예방할 수 있다.
- 추락방지용 안전방망 설치는 추락 · 낙하에 의한 재해를 감소할 수 있다(성능검정에 합격한 안전방망 사용).
- 용접 시 인화성 · 폭발성 물질을 격리하여 용접작업 시 발생하는 불꽃, 용접불똥 등에 의한 대형화재 또는 폭발위험성을 사전에 예방한다.

① 작업장 안전통로에 통로의 진입을 막는 물건이 있으면 안 됩니다.

② 전기활선 작업 중에는 단락 · 지락이 절대 생겨서는 안 됩니다.

③ 어떤 상황에서도 작업장에서는 개인보호구를 착용하십시오.

④ 프레스, 전단기 등의 기계는 꼭 방호장치가 설치되어 있는지 확인하고 사용하십시오.

⑤ 고소작업 시 안전 난간, 개구부 덮개를 설치하십시오.

✔해설 ② 전기활선 작업 중에 단락 · 지락은 불가피하게 발생할 수 있다. 따라서 절연용 방호기구를 사용하여야 한다.

36 다음 글의 내용을 참고할 때, 빈 칸에 들어갈 가장 적절한 말은 어느 것인가?

사람을 비롯한 포유류에서 모든 피를 만드는 줄기세포는 뼈에 존재한다. 그러나 물고기의 조혈 줄기세포(조혈모세포)는 신장에 있다. 신체의 특정 위치 즉 '조혈 줄기세포 자리(blood stem cell niche)'에서 피가 만들어진다는 사실을 처음 알게 된 1970년대 이래, 생물학자들은 생물들이 왜 서로 다른 부위에서 이 기능을 수행하도록 진화돼 왔는지 궁금하게 여겨왔다. 그 40년 뒤, 중요한 단서가 발견됐다. 조혈 줄기세포가 위치한 장소는 (   ) 진화돼 왔다는 사실이다.

이번에 발견된 '조혈 줄기세포 자리' 퍼즐 조각은 조혈모세포 이식의 안전성을 증진시키는데 도움이 될 것으로 기대된다. 연구팀은 실험에 널리 쓰이는 동물모델인 제브라피쉬를 관찰하다 영감을 얻게 됐다.

프리드리히 카프(Friedrich Kapp) 박사는 "현미경으로 제브라피쉬의 조혈 줄기세포를 관찰하려고 했으나 신장 위에 있는 멜라닌세포 층이 시야를 가로막았다"고 말했다. 멜라닌세포는 인체 피부 색깔을 나타내는 멜라닌 색소를 생성하는 세포다.

카프 박사는 "신장 위에 있는 멜라닌세포의 모양이 마치 파라솔을 연상시켜 이 세포들이 조혈줄기세포를 자외선으로부터 보호해 주는 것이 아닐까 하는 생각을 하게 됐다"고 전했다. 이런 생각이 들자 카프 박사는 정상적인 제브라피쉬와 멜라닌세포가 결여된 변이 제브라피쉬를 각각 자외선에 노출시켰다. 그랬더니 변이 제브라피쉬의 조혈 줄기세포가 줄어드는 현상이 나타났다. 이와 함께 정상적인 제브라피쉬를 거꾸로 뒤집어 자외선을 쬐자 마찬가지로 줄기세포가 손실됐다.

이 실험들은 멜라닌세포 우산이 물리적으로 위에서 내리쬐는 자외선으로부터 신장을 보호하고 있다는 사실을 확인시켜 주었다.

① 줄기세포가 햇빛과 원활하게 접촉할 수 있도록

② 줄기세포에 일정한 양의 햇빛이 지속적으로 공급될 수 있도록

③ 멜라닌 색소가 생성되기에 최적의 공간이 형성될 수 있도록

④ 멜라닌세포 층과 햇빛의 반응이 최소화될 수 있도록

⑤ 햇빛의 유해한 자외선(UV)으로부터 이 줄기세포를 보호하도록

> **해설** 제브라피쉬의 실험은 햇빛의 자외선으로부터 줄기세포를 보호하는 멜라닌 세포를 제거한 후 제브라피쉬를 햇빛에 노출시켜 본 사실이 핵심적인 내용이라고 할 수 있다. 따라서 이를 통하여 알 수 있는 결론은, 줄기세포가 존재하는 장소는 햇빛의 자외선으로부터 보호받을 수 있는 방식으로 진화하게 되었다는 것이 타당하다고 볼 수 있다.

37 다음은 출산율 저하와 인구정책에 관한 글을 쓰기 위해 정리한 글감과 생각이다. 〈보기〉와 같은 방식으로 내용을 전
개하려고 할 때 바르게 연결된 것은?

> ㉠ 가임 여성 1인당 출산율이 0.9명으로 떨어졌다.
> ㉡ 여성의 사회 활동 참여율이 크게 증가하고 있다.
> ㉢ 현재 시행되고 있는 출산장려 정책은 큰 효과가 없다.
> ㉣ 새롭고 실제 가정에 도움이 되는 출산장려 정책이 추진되어야 한다.
> ㉤ 가치관의 변화로 자녀의 필요성을 느끼지 않는다.
> ㉥ 인구 감소로 인해 노동력 부족 현상이 심화된다.
> ㉦ 노동 인구의 수가 국가 산업 경쟁력을 좌우한다.
> ㉧ 인구 문제에 대한 정부 차원의 대책을 수립한다.

〈보기〉
문제 상황 → 상황의 원인 → 주장 → 주장의 근거 → 종합 의견

	문제 상황	상황의 원인	예상 문제점	주장	주장의 근거	종합 의견
①	㉠, ㉡	㉤	㉢	㉣	㉥, ㉦	㉧
②	㉠	㉡, ㉤	㉥, ㉦	㉣	㉢	㉧
③	㉡, ㉤	㉥	㉠	㉢, ㉣	㉦	㉦
④	㉢	㉠, ㉡, ㉤	㉦	㉧	㉥	㉣
⑤	㉠	㉡, ㉢	㉥, ㉦	㉣	㉤	㉧

✔ **해설** • 문제 상황 : 출산율 저하(㉠)
- 출산율 저하의 원인 : 여성의 사회 활동 참여율(㉡), 가치관의 변화(㉤)
- 출산율 저하의 문제점 : 노동 인구의 수가 국가 산업 경쟁력을 좌우(㉦)하는데 인구 감소로 인해 노동력 부족
  현상이 심화된다(㉥).
- 주장 : 새롭고 실제 가정에 도움이 되는 출산장려 정책이 추진되어야 한다(㉣).
- 주장의 근거 : 현재 시행되고 있는 출산장려 정책은 큰 효과가 없다(㉢).
- 종합 의견 : 인구 문제에 대한 정부 차원의 대책을 수립한다(㉧).

38 다음은 SNS 회사에 함께 인턴으로 채용된 두 친구의 대화이다. 두 사람이 제출했을 토론 주제로 적합한 것은?

> 여 : 대리님께서 말씀하신 토론 주제는 정했어? 난 인터넷에서 '저무는 육필의 시대'라는 기사를 찾았는데 토론 주제로 괜찮을 것 같아서 그걸 정리해 가려고 하는데.
>
> 남 : 난 아직 마땅한 게 없어서 찾는 중이야. 그런데 육필이 뭐야?
>
> 여 : SNS 회사에 입사했다는 애가 그것도 모르는 거야? 컴퓨터로 글을 쓰는 게 디지털 글쓰기라면 손으로 글을 쓰는 걸 육필이라고 하잖아.
>
> 남 : 아! 그런 거야? 그럼 우리는 디지털 글쓰기 세대겠네?
>
> 여 : 그런 셈이지. 요즘 다들 컴퓨터로 글을 쓰니까. 그나저나 너는 디지털 글쓰기의 장점이 뭐라고 생각해?
>
> 남 : 음, 우선 떠오르는 대로 빨리 쓸 수 있다는 점 아닐까? 또 쉽게 고칠 수도 있고. 그래서 누구나 쉽게 글을 쓸 수 있다는 점이 디지털 글쓰기의 최대 장점이라고 생각하는데.
>
> 여 : 맞아. 기존의 글쓰기가 소수의 전유물이었다면, 디지털 글쓰기 덕분에 누구나 쉽게 글을 쓰고 의사소통을 할 수 있게 되었다는 게 내가 본 기사의 핵심이었어. 한마디로 글쓰기의 민주화가 이루어진 거지.
>
> 남 : 글쓰기의 민주화…… 멋있어 보이기는 하는데, 디지털 글쓰기가 꼭 장점만 있는 것 같지는 않아. 누구나 쉽게 글을 쓸 수 있게 됐다는 건, 그만큼 글이 가벼워졌다는 거 아냐? 우리 주변에서도 그런 글들은 엄청나잖아.
>
> 여 : 하긴, 디지털 글쓰기 때문에 과거보다 진지하게 글을 쓰는 사람이 적어진 건 사실이야. 남의 글을 베끼거나 근거 없는 내용을 담은 글들도 많아지고.
>
> 남 : 우리 이 주제로 토론을 해 보는 게 어때?

① 세대 간 정보화 격차

② 디지털 글쓰기와 정보화

③ 디지털 글쓰기의 장단점

④ 디지털 글쓰기와 의사소통의 관계

⑤ 디지털 글쓰기와 정치

✔해설 ③ 대화 속의 남과 여는 디지털 글쓰기의 장점과 단점에 대해 이야기하고 있다. 따라서 두 사람이 제출했을 토론 주제로는 '디지털 글쓰기의 장단점'이 적합하다.

39 A국에 대한 아래 정치, 경제 동향 자료로 보아 가장 타당하지 않은 해석을 하고 있는 사람은?

- 작년 말 실시된 대선에서 여당 후보가 67%의 득표율로 당선되었고, 집권 여당이 250석 중 162석의 과반 의석을 차지해 재집권에 성공하면서 집권당 분열 사태는 발생하지 않을 전망이다.
- 불확실한 선거 결과 및 선거 이후 행정부의 정책 방향 미정으로 해외 투자자들은 A국에 대한 투자를 계속 미뤄 왔으며 최근 세계 천연가스의 공급 초과 우려가 제기되면서 관망을 지속하는 중이다.
- 2000년대 초반까지는 종교 및 종족 간의 갈등이 심각했지만, 현재는 거의 종식된 상태이며, 민주주의 정착으로 안정적인 사회 체제를 이뤄 가는 중이나 빈부격차의 심화로 인한 불안 요인은 잠재되어 있는 편이다.
- 주 사업 분야인 광물자원 채굴과 천연가스 개발 붐이 몇 년간 지속되면서 인프라 확충에도 투자가 많이 진행되어 경제성장이 지속되어 왔다.
- A국 중앙은행의 적절한 대처로 A국 통화 가치의 급격한 하락은 나타나지 않을 전망이다.
- 지난 3년간의 경제 지표는 아래와 같다.(뒤의 숫자일수록 최근 연도를 나타내며 Tm은 A국의 통화 단위)
 −경제성장률 : 7.1%, 6.8%, 7.6%
 −물가상승률 : 3.2%, 2.8%, 3.4%
 −달러 당 환율(Tm/USD) : 31.7, 32.5, 33.0
 −외채 잔액(억 달러) : 100, 104, 107
 −외채 상환 비율 : 4.9%, 5.1%, 5.0%

① 갑 : 외채 상환 비율이 엇비슷한데도 외채 잔액이 증가한 것은 인프라 확충을 위한 설비 투자 때문일 수도 있겠어.
② 을 : 집권 여당의 재집권으로 정치적 안정이 기대되지만 빈부격차가 심화된다면 사회적 소요의 가능성도 있겠네.
③ 병 : A국의 경제성장률에 비하면 물가상승률은 낮은 편이라서 중앙은행이 물가 관리를 비교적 잘 하고 있다고 볼 수 있네.
④ 정 : 지난 3년간 A국의 달러 당 환율을 보면 A국에서 외국으로 수출하는 기업들은 대부분 환차손을 피하기 어려웠겠네.
⑤ 종교갈등으로 인한 리스크보다는 빈부격차로 인한 돌발상황에 대한 리스크에 대비해야겠군.

✔ **해설** ④ 환차손은 환율변동에 따른 손해를 말하는 것으로 환차익에 반대되는 개념이다. A국에서 외국으로 수출하는 기업들은 3년간 달러 당 환율의 상승으로 받을 돈에 있어서 환차익을 누리게 된다.

40 IT분야에 근무하고 있는 K는 상사로부터 보고서를 검토해달라는 요청을 받고 보고서를 검토 중이다. 보고서의 교정 방향으로 적절하지 않은 것은?

> 국가경제 성장의 핵심 역할을 하는 IT산업은 정보통신서비스, 정보통신기기, 소프트웨어 부문으로 구분된다. 2010년 IT산업의 생산규모는 전년대비 15% 이상 증가한 385.4조원을 기록하였다. 한편, 소프트웨어 산업은 경기위축에 선행하고 경기회복에 후행하는 산업적 특성 때문에 전년대비 2% 이하의 성장에 머물렀다.
> 2010년 정보통신서비스 생산규모는 IPTV 등 신규 정보통신서비스 확대로 전년대비 4.6% 증가한 63.4조원을 기록하였다. 2010년 융합서비스는 전년대비 생산규모 ㉠증가률이 정보통신서비스 중 가장 높았고, 정보통신서비스에서 차지하는 생산규모 비중도 가장 컸다. ㉡또한 R&D 투자액이 매년 증가하여 GDP 대비 R&D 투자액 비중이 증가하였다.
> IT산업 전체의 생산을 견인하고 있는 정보통신기기 생산규모는 통신기기를 제외한 다른 품목의 생산 호조에 따라 2010년 전년대비 25.6% 증가하였다. ㉢한편, 2006~2010년 동안 정보통신기기 생산규모에서 통신기기, 정보기기, 음향기기, 전자부품, 응용기기가 차지하는 비중의 순위는 매년 변화가 없었다. 2010년 전자부품 생산규모는 174.4조원으로 정보통신기기 전체 생산규모의 59.0%를 차지한다. 전자부품 중 반도체와 디스플레이 패널의 생산규모는 전년대비 각각 48.6%, 47.4% 증가하여 전자부품 생산을 ㉣유도하였다. 2005년~2010년 동안 정보통신기기 부문에서 전자부품과 응용기기 각각의 생산규모는 매년 ㉤상승하였다.

① ㉠은 맞춤법에 맞지 않는 표현으로 '증가율'로 수정해야 합니다.

② ㉡은 문맥에 맞지 않는 문장으로 삭제하는 것이 좋습니다.

③ ㉢은 앞 뒤 문장이 인과구조이므로 '따라서'로 수정해야 합니다.

④ ㉣ '유도'라는 어휘 대신 문맥상 적합한 '주도'라는 단어로 대체해야 합니다.

⑤ ㉤ '상승'은 '증가'로 수정하는 것이 더 적절합니다.

해설 ③ 인과구조가 아니며, '한편'으로 쓰는 것이 더 적절하다.

41 다음은 농어촌 주민의 보건복지 증진을 위해 추진하고 있는 방안을 설명하는 글이다. 주어진 단락 ㈎~㈚ 중 농어촌의 사회복지서비스를 소개하고 있는 단락은 어느 것인가?

㈎ 「쌀 소득 등의 보전에 관한 법률」에 따른 쌀 소득 등 보전직접 지불금 등은 전액 소득 인정액에 반영하지 않으며, 농어민 가구가 자부담한 보육비용의 일부, 농어업 직접사용 대출금의 상환이자 일부 등을 소득 산정에서 제외하고 있다. 또한 경작농지 등 농어업과 직접 관련되는 재산의 일부에 대해서도 소득환산에서 제외하고 있다.

㈏ 2019년까지 한시적으로 농어민에 대한 국민연금보험료 지원을 실시하고 있다. 기준소득 금액은 910천원으로 본인이 부담할 연금 보험료의 1/2를 초과하지 않는 범위 내에서 2015년 최고 40,950원/월을 지원하였다.

㈐ 급격한 농어촌 고령화에 따라 농어촌 지역에 거주하는 보호가 필요한 거동불편노인, 독거노인 등에게 맞춤형 대책을 제공하기 위한 노인돌보기, 농어촌 지역 노인의 장기요양 욕구 충족 및 부양가족의 부담 경감을 위한 노인요양시설 확충 등을 추진하고 있다.

㈑ 농어촌 지역 주민의 암 조기발견 및 조기치료를 유도하기 위한 국가 암 검진 사업을 지속적으로 추진하고, 농어촌 재가암환자서비스 강화를 통하여 농어촌 암환자의 삶의 질 향상, 가족의 환자 보호·간호 등에 따른 부담 경감을 도모하고 있다.

㈒ 휴·폐경농지, 3년 이상 계속 방치된 빈 축사 및 양식장 등은 건강보험료 산정 시 재산세 과세표준금액의 20%를 감액하여 적용하는 등 보험료 부과 기준을 완화하여 적용하고 있다. 소득·재산 등 보험료 납부 능력 여부를 조사하여 납부 능력이 없는 세대는 체납보험료를 결손 처분하고 의료급여 수급권자로 전환하고 있다.

① ㈎
② ㈏
③ ㈐
④ ㈑
⑤ ㈒

✔ **해설** ㈐의 내용은 농어촌 특성에 적합한 고령자에 대한 복지서비스를 제공하는 모습을 설명하고 있다.

42 다음에 제시된 글의 목적에 대해 바르게 나타낸 것은?

제목 : 사내 신문의 발행

1. 우리 회사 직원들의 원만한 커뮤니케이션과 대외 이미지를 재고하기 위하여 사내 신문을 발간하고자 합니다.

2. 사내 신문은 홍보지와 달리 새로운 정보와 소식지로서의 역할이 기대되오니 아래의 사항을 검토하시고 재가해주시기 바랍니다.

−아 래−

㉠ 제호 : We 서원인
㉡ 판형 : 140 × 210mm
㉢ 페이지 : 20쪽
㉣ 출간 예정일 : 2016. 1. 1

별첨 견적서 1부

---

① 회사에서 정부를 상대로 사업을 진행하려고 작성한 문서이다.
② 회사의 업무에 대한 협조를 구하기 위하여 작성한 문서이다.
③ 회사의 업무에 대한 현황이나 진행상황 등을 보고하고자 하는 문서이다.
④ 회사 상품의 특성을 소비자에게 설명하기 위하여 작성한 문서이다.
⑤ 회사의 행사를 안내하기 위해 작성한 문서이다.

✔**해설** 위 문서는 기안서로 회사의 업무에 대한 협조를 구하거나 의견을 전달할 때 작성하며, 흔히 사내 공문서라고도 한다.

43 다음 부고장의 용어를 한자로 바르게 표시하지 못한 것은?

부　고

상공주식회사의 최시환 사장님의 부친이신 최○○께서 그동안 병환으로 요양 중이시던 중 2016년 1월 5일 오전 7시에 별세하였기에 이를 고합니다. 생전의 후의에 깊이 감사드리며, 다음과 같이 <u>영결식</u>을 거행하게 되었음을 알려드립니다. 대단히 송구하오나 <u>조화</u>와 <u>부의</u>는 간곡히 <u>사양</u>하오니 협조 있으시기 바랍니다.

다　음

1. <u>발인</u>일시 : 2026년 1월 7일 오전 8시
2. 장　　소 : 고려대학교 부속 구로병원 영안실 3호
3. 장　　지 : 경기도 이천시 ○○군 ○○면
4. 연 락 처 : 빈소 (02) 2675-0000

회사 (02) 6542-0000

첨부 : 영결식 장소(고대구로병원) 약도 1부.
　　　 미망인　　　조 ○ ○
　　　 장　남　　　최 ○ ○
　　　 차　남　　　최 ○ ○
　　　 장례위원장　홍 두 깨

※ 조화 및 부의 사절

---

① 영결식 – 永訣式　　　　　② 조화 – 弔花

③ 부의 – 訃告　　　　　　　④ 발인 – 發靷

⑤ 사양 – 辭讓

✔해설　③ 부의 – 賻儀

44 다음의 밑줄 친 단어의 의미와 동일하게 쓰인 것은 어느 것인가?

> 아이와 엄마를 하나의 공동체로 연결해줬던 태는 두 사람 모두에게 분신이자 생명의 근원을 상징한다. 그렇기 때문에 태는 신성했던 것이다. 고려시대 과거시험 과목 중 하나였던 〈태장경(胎藏經)〉에서는 "사람이 현명할지 어리석을지, 잘 될지 못 될지가 모두 탯줄에 달려 있기 때문에 잘 보관해야 한다."라고 기록했다. 태에는 곧 한 사람의 일생을 좌우하는 기운이 서려 있다고 믿었으며, 왕실에서는 국운과도 직접 관련이 있다고 생각해 태항아리를 따로 만들어 전국의 명산을 찾아 묻었다. 왕손의 태는 항아리에 담아 3일간 달빛에 씻고 물로 백여 번을 닦아 낼 정도로 정성을 다했다. 조선시대에는 왕실뿐만 아니라 중류층 이상의 가정에서도 태를 귀히 여기는 풍속이 존재했다. 태를 불에 태우거나 말려 항아리에 담아 묻거나 다른 사람들의 눈을 피해 강물에 흘려보냈다.

① 경제가 눈에 띄게 성장하였다.

② 그렇게 눈이 의식될 거면 차라리 처음부터 실명을 공개했어야 했다.

③ 10년 전에 떠나온 고향 마을이 아직도 눈에 어린다.

④ 눈을 까뒤집고 덤빌 때는 언제고, 이제 와서 아쉬운 소릴 하느냐?

⑤ 무얼 그리 동경의 눈으로 쳐다보고 있냐?

✔해설 ② 제시 글에서 사용된 '눈'은 '사람들의 눈길'을 의미하는 단어로 '다른 사람을 의식한다.'는 뜻을 나타낼 때 사용된다. 따라서 보기 ②의 문장이 동일한 의미로 사용된 경우가 된다.
① 두드러지게 나타나다.
③ 어떤 모습이 잊히지 않고 머릿속에 뚜렷하게 떠오르다.
④ '눈(을) 뒤집다'를 강조하여 속되게 이르는 말.
⑤ 무엇을 보는 표정이나 태도.

사용 전 주의사항 : 환기
- 가스를 사용하기 전에는 연소기 주변을 비롯한 실내에서 특히 냄새를 맡아 가스가 새지 않았는가를 확인하고 창문을 열어 환기시키는 안전수칙을 생활화 합니다.
- 연소기 부근에는 가연성 물질을 두지 말아야 합니다.
- 콕, 호스 등 연결부에서 가스가 누출되는 경우가 많기 때문에 호스 밴드로 확실하게 조이고, 호스가 낡거나 손상되었을 때에는 즉시 새것으로 교체합니다.
- 연소 기구는 자주 청소하여 불꽃구멍 등에 음식찌꺼기 등이 끼어있지 않도록 유의합니다.

사용 중 주의사항 : 불꽃확인
- 사용 중 가스의 불꽃 색깔이 황색이나 적색인 경우는 불완전 연소되는 것으로, 연소 효율이 좋지 않을 뿐 아니라 일산화탄소가 발생되므로 공기조절장치를 움직여서 파란불꽃 상태가 되도록 조절해야 합니다.
- 바람이 불거나 국물이 넘쳐 불이 꺼지면 가스가 그대로 누출되므로 사용 중에는 불이 꺼지지 않았는지 자주 살펴봅니다. 구조는 버너, 삼발이, 국물받이로 간단히 분해할 수 있게 되어 있으며, 주로 가정용으로 사용되고 있다.
- 불이 꺼질 경우 소화 안전장치가 없는 연소기는 가스가 계속 누출되고 있으므로 가스를 잠근 다음 샌 가스가 완전히 실외로 배출된 것을 확인한 후에 재점화 해야 합니다. 폭발범위 안의 농도로 공기와 혼합된 가스는 아주 작은 불꽃에 의해서도 인화 폭발되므로 배출시킬 때에는 환풍기나 선풍기 같은 전기제품을 절대로 사용하지 말고 방석이나 빗자루를 이용함으로써 전기스파크에 의한 폭발을 막아야 합니다.
- 사용 중에 가스가 떨어져 불이 꺼졌을 경우에도 반드시 연소기의 콕과 중간밸브를 잠그도록 해야 합니다.

사용 후 주의사항 : 밸브잠금
- 가스를 사용하고 난 후에는 연소기에 부착된 콕은 물론 중간밸브도 확실하게 잠그는 습관을 갖도록 해야 합니다.
- 장기간 외출시에는 중간밸브와 함께 용기밸브(LPG)도 잠그고, 도시가스를 사용하는 곳에서는 가스계량기 옆에 설치되어 있는 메인밸브까지 잠가 두어야 밀폐된 빈집에서 가스가 새어나와 냉장고 작동시 생기는 전기불꽃에 의해 폭발하는 등의 불의의 사고를 예방할 수 있습니다.
- 가스를 다 사용하고 난 빈 용기라도 용기 안에 약간의 가스가 남아 있는 경우가 많으므로 빈용기라고 해서 용기밸브를 열어놓은 채 방치하면 남아있는 가스가 새어나올 수 있으므로 용기밸브를 반드시 잠근 후에 화기가 없는 곳에 보관하여야 합니다.

45 가스안전사용요령을 읽은 甲의 행동으로 옳지 않은 것은?

① 甲은 호스가 낡아서 즉시 새것으로 교체를 하였다.

② 甲은 가스의 불꽃이 적색인 것을 보고 정상적인 것으로 생각해 그냥 내버려 두었다.

③ 甲은 장기간 집을 비우게 되어 중간밸브와 함께 용기밸브(LPG)도 잠그고 메인밸브까지 잠가두고 집을 나갔다.

④ 甲은 연소 기구를 자주 청소하여 음식물 등이 끼지 않도록 하였다.

⑤ 甲은 사용 중 가스가 떨어져 불이 꺼지자 연소기의 콕과 중간밸브를 잠갔다.

✔ 해설　② 사용 중 가스의 불꽃 색깔이 황색이나 적색인 경우는 불완전 연소되는 것으로, 연소 효율이 좋지 않을 뿐 아니라 일산화탄소가 발생되므로 공기조절장치를 움직여서 파란불꽃 상태가 되도록 조절해야 한다.

46 가스 사용 중에 가스가 떨어져 불이 꺼졌을 경우에는 어떻게 해야 하는가?

① 창문을 열어 환기시킨다.

② 연소기구를 청소한다.

③ 용기밸브를 열어 놓는다.

④ 연소기의 콕과 중간밸브를 잠그도록 해야 한다.

⑤ 주변에 가연성 물질을 치운다.

✔ 해설　④ 사용 중에 가스가 떨어져 불이 꺼졌을 경우에도 반드시 연소기의 콕과 중간밸브를 잠그도록 해야 한다.

47 다음 일정표에 대해 잘못 이해한 것을 고르면?

Albert Denton : Tuesday, September 24

8:30 a.m.	Meeting with S.S. Kim in Metropolitan Hotel lobby Taxi to Extec Factory
9:30–11:30 a.m.	Factory Tour
12:00–12:45 p.m.	Lunch in factory cafeteria with quality control supervisors
1:00–2:00 p.m.	Meeting with factory manager
2:00 p.m.	Car to warehouse
2:30–4:00 p.m.	Warehouse tour
4:00 p.m.	Refreshments
5:00 p.m.	Taxi to hotel (approx. 45 min)
7:30 p.m.	Meeting with C.W. Park in lobby
8:00 p.m.	Dinner with senior managers

① They are having lunch at the factory.

② The warehouse tour takes 90 minutes.

③ The factory tour is in the afternoon.

④ Mr. Denton has some spare time before in the afternoon.

⑤ The dinner will be beginning at 8:00 p.m.

✔ 해설 Albert Denton : 9월 24일, 화요일

8:30 a.m.	Metropolitan 호텔 로비 택시에서 Extec 공장까지 Kim S.S.와 미팅
9:30–11:30 a.m.	공장 투어
12:00–12:45 p.m.	품질 관리 감독관과 공장 식당에서 점심식사
1:00–2:00 p.m.	공장 관리자와 미팅
2:00 p.m.	차로 창고에 가기
2:30–4:00 p.m.	창고 투어
4:00 p.m.	다과
5:00 p.m.	택시로 호텔 (약 45분)
7:30 p.m.	C.W. Park과 로비에서 미팅
8:00 p.m.	고위 간부와 저녁식사

③ 공장 투어는 9시 30분에서 11시 30분까지이므로 오후가 아니다.

48 다음은 A 그룹 정기총회의 식순이다. 정기총회 준비와 관련하여 대표이사 甲과 비서 乙의 업무처리 과정에서 가장 옳지 않은 것은?

2026년도 ㈜A 그룹 정기총회

주관 : 대표이사 甲

▌식순 ▌

1. 성원보고
2. 개회선언
3. 개회사
4. 위원회 보고
5. 미결안건 처리
6. 안건심의
[제1호 의안] 2025년도 회계 결산 보고 및 승인의 건
[제2호 의안] 2026년도 사업 계획 및 예산 승인의 건
[제3호 의안] 이사 선임 및 변경에 대한 추인 건
7. 폐회

---

① 비서 乙은 성원보고와 관련하여 정관의 내용을 확인하고 甲에게 정기총회 요건이 충족되었다고 보고하였다.

② 비서 乙은 2025년도 정기총회의 개회사를 참고하여 2026년도 정기총회 개회사 초안을 작성하여 甲에게 보고하고 검토를 요청하였다.

③ 대표이사 甲은 지난 주주총회에서 미결된 안건이 없었는지 다시 확인해보라고 지시하였고, 비서 乙은 이에 대한 정관을 찾아서 확인 내용을 보고하였다.

④ 대표이사 甲은 제3호 의안에 대해 보고서를 요구하였고 비서 乙은 이사 선임 및 변경사항을 정리하여 보고하였다.

⑤ 주주총회를 위한 회의 준비를 점검하는 과정에서 비서 乙은 빠진 자료가 없는지 매번 확인하였다.

해설 ⑤ 회의 준비를 점검하는 과정에서 매번 빠진 자료가 없는지 확인하는 것은 시간이 많이 소요되므로, 필요한 자료 목록을 작성하여 빠진 자료가 없는지 체크하고 중간점검과 최종점검을 통해 확인한다.

ANSWER 47.③ 48.⑤

텔레비전 드라마는 텔레비전과 드라마에 대한 각각의 이해를 전제로 하고 보아야 한다. 즉 텔레비전이라는 매체에 대한 이해와 드라마라는 장르적 이해가 필요하다.

텔레비전은 다양한 장르, 양식 등이 교차하고 공존한다. 텔레비전에는 다루고 있는 내용이 매우 무거운 시사토론 프로그램부터 매우 가벼운 오락 프로그램까지 섞여서 나열되어 있다. 또한 시청률에 대한 생산자들의 강박관념까지 텔레비전 프로그램 안에 들어있다. 텔레비전 드라마의 경우도 마찬가지로 이러한 강박이 존재한다. 드라마는 광고와 여러 문화 산업에 부가가치를 창출하며 드라마의 장소는 관광지가 되어서 지방의 부가가치를 만들어 내기도 한다. 이 때문에 시청률을 걱정해야 하는 불안정한 텔레비전 드라마 시장의 구조 속에서 상업적 성공을 거두기 위해 텔레비전 드라마는 이미 높은 시청률을 기록한 드라마를 복제하게 되는 것이다. 이것은 드라마 제작자의 수익성과 시장의 불확실성을 통제하기 위한 것으로 구체적으로는 속편이나 아류작의 제작이나 유사한 장르 복제 등으로 나타난다. 이러한 복제는 텔레비전 내부에서만 일어나는 것이 아니라 문화 자본과 관련되는 모든 매체, 즉 인터넷, 영화, 인쇄 매체에서 동시적으로 나타나는 현상이기도 하다.

이들은 서로 역동적으로 자리바꿈을 하면서 환유적 관계를 형성한다. 이 환유에는 수용자들, 즉 시청자나 매체 소비자들의 욕망이 투사되어 있다. 수용자의 욕망이 매체나 텍스트의 환유적 고리와 만나게 되면 각각의 텍스트는 다른 텍스트나 매체와의 관련 속에서 의미화 작용을 거치게 된다.

이렇듯 텔레비전 드라마는 시청자의 욕망과 텔레비전 안팎의 다른 프로그램이나 텍스트와 교차하는 지점에서 생산된다. 상업성이 검증된 것의 반복적 생산으로 말미암아 텔레비전 드라마는 거의 모든 내용이 비슷해지는 동일화의 길을 걷게 된다고 볼 수 있다.

① 텔레비전과 같은 매체는 문자 언어를 읽고 쓰는 능력을 반드시 필요로 한다.

② 디지털 매체 시대에 독자는 정보의 수용자이면서 동시에 생산자가 되기도 한다.

③ 텔레비전 드라마 시청자들의 욕구는 매체의 특성을 변화시키는 경우가 많다.

④ 영상 매체에 있는 자료들이 인터넷, 영화 등과 결합하는 것은 사실상 불가능하다.

⑤ 텔레비전 드라마는 독자들의 니즈를 충족시키기 위해 내용의 차별성에 역점을 두고 있다.

✔해설 인간은 매체를 사용하여 타인과 소통하는데 그 매체는 음성 언어에서 문자로 발전했으며 책이나 신문, 라디오나 텔레비전, 영화, 인터넷 등으로 발전해 왔다. 매체의 변화는 사람들 간의 소통양식은 물론 문화 양식에까지 영향을 미친다. 현대에는 음성, 문자, 이미지, 영상, 음악 등이 결합된 매체 환경이 생기고 있다. 이 글에서는 텔레비전 드라마가 인터넷, 영화, 인쇄매체 등과 연결되어 복제되는 형상을 낳기도 하고 수용자의 욕망이 매체에 드러난다고 언급한다. 즉 디지털 매체 시대의 독자는 정보를 수용하기도 하지만 생산자가 될 수도 있음을 언급하고 있다고 볼 수 있다.

50 다음 글의 빈칸에 들어갈 내용으로 가장 적절한 것은?

> 자본주의 경제체제는 이익을 추구하는 인간의 욕구를 최대한 보장해 주고 있다. 기업 또한 이익 추구라는 목적에서 탄생하여, 생산의 주체로서 자본주의 체제의 핵심적 역할을 수행하고 있다. 곧, 이익은 기업가로 하여금 사업을 시작하게 된 동기가 된다. 이익에는 단기적으로 실현되는 이익과 장기간에 걸쳐 지속적으로 실현되는 이익이 있다. 기업이 장기적으로 존속, 성장하기 위해서는 ＿＿＿＿＿＿＿＿＿＿＿＿＿＿＿＿＿ 실제로 기업은 단기 이익의 극대화가 장기 이익의 극대화와 상충될 때에는 단기 이익을 과감하게 포기하기도 한다.

① 두 마리의 토끼를 다 잡으려는 생각으로 운영해야 한다.

② 당장의 이익보다 기업의 이미지를 생각해야 한다.

③ 단기 이익보다 장기 이익을 추구하는 것이 더 중요하다.

④ 장기 이익보다 단기 이익을 추구하는 것이 더 중요하다.

⑤ 아무도 개척하지 않은 길을 개척할 수 있는 도전정신이 필요하다.

✔ 해설 빈칸 이후의 문장에서 단기 이익의 극대화가 장기 이익의 극대화와 상충될 때에는 단기 이익을 과감하게 포기하기도 한다고 제시되어 있으므로 ③이 가장 적절하다.

[수리] 출제유형

① 기초연산능력 : 사칙연산, 검산과 관련한 문제가 출제된다. 데이터나 통계를 확인하여 기초연산을 하는 문제가 주로 출제된다.
② 기초통계능력 : 업무 수행에 필요한 수량계산, 표본을 통한 특성 유추, 논리적으로 결론을 추출하기 위한 문제가 출제된다.
③ 도표분석능력 : 도표가 제시되고 그에 따른 연산문제가 출제된다.
④ 도표작성능력 : 제시된 통계를 확인하고 도표를 작성하는 문제이다.

[수리] 출제경향

업무를 수행함에 있어 필요한 기본적인 수리능력은 물론이고 지원자의 논리성까지 파악할 수 있는 문항들로 구성된다. 사칙연산, 방정식과 부등식, 응용계산, 수열추리, 자료해석 등이 혼합형으로 출제된다. 난이도가 높은 편은 아니지만 시험에서 짧은 시간 내에 정확하게 풀어낼 수 있는 능력을 요구하며, 표나 그래프를 보며 문제를 해결할 수 있는 문제해결능력의 문제들 역시 꾸준히 출제되고 있다.

[수리] 빈출유형

응용계산										
도표 분석										
그래프 분석 · 작성										

예제 01 도표분석능력

다음 자료를 보고 주어진 상황에 대한 물음에 답하시오.

〈근로소득에 대한 간이 세액표〉

월 급여액(천 원) [비과세 및 학자금 제외]		공제대상 가족 수				
이상	미만	1	2	3	4	5
2,500	2,520	38,960	29,280	16,940	13,570	10,190
2,520	2,540	40,670	29,960	17,360	13,990	10,610
2,540	2,560	42,380	30,640	17,790	14,410	11,040
2,560	2,580	44,090	31,330	18,210	14,840	11,460
2,580	2,600	45,800	32,680	18,640	15,260	11,890
2,600	2,620	47,520	34,390	19,240	15,680	12,310
2,620	2,640	49,230	36,100	19,900	16,110	12,730
2,640	2,660	50,940	37,810	20,560	16,530	13,160
2,660	2,680	52,650	39,530	21,220	16,960	13,580
2,680	2,700	54,360	41,240	21,880	17,380	14,010
2,700	2,720	56,070	42,950	22,540	17,800	14,430
2,720	2,740	57,780	44,660	23,200	18,230	14,850
2,740	2,760	59,500	46,370	23,860	18,650	15,280

※ 갑근세는 제시되어 있는 간이 세액표에 따름
※ 주민세＝갑근세의 10%
※ 국민연금＝급여액의 4.50%
※ 고용보험＝국민연금의 10%
※ 건강보험＝급여액의 2.90%
※ 교육지원금＝분기별 100,000원(매 분기별 첫 달에 지급)

박○○ 사원의 5월 급여내역이 다음과 같고 전월과 동일하게 근무하였으나 특별수당은 없고 차량 지원금으로 100,000원을 받게 된다면, 6월에 받게 되는 급여는 얼마인가? (단, 원 단위 절삭)

(주) 서원플랜테크 5월 급여내역			
성명	박○○	지급일	5월 12일
기본급여	2,240,000	갑근세	39,530
직무수당	400,000	주민세	3,950
명절 상여금		고용보험	11,970
특별수당	20,000	국민연금	119,700
차량지원금		건강보험	77,140
교육지원		기타	
급여계	2,660,000	공제합계	252,290
		지급총액	2,407,710

① 2,443,910

② 2,453,910

③ 2,463,910

④ 2,473,910

출제의도

업무상 계산을 수행하거나 결과를 정리하고 업무비용을 측정하는 능력을 평가하기 위한 문제로서, 주어진 자료에서 문제를 해결하는 데에 필요한 부분을 빠르고 정확하게 찾아내는 것이 중요하다.

해설

기본급여	2,240,000	갑근세	46,370
직무수당	400,000	주민세	4,630
명절 상여금		고용보험	12,330
특별수당		국민연금	123,300
차량지원금	100,000	건강보험	79,460
교육지원		기타	
급여계	2,740,000	공제합계	266,090
		지급총액	2,473,910

》④

다음 식을 바르게 계산한 것은?

$$1 + \frac{2}{3} + \frac{1}{2} - \frac{3}{4}$$

① $\dfrac{13}{12}$
② $\dfrac{15}{12}$
③ $\dfrac{17}{12}$
④ $\dfrac{19}{12}$

출제의도

직장생활에서 필요한 기초적인 사칙연산과 계산방법을 이해하고 활용할 수 있는 능력을 평가하는 문제로서, 분수의 계산과 통분에 대한 기본적인 이해가 필요하다.

해설

$$\frac{12}{12} + \frac{8}{12} + \frac{6}{12} - \frac{9}{12} = \frac{17}{12}$$

>> ③

예제 03 기초통계능력

인터넷 쇼핑몰에서 회원가입을 하고 디지털캠코더를 구매하려고 한다. 다음은 구입하고자 하는 모델에 대하여 인터넷 쇼핑몰 세 곳의 가격과 조건을 제시한 표이다. 표에 있는 모든 혜택을 적용하였을 때 디지털캠코더의 배송비를 포함한 실제 구매가격을 바르게 비교한 것은?

구분	A 쇼핑몰	B 쇼핑몰	C 쇼핑몰
정상가격	129,000원	131,000원	130,000원
회원혜택	7,000원 할인	3,500원 할인	7% 할인
할인쿠폰	5% 쿠폰	3% 쿠폰	5,000원
중복할인여부	불가	가능	불가
배송비	2,000원	무료	2,500원

① A < B < C
② B < C < A
③ C < A < B
④ C < B < A

출제의도

직장생활에서 자주 사용되는 기초적인 통계기법을 활용하여 자료의 특성과 경향성을 파악하는 능력이 요구되는 문제이다.

해설

㉠ A 쇼핑몰
- 회원혜택을 선택한 경우 : 129,000 − 7,000 + 2,000 = 124,000(원)
- 5% 할인쿠폰을 선택한 경우 : 129,000 × 0.95 + 2,000 = 124,550

㉡ B 쇼핑몰 : 131,000 × 0.97 − 3,500 = 123,570

㉢ C 쇼핑몰
- 회원혜택을 선택한 경우 : 130,000 × 0.93 + 2,500 = 123,400
- 5,000원 할인쿠폰을 선택한 경우 : 130,000 − 5,000 + 2,500 = 127,500

∴ C < B < A

>> ④

둘레의 길이가 4.4km인 정사각형 모양의 공원이 있다. 이 공원의 넓이는 몇 a인가?

① 12,100a

② 1,210a

③ 121a

④ 12.1a

출제의도

길이, 넓이, 부피, 들이, 무게, 시간, 속도 등 단위에 대한 기본적인 환산 능력을 평가하는 문제로서, 소수점 계산이 필요하며, 자릿수를 읽고 구분할 줄 알아야 한다.

해설

공원의 한 변의 길이는

$4.4 \div 4 = 1.1(\text{km})$이고

$1\text{km}^2 = 10,000\text{a}$이므로

공원의 넓이는

$$1.1\text{km} \times 1.1\text{km} = 1.21km^2$$
$$= 12,100a$$

》 ①

예제 05 도표분석능력

다음 표는 2009 ~ 2010년 지역별 직장인들의 자기개발에 관해 조사한 내용을 정리한 것이다. 이에 대한 분석으로 옳은 것은?

(단위 : %)

연도	2009				2010			
지역 \ 구분	자기개발하고 있음	자기개발 비용 부담 주체			자기개발하고 있음	자기개발 비용 부담 주체		
		직장 100%	본인 100%	직장50%+본인50%		직장 100%	본인 100%	직장50%+본인50%
충청도	36.8	8.5	88.5	3.1	45.9	9.0	65.5	24.5
제주도	57.4	8.3	89.1	2.9	68.5	7.9	68.3	23.8
경기도	58.2	12	86.3	2.6	71.0	7.5	74.0	18.5
서울시	60.6	13.4	84.2	2.4	72.7	11.0	73.7	15.3
경상도	40.5	10.7	86.1	3.2	51.0	13.6	74.9	11.6

① 2009년과 2010년 모두 자기개발 비용을 본인이 100% 부담하는 사람의 수는 응답자의 절반 이상이다.

② 자기개발을 하고 있다고 응답한 사람의 수는 2009년과 2010년 모두 서울시가 가장 많다.

③ 자기개발 비용을 직장과 본인이 각각 절반씩 부담하는 사람의 비율은 2009년과 2010년 모두 서울시가 가장 높다.

④ 2009년과 2010년 모두 자기개발을 하고 있다고 응답한 비율이 가장 높은 지역에서 자기개발비용을 직장이 100% 부담한다고 응답한 사람의 비율이 가장 높다.

출제의도

그래프, 그림, 도표 등 주어진 자료를 이해하고 의미를 파악하여 필요한 정보를 해석하는 능력을 평가하는 문제이다.

해설

② 지역별 인원수가 제시되어 있지 않으므로, 각 지역별 응답자 수는 알 수 없다.

③ 2009년에는 경상도에서, 2010년에는 충청도에서 가장 높은 비율을 보인다.

④ 2009년과 2010년 모두 '자기 개발을 하고 있다'고 응답한 비율이 가장 높은 지역은 서울시이며, 2010년의 경우 자기개발 비용을 직장이 100% 부담한다고 응답한 사람의 비율이 가장 높은 지역은 경상도이다.

》 ①

▌1~5▌ 다음에 나열된 숫자의 규칙을 찾아 빈칸에 들어가기 적절한 수를 고르시오.

1

$$\frac{1}{3} \qquad \frac{4}{5} \qquad \frac{13}{9} \qquad \frac{40}{17} \qquad \frac{121}{33} \qquad (\quad) \qquad \frac{1093}{129}$$

① $\dfrac{364}{65}$ 　　　　② $\dfrac{254}{53}$

③ $\dfrac{413}{48}$ 　　　　④ $\dfrac{197}{39}$

⑤ $\dfrac{174}{36}$

　해설　• 앞의 항의 분모에 $2^1, 2^2, 2^3, \cdots\cdots$ 을 더한 것이 다음 항의 분모가 된다.
　　　• 앞의 항의 분자에 $3^1, 3^2, 3^3, \cdots\cdots$ 을 더한 것이 다음 항의 분자가 된다.
　　　따라서 $\dfrac{121+3^5}{33+2^5}=\dfrac{121+243}{33+32}=\dfrac{364}{65}$

2

$$\frac{1}{2} \qquad \frac{1}{3} \qquad \frac{2}{6} \qquad \frac{3}{18} \qquad (\quad) \qquad \frac{8}{1944} \qquad \frac{13}{209952}$$

① $\dfrac{8}{83}$ 　　　　② $\dfrac{6}{91}$

③ $\dfrac{5}{108}$ 　　　　④ $\dfrac{4}{117}$

⑤ $\dfrac{9}{251}$

　해설　• 앞의 두 항의 분모를 곱한 것이 다음 항의 분모가 된다.
　　　• 앞의 두 항의 분자를 더한 것이 다음 항의 분자가 된다.
　　　따라서 $\dfrac{2+3}{6\times18}=\dfrac{5}{108}$

3

$$10 \quad 2 \quad \frac{17}{2} \quad \frac{9}{2} \quad 7 \quad 7 \quad \frac{11}{2} \quad (\quad)$$

① $\dfrac{13}{2}$ ② $\dfrac{15}{2}$

③ $\dfrac{17}{2}$ ④ $\dfrac{19}{2}$

⑤ $\dfrac{21}{2}$

✔ 해설 홀수항과 짝수항을 따로 분리해서 생각하도록 한다.

홀수항은 분모 2의 분수형태로 변형시켜 보면 분자에서 -3씩 더해가고 있다.

$$10 = \frac{20}{2} \to \frac{17}{2} \to 7 = \frac{14}{2} \to \frac{11}{2}$$

짝수항 또한 분모 2의 분수형태로 변형시켜 보면 분자에서 $+5$씩 더해가고 있음을 알 수 있다.

$$2 = \frac{4}{2} \to \frac{9}{2} \to 7 = \frac{14}{2} \to \frac{19}{2}$$

4

$$\underline{20 \ 10 \ 3} \qquad \underline{30 \ 5 \ 7} \qquad \underline{40 \ 5 \ (\quad)}$$

① 8   ② 9

③ 10   ④ 11

⑤ 13

✔ 해설 첫 번째 수를 두 번째 수로 나눈 후 그 몫에 1을 더하고 있다.

$$20 \div 10 + 1 = 3, \quad 30 \div 5 + 1 = 7, \quad 40 \div 5 + 1 = 9$$

ANSWER   1.①   2.③   3.④   4.②

5

<u>1 2 6</u>　　　<u>2 3 (　)</u>　　　<u>3 4 28</u>

① 12

② 13

③ 14

④ 15

⑤ 16

✔ **해설**　첫 번째 수와 두 번째 수를 더한 후 두 번째 수를 곱하면 세 번째 수가 된다.
$(1+2)\times2=6$, $(2+3)\times3=15$, $(3+4)\times4=28$

6　그림과 같이 가로의 길이가 2, 세로의 길이가 1인 직사각형이 있다. 이 직사각형과 넓이가 같은 정사각형의 한 변의 길이는?

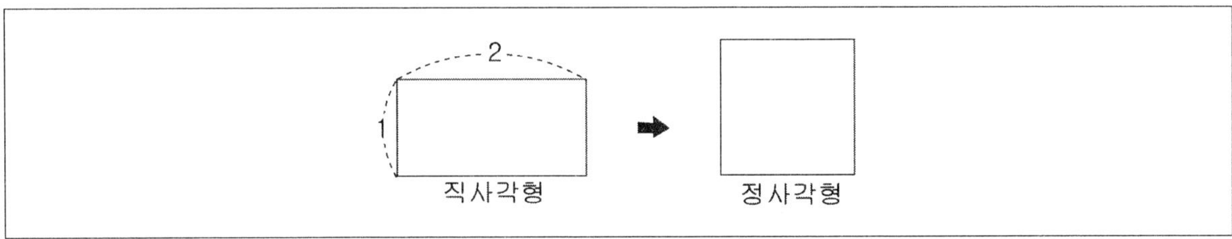

① $\sqrt{2}$

② $\sqrt{3}$

③ 2

④ 3

⑤ $\sqrt{5}$

✔ **해설**　직사각형의 넓이는 $1 \times 2 = 2$이다. 정사각형은 네 변의 길이가 모두 동일하므로 한 변의 길이를 x라고 할 때,
$x^2 = 2$이므로 $x = \sqrt{2}$ 이다.

7 피자 1판의 가격이 치킨 1마리의 가격의 2배인 가게가 있다. 피자 3판과 치킨 2마리의 가격의 합이 80,000원일 때, 피자 1판의 가격은?

① 10,000원 ② 12,000원

③ 15,000원 ④ 18,000원

⑤ 20,000원

✔ 해설 피자 1판의 가격을 x, 치킨 1마리의 가격을 y라고 할 때, 피자 1판의 가격이 치킨 1마리의 가격의 2배이므로 $x = 2y$가 성립한다.

피자 3판과 치킨 2마리의 가격의 합이 80,000원이므로, $3x + 2y = 80,000$이고

여기에 $x = 2y$를 대입하면 $8y = 80,000$이므로 $y = 10,000$, $x = 20,000$이다.

8 현재 어머니의 나이는 아버지 나이의 $\frac{4}{5}$이다. 2년 후면 아들의 나이는 아버지의 나이의 $\frac{1}{3}$이 되며, 아들과 어머니의 나이를 합하면 65세가 된다. 현재 3명의 나이를 모두 합하면 얼마인가?

① 112세 ② 116세

③ 120세 ④ 124세

⑤ 128세

✔ 해설 현재 아버지의 나이를 x라 하면, 어머니의 나이는

$$\frac{4}{5}x$$

2년 후 아들과 어머니의 나이의 조건을 살펴보면

$$\left(\frac{4}{5}x+2\right)+\left\{\frac{1}{3}(x+2)\right\}=65$$

$$x = 55$$

아버지의 나이는 55세, 어머니는 44세, 아들은 17세이므로

$$55+44+17 = 116$$

9 소금물 300g에서 물 110g을 증발시킨 후 소금 10g을 더 녹였더니 농도가 처음 농도의 2배가 되었다. 처음 소금물의 농도는 얼마인가?

① 8% ② 9%
③ 10% ④ 11%
⑤ 12%

✔️해설 처음 소금의 양을 x라 하면

$$농도 = \frac{소금의\ 양}{소금물의\ 양} \times 100 이므로$$

소금물 300g에서 물 110g을 증발시킨 후 소금 10g을 더 넣은 농도 = 처음 농도의 2배

$$\frac{x+10}{300-110+10} \times 100 = 2 \times \frac{x}{300} \times 100$$

$$x = 30$$

처음 소금의 양이 30g이므로 처음 소금물의 농도는 $\frac{30}{300} \times 100 = 10\%$

10 그림과 같이 P도시에서 Q도시로 가는 길은 3가지이고, Q도시에서 R도시로 가는 길은 2가지이다. P도시를 출발하여 Q도시를 거쳐 R도시로 가는 방법은 모두 몇 가지인가?

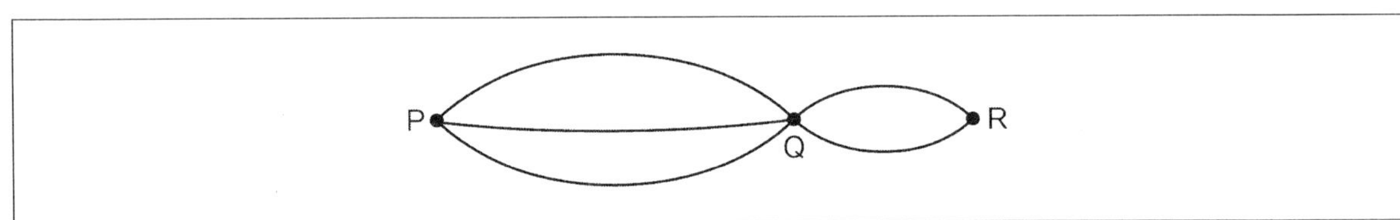

① 3가지 ② 4가지
③ 5가지 ④ 6가지
⑤ 7가지

✔️해설 P도시에서 Q도시로 가는 길은 3가지이고, Q도시에서 R도시로 가는 길은 2가지이므로, P도시를 출발하여 Q도시를 거쳐 R도시로 가는 방법은 $3 \times 2 = 6$가지이다.

11 2진법의 수 10001과 5진법의 수 1220의 실제 수의 합은?

① 185　　　　　　　　　　　② 197

③ 202　　　　　　　　　　　④ 215

⑤ 229

> **✔ 해설**　㉠ $1\times 2^4+0\times 2^3+0\times 2^2+0\times 2^1+1\times 2^0=17$
> ㉡ $1\times 5^3+2\times 5^2+2\times 5^1+0\times 5^0=185$
> ∴ $17+185=202$

12 서원이는 집에서 중학교까지 19km를 통학한다. 집으로부터 자전거로 30분 동안 달린 후 20분 동안 걸어서 중학교에 도착했다면 걷는 속도는 분당 몇 km인가? (단, 자전거는 분속 0.5km로 간다고 가정한다.)

① 0.2km　　　　　　　　　　② 0.4km

③ 0.6km　　　　　　　　　　④ 0.8km

⑤ 1km

> **✔ 해설**　걷는 속도를 분당 x라 하면
> $30\times 0.5+20\times x=19$
> ∴ $x=0.2km$

13 정수는 6명의 친구들과 저녁 식사를 했다. 평균 한 사람당 12,000원씩 낸 것과 같다면 친구들은 얼마씩 낸 것인가? (단, 정수가 음료수 값도 함께 계산하기로 하여 24,000원을 먼저 내고, 나머지 친구들은 동일한 금액으로 나누어 냈다.)

① 8,500원　　　　　　　　　　　② 9,000원

③ 9,500원　　　　　　　　　　　④ 10,000원

⑤ 10,500원

✔ **해설**　㉠ 평균 한 사람당 12,000원이므로 총 금액은 $12000 \times 7 = 84,000$원
　　　　㉡ 진표가 음료수 값까지 더 냈으므로 이 값을 제외한 금액은 $84000 - 24000 = 60,000$원
　　　　㉢ 친구 6명이서 나누어내므로, $60000 \div 6 = 10,000$원

14 수지는 2017년 1월 1일부터 휴대폰을 개통하여 하루에 쓰는 통화요금은 1,800원이다. 3월 16일까지 사용한 양은 1,500분으로 총 135,000원이 누적되었을 때, 하루에 통화한 시간은?

① 5분　　　　　　　　　　　② 10분

③ 15분　　　　　　　　　　　④ 20분

⑤ 25분

✔ **해설**　㉠ 분당 사용 요금을 x라 하면,
　　　　$1500x = 135000,\ x = 90$원/min
　　　　㉡ 하루에 통화한 시간을 y라 하면,
　　　　$90 \times y = 1800,\ y = 20$분

15 제15회 한국사능력검정시험 고급에 남자가 75명, 여자가 25명이 응시하고, 시험 평균은 여자가 76점이다. 남녀 전체 평균 점수가 73점일 때 남자의 평균 점수는?

① 72점

② 73점

③ 74점

④ 75점

⑤ 76점

✔ 해설　남자의 평균 점수를 x라 하면,

$$\frac{75x + 25 \times 76}{100} = 73$$

$$\therefore x = 72점$$

16 물통을 가득 채울 때 관 A의 경우 5시간, 관 B의 경우 7시간이 걸리고, 처음 1시간은 A관만 사용하여 물통에 물을 채우고, 이후의 시간동안은 A관과 B관을 동시에 사용하여 물통에 물을 채웠을 때, 물통에 물이 가득 찰 때까지 몇 시간이 걸리는가?

① 2시간 20분

② 2시간 40분

③ 3시간 20분

④ 3시간 40분

⑤ 4시간 20분

✔ 해설　물통의 용량을 1이라 할 때, A관은 시간당 $\frac{1}{5}$ 만큼, B관은 시간당 $\frac{1}{7}$ 만큼의 물이 채워진다.

처음 1시간은 A관만 사용하고, 이후의 시간은 A, B관 모두 사용하였으므로 이후의 시간을 t라 할 때,

$$\frac{1}{5} + t\left(\frac{1}{5} + \frac{1}{7}\right) = 1, \quad t = \frac{7}{3} = 2시간 20분$$

$\therefore$ 물통이 가득 찰 때까지 걸리는 시간은 3시간 20분이다.

17 8%의 소금물 150g에 소금 xg을 섞었더니 31%의 소금물이 되었다. 추가된 소금의 양은 얼마인가?

① 20g

② 30g

③ 40g

④ 50g

⑤ 60g

✔**해설** $\dfrac{12+x}{150+x} = \dfrac{31}{100}$

$\therefore\ x=50(g)$

18 미정이의 올해 연봉은 작년에 비해 20% 인상되고 500만 원의 성과급을 받았는데 이 금액은 60%의 연봉을 인상한 것과 같다면 올해 연봉은 얼마인가?

① 1,400만 원

② 1,500만 원

③ 1,600만 원

④ 1,700만 원

⑤ 1,800만 원

✔**해설** 작년 연봉을 x라 할 때,

$1.2x+500=1.6x$

$x=1,250$, 올해 연봉은 $1,250\times1.2=1,500$(만 원)

19 두 자리의 자연수에 대하여 각 자리의 숫자의 합은 11이고, 이 자연수의 십의 자리 숫자와 일의 자리 숫자를 바꾼 수의 3배 보다 5 큰 수는 처음 자연수와 같다고 한다. 처음 자연수의 십의 자리 숫자는?

① 9

② 7

③ 5

④ 3

⑤ 1

> ✔ **해설** 십의 자리 숫자를 x, 일의 자리 숫자를 y라고 할 때,
> $x+y=11 \cdots \bigcirc$
> $3(10y+x)+5=10x+y \cdots \bigcirc$
> $\bigcirc$을 전개하여 정리하면 $-7x+29y=-5$이므로
> $\bigcirc \times 7 + \bigcirc$을 계산하면 $36y=72$
> 따라서 $y=2$, $x=9$이다.

20 갑동이는 올해 10살이다. 엄마의 나이는 갑동이와 누나의 나이를 합한 값의 두 배이고, 3년 후의 엄마의 나이는 누나의 나이의 세 배일 때, 올해 누나의 나이는 얼마인가?

① 12세

② 13세

③ 14세

④ 15세

⑤ 16세

> ✔ **해설** 누나의 나이를 x, 엄마의 나이를 y라 하면,
> $2(10+x)=y$
> $3(x+3)=y+3$
> 두 식을 연립하여 풀면,
> $x=14(세)$

ANSWER 17.④ 18.② 19.① 20.③

21 다음 〈표〉는 주식매매 수수료율과 증권거래세율에 대한 자료이다. 주식매매 수수료는 주식 매도 시 매도자에게, 매수 시 매수자에게 부과되며 증권거래세는 주식 매도 시에만 매도자에게 부과된다고 할 때, 이에 대한 〈보기〉의 설명 중 옳은 것을 모두 고르면?

〈표 1〉 주식매매 수수료율과 증권거래세율

(단위 : %)

구분 \ 연도	2001	2003	2005	2008	2011
주식매매 수수료율	0.1949	0.1805	0.1655	0.1206	0.0993
유관기관 수수료율	0.0109	0.0109	0.0093	0.0075	0.0054
증권사 수수료율	0.1840	0.1696	0.1562	0.1131	0.0939
증권거래세율	0.3	0.3	0.3	0.3	0.3

〈표 2〉 유관기관별 주식매매 수수료율

(단위 : %)

유관기관 \ 연도	2001	2003	2005	2008	2011
한국거래소	0.0065	0.0065	0.0058	0.0045	0.0032
예탁결제원	0.0032	0.0032	0.0024	0.0022	0.0014
금융투자협회	0.0012	0.0012	0.0011	0.0008	0.0008
합계	0.0109	0.0109	0.0093	0.0075	0.0054

※ 주식거래 비용 = 주식매매 수수료 + 증권거래세

※ 주식매매 수수료 = 주식매매 대금 × 주식매매 수수료율

※ 증권거래세 = 주식매매 대금 × 증권거래세율

㉠ 2001년에 '갑'이 주식을 매수한 뒤 같은 해에 동일한 가격으로 전량 매도했을 경우, 매수 시 주식거래 비용과 매도 시 주식거래 비용의 합에서 증권사 수수료가 차지하는 비중은 50%를 넘지 않는다.

㉡ 2005년에 '갑'이 1,000만원 어치의 주식을 매수할 때 '갑'에게 부과되는 주식매매 수수료는 16,550원이다.

㉢ 모든 유관기관은 2011년 수수료율을 2008년보다 10% 이상 인하하였다.

㉣ 2011년에 '갑'이 주식을 매도할 때 '갑'에게 부과되는 주식거래 비용에서 유관기관 수수료가 차지하는 비중은 2% 이하이다.

① ㉠, ㉡
② ㉠, ㉢
③ ㉡, ㉢
④ ㉡, ㉣
⑤ ㉢, ㉣

 ㉠ 2001년에 '갑'이 x원어치의 주식을 매수한 뒤 같은 해에 동일한 가격으로 전량 매도했다고 하면, 주식을 매수할 때의 주식거래 비용은 $0.1949x$원이고 주식을 매도할 때의 주식거래 비용은 $0.1949x + 0.3x = 0.4949x$원으로 총 주식거래 비용의 합은 $0.6898x$원이다. 이 중 증권사 수수료는 $0.3680x$원으로 총 주식거래 비용의 50%를 넘는다.

㉢ 금융투자협회의 2011년 수수료율은 0.0008%로 2008년과 동일하다.

22 다음은 우리나라 1차 에너지 소비량 자료이다. 자료 분석 결과로 옳은 것은?

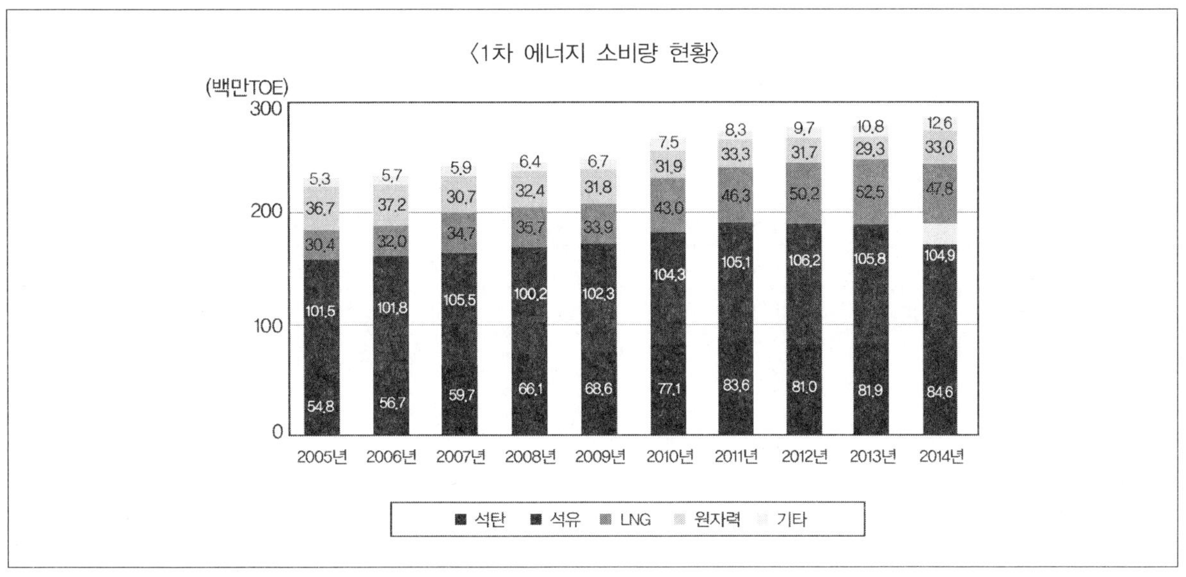

① 석유 소비량이 나머지 에너지 소비량의 합보다 많다.

② 석탄 소비량이 완만한 하락세를 보이고 있다.

③ 기타 에너지 소비량이 지속적으로 감소하는 추세이다.

④ 원자력 소비량은 증감을 거듭하고 있다.

⑤ 최근 LNG 소비량의 증가 추세는 그 정도가 심화되었다.

 ④ 원자력 소비량은 2005년에 36.7백만TOE에서 2006년에 37.2백만TOE로 증가하였다가 2007년에는 다시 30.7백만TOE로 감소하였다. 이렇듯 2006년부터 2014년까지 전년 대비 원자력 소비량의 증감추이를 분석하면 증가, 감소, 증가, 감소, 증가, 증가, 감소, 감소, 증가로 증감을 거듭하고 있다.

① 2005년부터 2014년까지 1차 에너지 소비량은 연간 약 230~290백만TOE 사이이다. 석유 소비량은 연간 101.5~106.2백만TOE로 나머지 에너지 소비량의 합보다 적다.

② 석탄 소비량은 전체 기간으로 볼 때 완만한 상승세를 보이고 있다.

③ 기타 에너지 소비량은 지속적으로 증가하는 추세이다.

⑤ LNG 소비량은 2009년 이후로 지속적으로 증가하다가 2014년에 전년 대비 4.7백만TOE 감소하였다.

ANSWER 21.④ 22.④

23 다음은 ○○은행 기업고객인 7개 기업의 1997년도와 2008년도의 주요 재무지표를 나타낸 자료이다. 〈보기〉의 설명 중 옳은 것을 모두 고르면?

〈7개 기업의 1997년도와 2008년도의 주요 재무지표〉

(단위 : %)

기업	부채비율		자기자본비율		영업이익률		순이익률	
	1997	2008	1997	2008	1997	2008	1997	2008
A	295.6	26.4	25.3	79.1	15.5	11.5	0.7	12.3
B	141.3	25.9	41.4	79.4	18.5	23.4	7.5	18.5
C	217.5	102.9	31.5	49.3	5.7	11.7	1.0	5.2
D	490.0	64.6	17.0	60.8	7.0	6.9	4.0	5.4
E	256.7	148.4	28.0	40.3	2.9	9.2	0.6	6.2
F	496.6	207.4	16.8	32.5	19.4	4.3	0.2	2.3
G	654.8	186.2	13.2	34.9	8.3	8.7	0.3	6.7
7개 기업의 산술평균	364.6	108.8	24.7	53.8	11.0	10.8	2.0	8.1

1) 총자산 = 부채 + 자기자본

2) 부채구성비율(%) = $\dfrac{부채}{총자산} \times 100$

3) 부채비율(%) = $\dfrac{부채}{자기자본} \times 100$

4) 자기자본비율(%) = $\dfrac{자기자본}{총자산} \times 100$

5) 영업이익률(%) = $\dfrac{영업이익}{매출액} \times 100$

6) 순이익률(%) = $\dfrac{순이익}{매출액} \times 100$

〈보기〉

㉠ 1997년도 부채구성비율이 당해년도 7개 기업의 산술평균보다 높은 기업은 3개이다.

㉡ 1997년도 대비 2008년도 부채비율의 감소율이 가장 높은 기업은 A이다.

㉢ 기업의 매출액이 클수록 자기자본비율이 동일한 비율로 커지는 관계에 있다고 가정하면, 2008년도 순이익이 가장 많은 기업은 A이다.

㉣ 2008년도 순이익률이 가장 높은 기업은 1997년도 영업이익률도 가장 높았다.

---

① ㉠, ㉡

② ㉡, ㉢

③ ㉢, ㉣

④ ㉠, ㉡, ㉢

⑤ ㉠, ㉡, ㉢, ㉣

✔해설 ㉢ 기업의 매출액이 클수록 자기자본비율이 동일한 비율로 커지는 관계에 있다고 가정하면 순이익은 자기자본비율 × 순이익률에 비례한다. 따라서 2008년도 순이익이 가장 많은 기업은 B이다.

㉣ 2008년도 순이익률이 가장 높은 기업은 B이다. 1997년도 영업이익률이 가장 높은 기업은 F이다.

24 제시된 ○○기업의 재무자료를 바르게 해석하지 못한 사람은?

〈○○기업의 재무자료〉

(단위 : 억 원, %)

연도	자산	부채	자본	부채 비율
2007년	41,298	15,738	25,560	61.6
2008년	46,852	23,467	23,385	100.4
2009년	46,787	21,701	25,086	86.5
2010년	50,096	23,818	26,278	90.6
2011년	60,388	26,828	33,560	79.9
2012년	64,416	30,385	34,031	89.3
2013년	73,602	39,063	34,539	113.1
2014년	78,033	52,299	34,734	150.6
2015년	92,161	55,259	36,902	149.7
2016년	98,065	56,381	41,684	135.3

① A : 이 회사의 자본금은 2011년에 전년 대비 7,000억 원 이상 증가했는데, 이는 10년간 자본금 추이를 볼 때 두드러진 변화야.

② B : 부채 비율이 전년 대비 가장 크게 증가한 해는 2008년이네.

③ C : 10년간 평균 부채 비율은 90% 미만이야.

④ D : 2016년 기관의 자산, 자본이 10년 중 가장 많았지만 그만큼 부채도 가장 많았네.

⑤ E : 이 회사의 자산과 부채는 2009년부터 8년간 꾸준히 증가했어.

✔ 해설 ③ 10년간 부채 비율의 평균을 내면 105.70%로 90% 이상이다.
　① 2007~2010년까지는 전년 대비 감소하거나 2,000억 원이 넘지 않는 범위에서 증가했다. 또한 2012~2016년 사이에도 약 500~5,000억 원이 넘지 않는 범위에서 변동이 있었다. 따라서 2011년에 전년 대비 자본금이 7,000억 원 이상 증가한 것은 두드러진 변화라고 할 수 있다.
　② 부채 비율이 전년 대비 가장 크게 증가한 해는 2008년으로 약 38.8%p 증가하였다.
　④⑤ 표를 보고 쉽게 알 수 있는 내용이다.

25 제시된 자료는 ○○병원 직원의 병원비 지원에 대한 내용이다. 다음 중 A~D 직원 4명의 총 병원비 지원 금액은 얼마인가?

병원비 지원 기준

- 임직원 본인의 수술비 및 입원비 : 100% 지원
- 임직원 가족의 수술비 및 입원비
- 임직원의 배우자 : 90% 지원
- 임직원의 직계 존 · 비속 : 80%
- 임직원의 형제 및 자매 : 50%(단, 직계 존 · 비속 지원이 우선되며, 해당 신청이 없을 경우에 한하여 지급한다.)
- 병원비 지원 신청은 본인 포함 최대 3인에 한한다.

병원비 신청 내역

A 직원	본인 수술비 300만 원, 배우자 입원비 50만 원
B 직원	배우자 입원비 50만 원, 딸 수술비 200만 원
C 직원	본인 수술비 300만 원, 아들 수술비 400만 원
D 직원	본인 입원비 100만 원, 어머니 수술비 100만 원, 남동생 입원비 50만 원

① 1,200만 원

② 1,250만 원

③ 1,300만 원

④ 1,350만 원

⑤ 1,400만 원

✔ **해설** 병원비 지원 기준에 따라 각 직원이 지원 받을 수 있는 내역을 정리하면 다음과 같다.

A 직원	본인 수술비 300만 원(100% 지원), 배우자 입원비 50만 원(90% 지원)
B 직원	배우자 입원비 50만 원(90% 지원), 딸 수술비 200만 원(직계비속→80% 지원)
C 직원	본인 수술비 300만 원(100% 지원), 아들 수술비 400만 원(직계비속→80% 지원)
D 직원	본인 입원비 100만 원(100% 지원), 어머니 수술비 100만 원(직계존속→80% 지원), 남동생 입원비 50만 원(직계존속 신청 有→지원 ×)

이를 바탕으로 A~D 직원 4명이 총 병원비 지원 금액을 계산하면 1,350만 원이다.

A 직원	300 + (50 × 0.9) = 345만 원
B 직원	(50 × 0.9) + (200 × 0.8) = 205만 원
C 직원	300 + (400 × 0.8) = 620만 원
D 직원	100 + (100 × 0.8) = 180만 원

26 〈표1〉은 정서 표현 수준을 측정하는 설문지에 대한 참가자 A의 반응이고, 〈표2〉는 전체 조사 대상자(표본)의 정서 표현 영역별 평균값이다. A의 점수를 바르게 나타낸 것은?

〈표1〉

문항	문항 내용	전혀 그렇지 않다	거의 그렇지 않다	가끔 그렇다	자주 그렇다	항상 그렇다
1	나는 주위 사람이 알아차릴 정도로 화를 낸다.	1	2	3	4	⑤
2	나는 친구들 앞에서 잘 웃는다.	1	2	③	4	5
3	나는 혼자 있을 때 과거의 일을 생각하고 크게 웃는다.	1	2	③	4	5
4	나는 일이 뜻대로 되지 않을 땐 실망감을 표현한다.	1	2	3	④	5

* 긍정 정서 표현 점수는 문항 2와 3을, 부정 정서 표현 점수는 문항 1과 4를, 전체 표현 점수는 모든 문항을 합산하여 계산한다.

〈표2〉

정서 표현 영역	표본의 평균값
긍정 정서 표현	8.1
부정 정서 표현	6.3
전체 표현성	14.4

	긍정 정서 표현 점수	부정 정서 표현 점수
①	9	6
②	8	7
③	7	8
④	6	9
⑤	5	10

✔ 해설 긍정 정서 표현 점수는 2, 3번 문항의 점수를 합하고, 부정 정서 표현 점수는 1, 4번 문항의 점수를 합하면 되므로 긍정 정서 표현 점수는 6, 부정 정서 표현 점수는 9이다.

27 다음 자료에 대한 올바른 설명을 〈보기〉에서 모두 고른 것은?

〈'갑'시의 도시철도 노선별 연간 범죄 발생건수〉

(단위 : 건)

연도 \ 노선	1호선	2호선	3호선	4호선	합
2017년	224	271	82	39	616
2018년	252	318	38	61	669

〈'갑'시의 도시철도 노선별 연간 아동 상대 범죄 발생건수〉

(단위 : 건)

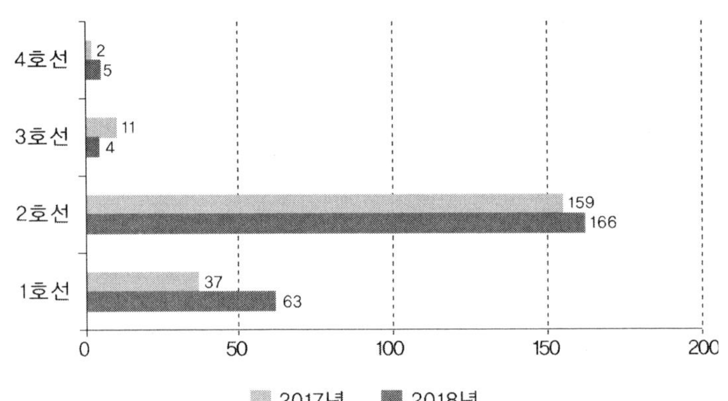

* 노선별 범죄율 = 노선별 해당 범죄 발생건수 ÷ 전체 노선 해당 범죄 발생건수 × 100
* 언급되지 않은 '갑'시의 다른 노선은 고려하지 않으며, 범죄 발생건수는 아동 상대 범죄 발생건수와 비아동 상대 범죄 발생건수로만 구성됨.

〈보기〉

㈎ 2018년 비아동 상대 범죄 발생건수는 4개 노선 모두 전년보다 증가하였다.

㈏ 2018년의 전년 대비 아동 상대 범죄 발생건수의 증가폭은 비아동 상대 범죄 발생건수의 증가폭보다 더 크다.

㈐ 2018년의 노선별 전체 범죄율이 10% 이하인 노선은 1개이다.

㈑ 두 해 모두 전체 범죄율이 가장 높은 노선은 2호선이다.

① ㈏, ㈐ 　　　　② ㈏, ㈑

③ ㈎, ㈐ 　　　　④ ㈎, ㈏

⑤ ㈎, ㈑

 주어진 2개의 자료를 통하여 다음과 같은 상세 자료를 도출할 수 있다.

(단위 : 건, %)

연도 \ 노선		1호선	2호선	3호선	4호선	합
2017	아동	37	159	11	2	209
	범죄율	17.7	76.1	5.3	1.0	
	비아동	187	112	71	37	407
	범죄율	45.9	27.5	17.4	9.1	
	전체	224	271	82	39	616
	전체 범죄율	36.4	44.0	13.3	6.3	
2018	아동	63	166	4	5	238
	범죄율	26.5	69.7	1.7	2.1	
	비아동	189	152	34	56	431
	범죄율	43.9	35.3	7.9	13.0	
	전체	252	318	38	61	669
	전체 범죄율	37.7	47.5	5.7	9.1	

따라서 이를 근거로 〈보기〉의 내용을 살펴보면 다음과 같다.

㈎ 2018년 비아동 상대 범죄 발생건수는 3호선이 71건에서 34건으로 전년보다 감소하였다. (×)

㈏ 2018년의 전년 대비 아동 상대 범죄 발생건수의 증가폭은 238-209=29건이며, 비아동 상대 범죄 발생건수의 증가폭은 431-407=24건이 된다. (○)

㈐ 2018년의 노선별 전체 범죄율이 10% 이하인 노선은 5.7%인 3호선과 9.1%인 4호선으로 2개이다. (×)

㈑ 2호선은 2017년과 2018년에 각각 44.0%와 47.5%의 범죄율로, 두 해 모두 전체 범죄율이 가장 높은 노선이다. (○)

ANSWER 27.②

〈표1〉 (단위 : 개, %)

	기업 수	산업 대분류											
		농림어업	광업제조업	제조업	전기가스업	건설업	도소매업	운수·창고업	숙박음식업	정보통신업	부동산업	기타서비스업	금융보험업
조사대상 기업 수	12,579	26	6,119	6,106	59	543	1,401	715	323	1,047	246	1,773	327
구성비	100.0	0.2	48.6	48.5	0.5	4.3	11.1	5.7	2.6	8.3	2.0	14.1	2.6
4차 산업 기술 개발·활용 기업 수	1,014	–	408	408	9	28	94	22	19	265	3	114	52
구성비	100.0	–	40.2	40.2	0.9	2.8	9.3	2.2	1.9	26.1	0.3	11.2	5.1

〈표2〉 (단위 : 개, %)

4차 산업 기술 개발·활용 기업 수	계	분야(복수응답)								
		사물인터넷	클라우드	빅데이터	모바일(5G)	인공지능	블록체인	3D프린팅	로봇공학	가상증강현실
1,014	1,993	288	332	346	438	174	95	119	96	105
	100.0	14.5	16.7	17.4	22.0	8.7	4.8	6.0	4.8	5.3

* 단, 계산 값은 소수점 둘째 자리에서 반올림한다.

① 4차 산업 기술을 활용하는 전기가스업 기업은 모두 사물인터넷을 활용한다.

② 조사대상 기업체 중 4차 산업 기술을 활용하는 기업의 비중은 금융보험업이 전기가스업보다 더 높다.

③ 전체 조사대상 기업 중 4차 산업 기술을 활용하는 기업의 수는 1,993개이다.

④ 가장 많이 활용되고 있는 3가지 4차 산업 기술은 5G 모바일, 빅데이터, 사물인터넷이다.

⑤ 조사대상 기업체 중 4차 산업 기술 활용 비중이 가장 낮은 업종은 운수·창고업이다.

해설 ② 금융보험업의 경우는 $52 \div 327 \times 100 = 15.9\%$이며, 전기가스업은 $9 \div 59 \times 100 = 15.3\%$이다.
① 각 업종의 기업이 어떤 분야의 4차 산업 기술을 활용하고 있는지를 알 근거는 없다.
③ 1,014개로 제시되어 있으며, 1,993개와의 차이는 복수응답에 의한 차이이다.
④ 5G 모바일, 빅데이터, 클라우드이다.
⑤ 부동산업이 $3 \div 246 \times 100 = 1.2\%$로 가장 낮은 비중을 보이며, 운수·창고업은 $22 \div 715 \times 100 = 3.1\%$이다.

29 다음 표는 ㈎, ㈏, ㈐ 세 기업의 남자 사원 400명에 대해 현재의 노동 조건에 만족하는가에 관한 설문 조사를 실시한 결과이다. ㉠～㉣ 중에서 옳은 것은 어느 것인가?

구분	불만	어느 쪽도 아니다	만족	계
㈎회사	34	38	50	122
㈏회사	73	11	58	142
㈐회사	71	41	24	136
계	178	90	132	400

㉠ 이 설문 조사에서는 현재의 노동 조건에 대해 불만을 나타낸 사람은 과반수를 넘지 않는다.
㉡ 가장 불만 비율이 높은 기업은 ㈐회사이다.
㉢ 어느 쪽도 아니다라고 회답한 사람이 가장 적은 ㈏회사는 가장 노동조건이 좋은 기업이다.
㉣ 만족이라고 답변한 사람이 가장 많은 ㈏회사가 가장 노동조건이 좋은 회사이다.

① ㉠, ㉡   ② ㉠, ㉢
③ ㉡, ㉢   ④ ㉡, ㉣
⑤ ㉢, ㉣

✔ 해설 각사 조사 회답 지수를 100%로 하고 각각의 회답을 집계하면 다음과 같은 표가 된다.

구분	불만	어느 쪽도 아니다	만족	계
㈎회사	34(27.9)	38(31.1)	50(41.0)	122(100.0)
㈏회사	73(51.4)	11(7.7)	58(40.8)	142(100.0)
㈐회사	71(52.2)	41(30.1)	24(17.6)	136(100.0)
계	178(44.5)	90(22.5)	132(33.0)	400(100.0)

㉢ 어느 쪽도 아니다라고 답한 사람이 가장 적다는 것은 만족이거나 불만으로 나뉘어져 있는 것만 나타내는 것이며 노동 조건의 좋고 나쁨과는 관계가 없다.
㉣ 만족을 나타낸 사람의 수가 ㈏회사가 가장 많았으나 142명 중 58명으로 40.8%이므로 ㈎회사의 42%보다 낮다.

30 다음은 가구 형태별 구성비에 대해 정리한 표이다. 이에 대한 설명으로 옳은 것은?

(단위 : 천 가구, %)

구분	총가구수	가구 형태별 구성비				
		1세대 가구	2세대 가구	3세대 이상 가구	비친족 가구	1인 가구
1995년	9,571	9.6	67.0	14.9	1.7	6.8
2000년	11,354	10.7	66.1	12.7	1.5	9.0
2005년	12,958	12.7	63.3	10.0	1.4	12.6
2010년	14,311	14.2	60.8	8.4	1.1	15.5
2014년	15,887	16.2	55.5	7.0	1.4	19.9

① 2010년의 핵가족의 비율은 75%이다.

② 2014년의 비친족 가구 수는 1995년에 비해 감소하였다.

③ 1995년에서 2000년 사이의 1인 가구의 증가율은 2.2%이다.

④ 2세대 가구수는 꾸준히 감소하고 있다.

⑤ 2000년 3세대 이상 가구 수보다 2005년 1세대 가구 수가 더 많다.

해설 ⑤ 2000년의 3세대 이상 가구 비율과 2005년의 1세대 가구 비율은 12.7%로 같지만, 2005년의 총 가구 수가 더 많기 때문에 2005년의 1세대 가구 수가 더 많다.
① 2세대 가구 내에는 확대 가족과 핵가족이 모두 포함되어 있기 때문에 핵가족의 비율을 알 수 없다.
② 2014년에 비친족 가구 수의 비율은 1995년에 비해 작으나, 총 가구 수는 2014년이 더 많아 50% 이상 증가했다.
③ 1995년에서 2000년 사이의 1인 가구 증가율은 약 57%이다.
④ 총가구 대비 2세대 가구의 비율은 줄어들고 있으나 가구수는 조금씩 증가하고 있다.

31 다음은 연도별 쌀 공급량 및 수요량을 나타낸 쌀 수급 추이 표이다. 퍼즐의 빈칸을 채운 뒤, 빈칸에 들어가지 않은 숫자를 고르면?

구분	1999	2000	2001	2002	2003	2004	2005	2006	2007
공급량	5,997	6,092	6,486	7,004	6,554	5,568	6,042	5,838	5,756
－이월	803	722	978	1,335	1,447	924	850	832	830
－생산	㉠	5,263	5,291	5,515	4,927	4,451	5,000	4,768	4,680
－수입	97	107	217	154	180	193	㉡	238	246
수요량	5,278	5,114	5,151	5,557	5,630	4,718	5,210	5,008	5,061
－식량	4,541	4,425	4,209	4,145	3,987	3,952	3,815	3,860	3,789
－가공	174	175	183	337	313	335	324	373	424
－종자	38	46	47	45	44	43	㉢	41	41
－기타	㉣	468	712	1,030	1,286	388	1,029	734	807

[가로]
1. ㉠에 들어갈 숫자는?
2. 2005년에 비해 2006년의 가공 수요량은 얼마나 증가하였는가?

[세로]
1) ㉡에 들어갈 숫자는?
2) ㉣에 들어갈 숫자는?
3) ㉢에 들어갈 숫자는?

① 0

② 1

③ 2

④ 3

⑤ 4

✔ 해설

[가로]
1. $5997 - 803 - 97 = 5097$
2. $373 - 324 = 49$

[세로]
1) $6042 - 850 - 5000 = 192$
2) $5278 - 4541 - 174 - 38 = 525$
3) $5210 - 3815 - 324 - 1029 = 42$

|32~35| 다음 자료는 각국의 아프가니스탄 지원금 약속현황 및 집행현황을 나타낸 것이다. 물음에 답하시오.

(단위 : 백만 달러, %)

지원국	약속금액	집행금액	집행비율
미국	10,400	5,022	48.3
EU	1,721	㉠	62.4
세계은행	1,604	853	53.2
영국	1,455	1,266	87.0
일본	1,410	1,393	98.8
독일	1,226	768	62.6
캐나다	㉡	731	93.8
이탈리아	424	424	100.0
스페인	63	26	㉢

32 ㉠에 들어갈 값은 얼마인가?

① 647
② 840
③ 1,074
④ 1,348
⑤ 1,579

✔ 해설
$$\frac{x}{1721} \times 100 = 62.4$$
$$x = \frac{62.4 \times 1721}{100} ≒ 1074$$

33 ㉡에 들어갈 값은 얼마인가?

① 686
② 779
③ 782
④ 830
⑤ 864

✔ 해설
$$\frac{731}{x} \times 100 = 93.8$$
$$x = \frac{731 \times 100}{93.8} = 779$$

34 ㉣에 들어갈 값은 얼마인가?

① 142.3% ② 58.2%

③ 41.3% ④ 40.5%

⑤ 24.2%

✔해설 $\dfrac{26}{63}\times100 ≒ 41.3$

35 위의 표에 대한 설명으로 옳지 않은 것은?

① 집행비율이 가장 높은 나라는 이탈리아이다.
② 50% 미만의 집행비율을 나타내는 나라는 2개국이다.
③ 집행금액이 두 번째로 많은 나라는 일본이다.
④ 약속금액이 두 번째로 많은 나라는 EU이다.
⑤ 집행비율이 가장 낮은 나라는 미국이다.

✔해설 ⑤ 집행비율이 가장 낮은 나라는 41.3%인 스페인이다.

❙36~38❙ 다음 표는 어떤 렌터카 회사에서 제시한 차종별 자동차 대여료이다. 물음에 답하시오. (단, 대여 시간을 초과하는 것은 다음 단계의 요금을 적용한다)

구분	대여 기간별 1일 요금			대여 시간별 요금	
	1~2일	3~6일	7일 이상	6시간	12시간
소형(4인승)	75,000	68,000	60,000	34,000	49,000
중형(5인승)	105,000	95,000	84,000	48,000	69,000
대형(8인승)	182,000	164,000	146,000	82,000	119,000
SUV(7인승)	152,000	137,000	122,000	69,000	99,000
승합(15인승)	165,000	149,000	132,000	75,000	108,000

36 C동아리 학생 10명이 차량을 대여하여 9박 10일간의 전국일주를 계획하고 있다. 다음 중 가장 경제적인 차량 임대 방법을 고르면?

① 승합차량 1대를 대여한다.

② 소형차 3대를 대여한다.

③ 중형차 2대를 대여한다.

④ 소형차 1대와 SUV 1대를 대여한다.

⑤ SUV 2대를 대여한다.

> ✅**해설** 하루 대여 비용을 계산해보면 다음과 같다. 따라서 가장 경제적인 차량 임대 방법은 승합차량 1대를 대여하는 것이다.
> ① 132,000원
> ② $60,000 \times 3 = 180,000$(원)
> ③ $84,000 \times 2 = 168,000$(원)
> ④ $60,000 + 122,000 = 182,000$(원)
> ⑤ $122,000 \times 2 = 244,000$(원)

37 D대학 학생 11명이 승합차를 대여하여 3박 4일간의 해양문화 탐방을 하고자 한다. 이들은 출발일 오전 9시에 출발하고, 도착일 오후 2시에 차를 반납할 예정이다. 이때 지급할 승합차의 대여료는 얼마인가?

① 447,000원

② 492,000원

③ 522,000원

④ 536,000원

⑤ 596,000원

> **✔ 해설** 출발일 오전 9시부터 도착일 오전 9시까지 3일을 대여하고, 도착일 오전 9시부터 오후 2시까지 6시간 대여 시 간별 요금을 적용한다. $149,000 \times 3 + 75,000 = 522,000$(원)

38 어떤 사람이 소형 차량을 오전 8시에 임대하여 다음날 오후 3시에 반납하고자 한다. 이때 렌트카의 대여료는 얼마인가?

① 109,000원

② 117,000원

③ 124,000원

④ 154,000원

⑤ 164,000원

> **✔ 해설** 오전 8시부터 다음날 오전 8시까지 1일의 대여 요금을 적용하고, 오전 8시부터 오후 3시까지는 대여 시간 6시 간을 초과하므로 12시간의 요금을 적용한다.
> $75,000 + 49,000 = 124,000$(원)

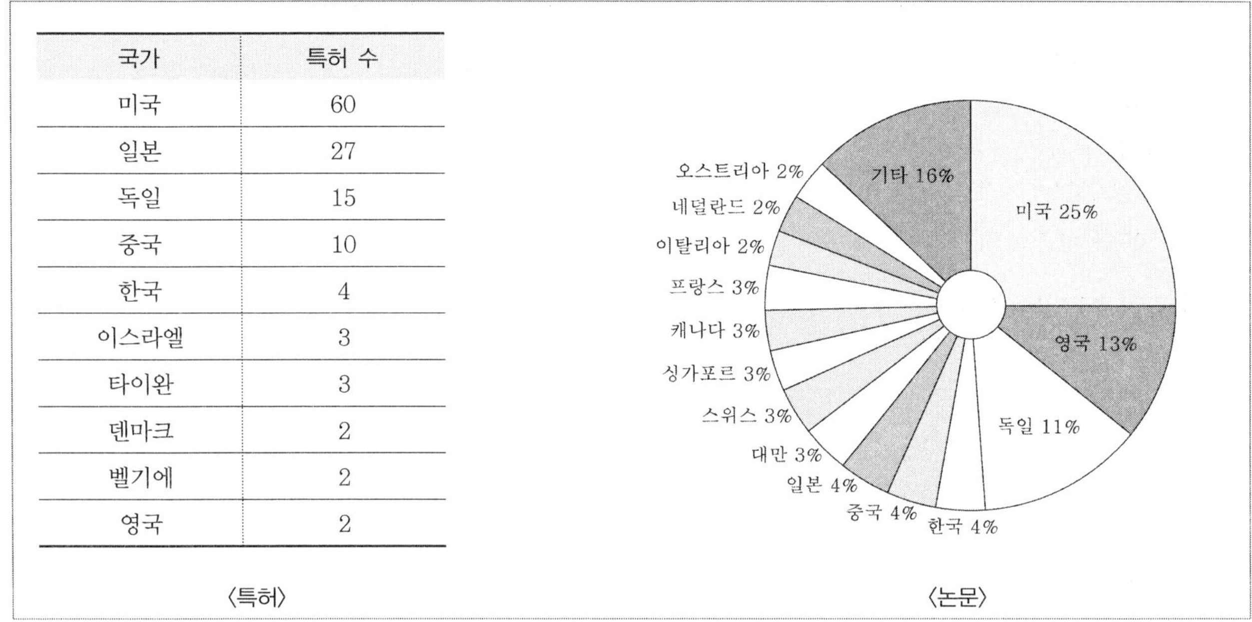

39 다음 설명 중 옳은 것은?

① 미국의 논문 발표 수는 2위와 3위 국가의 논문 발표 수를 합친 것보다 많다.

② 표시되지 않은 국가에서 발표한 논문 수는 영국에서 발표한 논문 수보다 적다.

③ 대만은 일본보다 논문을 많이 발표하였다.

④ 3%의 논문발표 비중을 갖는 나라의 수는 6개 국가이다.

⑤ 한국은 프랑스보다 논문을 적게 발표하였다.

> **해설** ② 표시되지 않은 국가에서 발표한 논문 수는 16%로 영국의 13%보다 많다.
> ③ 대만은 3%, 일본은 4%로 일본이 논문을 더 많이 발표하였다.
> ④ 프랑스, 캐나다, 싱가포르, 스위스, 대만으로 5개 국가이다.
> ⑤ 한국은 4%로 프랑스의 3%보다 논문을 많이 발표하였다.

40 다음 설명 중 옳은 것은?

① 미국의 특허 수는 다른 모든 나라의 특허 수를 합친 것보다 많다.

② 이스라엘은 타이완보다 특허 수가 많다.

③ 일본의 특허 수는 독일과 중국의 특허 수를 합친 것보다 많다.

④ 한국은 중국보다 특허 수가 많다.

⑤ 중국의 특허 수는 벨기에와 덴마크의 특허 수를 합친 것보다 적다.

✔ **해설**　① 다른 모든 나라의 특허 수를 합치면 68이다.
　　　　② 이스라엘과 타이완은 특허 수가 3으로 동일하다.
　　　　④ 한국은 중국보다 특허 수가 적다.
　　　　⑤ 중국의 특허 수는 벨기에와 덴마크의 특허 수를 합친 것보다 많다.

41 전체 발표된 논문의 수가 300편이라면 영국의 발표논문은 몇 편인가?

① 33편　　　　　　　　　　② 36편

③ 39편　　　　　　　　　　④ 43편

⑤ 45편

✔ **해설**　$300 \times \dfrac{13}{100} = 39(편)$

42 다음은 2007년 1월부터 8월까지 유럽에서 판매된 자동차의 회사별 판매대수와 작년과 같은 기간과 대비한 변동 지수이다. 설명으로 옳은 것은?

자동차 회사	판매 대수	변동지수(전년 동기간 = 100)
폭스바겐 그룹	1,752,369	99.5
PSA 그룹	1,474,173	96.6
포드 그룹	1,072,958	103.6
르노	1,001,763	100.3
GM 그룹	950,832	99.8
피아트 그룹	723,627	103.0
다임러-크라이슬러 그룹	630,912	95.9
도요타	459,063	109.0
BMW 그룹	413,977	107.9
현대 · 기아	292,675	120.6
마쓰다	137,294	124.6
혼다	130,932	111.1
전체	9,040,575	102.0

① 일본과 한국 회사들보다 유럽과 미국계 회사들의 판매 증가율이 높았다.

② 마쓰다의 판매 증가율이 가장 크고, PSA 그룹의 판매 감소율이 가장 크다.

③ 4개 기업을 제외하고는 모두 작년과 같은 기간에 비해 판매가 줄었다.

④ 작년과 같은 기간 동안 판매된 자동차수를 비교하면 다임러-크라이슬러 그룹보다 피아트 그룹이 더 많았었다.

⑤ 전체적으로 보면 작년과 같은 기간에 비해 판매가 줄었다.

✔해설 ① 유럽과 미국계 회사들보다 일본과 한국 회사들의 판매 증가율이 높았다.
② 마쓰다의 판매 증가율이 가장 크고, 다임러-크라이슬러 그룹의 판매 감소율이 가장 크다.
③ 4개 기업을 제외하고는 모두 작년과 같은 기간에 비해 판매가 늘었다.
⑤ 전체적으로 보면 작년과 같은 기간에 비해 판매가 늘었다.

43 다음은 연도별 지하철 수송실적 현황이다. 표에 대한 설명으로 적절하지 않은 것은 무엇인가?

(단위 : 백만 명)

	1999	2000	2001	2002	2003	2004	2005	2006	2007
합계	2,016	2,235	2,527	2,012	1,982	2,033	2,020	2,080	2,090
서울	1,729	1,889	2,158	1,630	1,637	1,672	1,657	1,655	1,654
부산	224	241	250	273	264	251	242	243	238
인천	12	56	69	56	55	52	51	53	54
대구	51	49	50	53	26	51	60	109	107
광주	0	0	0	0	0	7	10	11	14
대전	0	0	0	0	0	0	0	10	23

① 서울지하철 5, 6, 7, 8호선이 완전 개통한 1999년 이후 지하철 연간 수송인원이 2,000백만 명을 초과하였다.

② 2005년 총수송인원은 2,020백만 명으로 전년대비 0.63% 증가하였다.

③ 2002년은 단일 집계방식으로 변경함에 따라 515백만 명이 감소하였다.

④ 대전 1호선 2단계 구간(갈마 ~ 반석, 10개역) 개통(2007. 4. 17)에 따라 교통수요가 지하철로 점차 전환되고 있어 13백만 명 증가하였다.

⑤ 2002년 ~ 2004년의 서울지하철 수송인원은 꾸준히 증가하였다.

✔**해설** ② 2005년 총수송인원은 2,020백만 명으로 전년대비 0.63% 감소하였다.

순위	팀	승	패	무	승률	승차
1	KIA	10	3	0	0.769	–
2	삼성	8	X	2	0.727	1.0
3	롯데	7	5	0	0.583	2.5
4	한화	6	6	1	0.555	3.5
5	두산	4	5	1	0.444	4.0
6	LG	4	7	1	0.364	5.0
7	SK	4	8	0	Y	5.5
8	우리	2	8	1	0.200	6.5

44 X에 들어갈 수는 얼마인가?

① 1

② 3

③ 5

④ 7

⑤ 9

✔ **해설**　$\dfrac{8}{8+x+2}=0.727$

$727(10+x)=8000$

$x=11-10=1$

45 Y에 들어갈 수는 얼마인가?

① 0.200

② 0.333

③ 0.500

④ 0.667

⑤ 0.991

✔ **해설**　$\dfrac{4}{12}=0.333$

46 다음은 가구당 순자산 보유액 구간별 가구 분포에 관련된 표를 바탕으로 이해한 내용으로 가장 적절한 것은?

〈가구당 순자산 보유액 구간별 가구 분포〉

(단위 : %, %p)

순자산(억 원)	가구분포		
	2016년	2017년	전년차(비)
-1 미만	0.2	0.2	0.0
-1~0 미만	2.6	2.7	0.1
0~1 미만	31.9	31.2	-0.7
1~2 미만	19.1	18.5	-0.6
2~3 미만	13.8	13.5	-0.3
3~4 미만	9.5	9.4	-0.1
4~5 미만	6.3	6.8	0.5
5~6 미만	4.4	4.6	0.2
6~7 미만	3.0	3.2	0.2
7~8 미만	2.0	2.2	0.2
8~9 미만	1.5	1.5	0.0
9~10 미만	1.2	1.2	0.0
10 이상	4.5	5.0	0.5
평균(만 원)	29,918	31,142	4.1
중앙값(만 원)	17,740	18,525	4.4

① 순자산 보유액이 많은 가구보다 적은 가구의 2017년 비중이 전년보다 더 증가하였다.

② 순자산이 많은 가구의 소득은 2016년 대비 2017년에 더 감소하였다.

③ 소수의 사람들이 많은 순자산을 가지고 있다.

④ 2017년의 순자산 보유액이 3억 원 미만인 가구는 전체의 50%가 조금 안 된다.

⑤ 1억 원 미만의 순자산을 보유한 가구의 비중은 2017년에 전혀 줄지 않았다.

해설 ③ 2017년을 기준으로 볼 때, 중앙값이 1억 8,525만 원이며, 평균이 3억 1,142만 원임을 알 수 있다. 중앙값이 평균값에 비해 매우 적다는 것은 소수의 사람들에게 순자산 보유액이 집중되어 있다는 것을 의미한다고 볼 수 있다.
① 순자산 보유액 구간의 중간인 '4~5' 미만 기준으로 구분해 보면, 상대적으로 순자산 보유액이 많은 가구가 적은 가구보다 2017년 비중이 전년보다 더 증가하였다.
② 주어진 표로 가구의 소득은 알 수 없다.
④ 전체의 66.1%를 차지한다.
⑤ 2016년 34.7%에서 2017년 34.1%로 0.6%p 줄었다.

ANSWER 44.① 45.② 46.③

｜47~48｜ 다음은 A시의 연도별 · 혼인종류별 건수와 관련된 자료이다. 자료를 보고 이어지는 물음에 답하시오.

〈A시의 연도별 · 혼인종류별 건수〉

(단위 : 건)

구분		2007	2008	2009	2010	2011	2012	2013	2014	2015	2016
남자	초혼	279	270	253	274	278	274	272	257	253	㉠
	재혼	56	58	52	53	47	55	48	47	45	㉡
여자	초혼	275	266	248	269	270	272	267	255	249	231
	재혼	60	62	57	58	55	57	53	49	49	49

(단위 : 건)

구분	2007	2008	2009	2010	2011	2012	2013	2014	2015	2016
남(초) + 여(초)	260	250	235	255	260	255	255	241	( )	( )
남(재) + 여(초)	15	16	13	14	10	17	12	14	( )	( )
남(초) + 여(재)	19	20	18	19	18	19	17	16	( )	( )
남(재) + 여(재)	41	42	39	39	37	38	36	33	( )	( )

※ 초 : 초혼, 재 : 재혼

47 아래 자료를 참고할 때, 위의 빈 칸 ㉠, ㉡에 들어갈 알맞은 수치는 얼마인가?

구분	2015년의 2007년 대비 증감 수	2014~2016년의 연평균 건수
남(초) + 여(초)	−22	233
남(재) + 여(초)	−4	12
남(초) + 여(재)	−4	16
남(재) + 여(재)	−7	33

① 237, 53   ② 240, 55

③ 237, 43   ④ 240, 43

⑤ 237, 55

 주어진 자료를 근거로 괄호 안의 숫자를 채우면 다음과 같다.

구분	2015년	2016년
남(초) + 여(초)	$260 - 22 = 238$	$(241 + 238 + x) \div 3 = 233$, $x = 220$
남(재) + 여(초)	$15 - 4 = 11$	$(14 + 11 + x) \div 3 = 12$, $x = 11$
남(초) + 여(재)	$19 - 4 = 15$	$(16 + 15 + x) \div 3 = 16$, $x = 17$
남(재) + 여(재)	$41 - 7 = 34$	$(33 + 34 + x) \div 3 = 33$, $x = 32$

따라서 ㉠은 초혼 남자이므로 '남(초) + 여(초)'인 220명과 '남(초) + 여(재)'인 17명의 합인 237명이 되며, ㉡은 재혼 남자이므로 '남(재) + 여(초)'인 11명과 '남(재) + 여(재)'인 32명의 합인 43명이 된다.

48 위의 상황을 근거로 한 다음 〈보기〉와 같은 판단 중 타당한 것으로 볼 수 있는 것을 모두 고르면?

〈보기〉

㈎ 자신은 초혼이지만 상대방은 재혼이라도 괜찮다고 생각한 것은 남성이 여성보다 매년 더 많다.

㈏ 이혼율이 증가하면 초혼 간의 혼인율이 감소한다.

㈐ 여성의 재혼 건수가 전년보다 증가한 해는 남성의 재혼 건수도 항상 전년보다 증가한다.

㈑ 2016년에는 10년 전보다 재혼이 증가하고 초혼이 감소하였다.

① ㈎, ㈑　　　　　　　　　　② ㈏, ㈐

③ ㈏, ㈑　　　　　　　　　　④ ㈎, ㈐

⑤ ㈐, ㈑

 ㈎ 매년 '남(초) + 여(재)'의 건수가 '남(재) + 여(초)'의 건수보다 많으므로 타당한 판단이라고 볼 수 있다.

㈏ 이혼율 관련 자료가 제시되지 않아 이혼율과 초혼 간의 혼인율의 상관관계를 판단할 수 없다.

㈐ 여성의 재혼 건수는 2008년, 2010년, 2012년에 전년보다 증가하였다. 이때 남성의 재혼 건수도 전년보다 증가하였으므로 타당한 판단이다.

㈑ 2016년에는 10년 전보다 초혼, 재혼 등 모든 항목에 있어서 큰 폭의 감소를 나타내고 있다.

따라서 타당한 판단은 ㈎와 ㈐이다.

증여세는 타인으로부터 무상으로 재산을 취득하는 경우, 취득자에게 무상으로 받은 재산가액을 기준으로 하여 부과하는 세금이다. 특히, 증여세 과세대상은 민법상 증여뿐만 아니라 거래의 명칭, 형식, 목적 등에 불구하고 경제적 실질이 무상 이전인 경우 모두 해당된다. 증여세는 증여받은 재산의 가액에서 증여재산 공제를 하고 나머지 금액(과세표준)에 세율을 곱하여 계산한다.

> 증여재산 − 증여재산공제액 = 과세표준
>
> 과세표준 × 세율 = 산출세액

증여가 친족 간에 이루어진 경우 증여받은 재산의 가액에서 다음의 금액을 공제한다.

증여자	공제금액
배우자	6억 원
직계존속	5천만 원
직계비속	5천만 원
기타친족	1천만 원

수증자를 기준으로 당해 증여 전 10년 이내에 공제받은 금액과 해당 증여에서 공제받을 금액의 합계액은 위의 공제금액을 한도로 한다.

또한, 증여받은 재산의 가액은 증여 당시의 시가로 평가되며, 다음의 세율을 적용하여 산출세액을 계산하게 된다.

〈증여세 세율〉

과세표준	세율	누진공제액
1억 원 이하	10%	−
1억 원 초과~5억 원 이하	20%	1천만 원
5억 원 초과~10억 원 이하	30%	6천만 원
10억 원 초과~30억 원 이하	40%	1억 6천만 원
30억 원 초과	50%	4억 6천만 원

※ 증여세 자진신고 시 산출세액의 7% 공제함

49 위의 증여세 관련 자료를 참고할 때, 다음 〈보기〉와 같은 세 가지 경우에 해당하는 증여재산 공제액의 합은 얼마인가?

> 〈보기〉
> • 아버지로부터 여러 번에 걸쳐 1천만 원 이상 재산을 증여받은 경우
> • 성인 아들이 아버지와 어머니로부터 각각 1천만 원 이상 재산을 증여받은 경우
> • 아버지와 삼촌으로부터 1천만 원 이상 재산을 증여받은 경우

① 5천만 원
② 6천만 원
③ 1억 원
④ 1억 5천만 원
⑤ 1억 6천만 원

✔**해설** 첫 번째는 직계존속으로부터 증여받은 경우로, 10년 이내의 증여재산가액을 합한 금액에서 5,000만 원만 공제하게 된다.
두 번째 역시 직계존속으로부터 증여받은 경우로, 아버지로부터 증여받은 재산가액과 어머니로부터 증여받은 재산가액의 합계액에서 5,000만 원을 공제하게 된다.
세 번째는 직계존속과 기타친족으로부터 증여받은 경우로, 아버지로부터 증여받은 재산가액에서 5,000만 원을, 삼촌으로부터 증여받은 재산가액에서 1,000만 원을 공제하게 된다.
따라서 세 가지 경우의 증여재산 공제액의 합은 5,000 + 5,000 + 6,000 = 1억 6천만 원이 된다.

50 성년인 김부자 씨는 아버지로부터 1억 7천만 원의 현금을 증여받게 되어, 증여세 납부 고지서를 받기 전 스스로 증여세를 납부하고자 세무사를 찾아 갔다. 세무사가 계산해 준 김부자 씨의 증여세 납부액은 얼마인가?

① 1,400만 원
② 1,302만 원
③ 1,280만 원
④ 1,255만 원
⑤ 1,205만 원

✔**해설** 주어진 자료를 근거로, 다음과 같은 계산 과정을 거쳐 증여세액이 산출될 수 있다.
• 증여재산 공제 : 5천만 원
• 과세표준 : 1억 7천만 원 − 5천만 원 = 1억 2천만 원
• 산출세액 : 1억 2천만 원 × 20% − 1천만 원 = 1,400만 원
• 납부할 세액 : 1,302만 원(자진신고 시 산출세액의 7% 공제)

ANSWER 49.⑤ 50.②

[문제해결] 출제유형

① 사고력 : 개인이 가지고 있는 경험과 지식을 통해 가치 있는 아이디어를 산출하는 사고능력이다. 논리문제가 주로 출제된다.
② 문제처리능력 : 목표를 분석하고 이를 토대로 문제를 도출하여 최적의 해결책을 찾는 문제이다.

[문제해결] 출제경향

사고력과 문제처리능력을 파악할 수 있는 문항들로 구성된다. 명제 및 진위관계, SWOT 분석을 통한 문제 도출, 주어진 상황을 고려하여 비용 및 시간, 순서 등의 상황 문제, 고객 응대 등의 문제가 자료 해석 유형으로 출제된다. 최근 필기시험에서는 논리형이 일부 출제되어 논리적으로 추리해가면서 풀어가는 문제로 인하여 시간 내로 푸는 것이 어려웠다. 또한 자료해석에서는 빠른 계산을 요하는 문제에 함정을 두어 자세히 읽지 않으면 틀리기 쉬운 문제가 다수 출제되었다.

[문제해결] 빈출유형

명제 및 진위관계									
SWOT 분석									
고객응대									
자료해석									

예제 01 문제처리능력

D회사 신입사원으로 입사한 귀하는 신입사원 교육에서 업무수행과정에서 발생하는 문제 유형 중 설정형 문제를 하나씩 찾아오라는 지시를 받았다. 이에 대해 귀하는 교육받은 내용을 다시 복습하려고 한다. 설정형 문제에 해당하는 것은?

① 현재 직면하여 해결하기 위해 고민하는 문제
② 현재의 상황을 개선하거나 효율을 높이기 위한 문제
③ 앞으로 어떻게 할 것인가 하는 문제
④ 원인이 내재되어 있는 원인지향적인 문제

출제의도
업무수행 중 문제가 발생하였을 때 문제 유형을 구분하는 능력을 측정하는 문항이다.

해설
업무수행과정에서 발생하는 문제 유형으로는 발생형 문제, 탐색형 문제, 설정형 문제가 있으며 ①④는 발생형 문제이며 ②는 탐색형 문제, ③이 설정형 문제이다.

》 ③

예제 02 사고력

M사 홍보팀에서 근무하고 있는 귀하는 입사 5년차로 창의적인 기획안을 제출하기로 유명하다. S부장은 이번 신입사원 교육 때 귀하에게 창의적인 사고란 무엇인지 교육을 맡아달라고 부탁하였다. 창의적인 사고에 대한 귀하의 설명으로 옳지 않은 것은?

① 창의적인 사고는 새롭고 유용한 아이디어를 생산해 내는 정신적인 과정이다.
② 창의적인 사고는 특별한 사람들만이 할 수 있는 대단한 능력이다.
③ 창의적인 사고는 기존의 정보들을 특정한 요구조건에 맞거나 유용하도록 새롭게 조합시킨 것이다.
④ 창의적인 사고는 통상적인 것이 아니라 기발하거나, 신기하며 독창적인 것이다.

출제의도
창의적 사고에 대한 개념을 정확히 파악하고 있는지를 묻는 문항이다.

해설
창의적인 사고는 이미 알고 있는 경험과 지식을 해체하여 다시 새로운 정보로 결합하여 가치 있는 아이디어를 산출하는 사고라고 할 수 있다.

》 ②

예제 03 문제처리능력

L사에서 주력 상품으로 밀고 있는 TV의 판매 이익이 감소하고 있는 상황에서 귀하는 B부장으로부터 3C분석을 통해 해결방안을 강구해 오라는 지시를 받았다. 다음 중 3C에 해당하지 않는 것은?

① Customer
② Company
③ Competitor
④ Content

출제의도
3C의 개념과 구성요소를 정확히 숙지하고 있는지를 측정하는 문항이다.

해설
3C 분석에서 사업 환경을 구성요소는 사(Company), 경쟁사(Competitor), 고객을 3C (Customer)이다.

》 ④

예제 04 문제처리능력

C사는 최근 국내 매출이 지속적으로 하락하고 있어 사내 분위기가 심상치 않다. 이에 대해 Y부장은 이 문제를 극복하고자 문제처리 팀을 구성하여 해결방안을 모색하도록 지시하였다. 문제처리 팀의 문제해결 절차를 올바른 순서로 나열한 것은?

① 문제 인식 → 원인 분석 → 해결안 개발 → 문제 도출 → 실행 및 평가
② 문제 도출 → 문제 인식 → 해결안 개발 → 원인 분석 → 실행 및 평가
③ 문제 인식 → 원인 분석 → 문제 도출 → 해결안 개발 → 실행 및 평가
④ 문제 인식 → 문제 도출 → 원인 분석 → 해결안 개발 → 실행 및 평가

출제의도
실제 업무 상황에서 문제가 일어났을 때 해결 절차를 알고 있는지를 측정하는 문항이다.

해설
일반적인 문제해결절차는 '문제 인식 → 문제 도출 → 원인 분석 → 해결안 개발 → 실행 및 평가로 이루어진다.

》 ④

1 A교육연구소 아동청소년연구팀에 근무하는 甲은 다음과 같은 연구를 시행하여 결과를 얻었다. 연구결과를 상사에게 구두로 보고하자 결과를 뒷받침할 만한 직접적인 근거를 추가하여 보고서를 작성해 오라는 지시를 받았다. 다음 〈보기〉 중 근거로 추가할 수 있는 자료를 모두 고른 것은?

[연구개요] 한 아동이 다른 사람을 위하여 행동하는 매우 극적인 장면이 담긴 'Lassie'라는 프로그램을 매일 5시간 이상 시청한 초등학교 1~2학년 아동들은 이와는 전혀 다른 내용이 담긴 프로그램을 시청한 아동들보다 훨씬 더 협조적이고 타인을 배려하는 행동을 보여주었다.
반면에 텔레비전을 통해 매일 3시간 이상 폭력물을 시청한 아동과 청소년들은 텔레비전 속에서 보이는 성인들의 폭력행위를 빠른 속도로 모방하였다.

[연구결과] 텔레비전 속에서 보이는 폭력이 아동과 청소년의 범죄행위를 유발시킬 가능성이 크다.

〈보기〉
㉠ 전국의 소년교도소에 폭행죄로 수감되어 있는 재소자들은 6세 이후 폭력물을 매일 적어도 4시간 이상씩 시청했었다.
㉡ 전국의 성인교도소에 폭행죄로 수감되어 있는 재소자들은 6세 이후 폭력물을 매일 적어도 6시간 이상씩 시청했었다.
㉢ 전국의 소년교도소에 폭행죄로 수감되어 있는 청소년들은 매일 저녁 교도소 내에서 최소한 3시간씩 폭력물을 시청한다.
㉣ 6세에서 12세 사이에 선행을 많이 하는 아동들이 성인이 되어서도 선행을 많이 한다.
㉤ 텔레비전 발명 이후, 아동과 청소년을 대상으로 한 폭력범죄가 증가하였다.

---

① ㉠
② ㉠, ㉡
③ ㉠, ㉡, ㉤
④ ㉡, ㉢, ㉤
⑤ ㉢, ㉣, ㉤

✔**해설** ㉠ [연구개요] 중 '3시간 이상 폭력물을 시청한 아동과 청소년들은 텔레비전 속에서 보이는 성인들의 폭력행위를 빠른 속도로 모방하였다.'와 같은 맥락으로 볼 수 있는 자료로, [연구결과]를 뒷받침하는 직접적인 근거가 된다.
㉡ 성인의 범죄행위 유발과 관련 자료이다.
㉢ 이미 범죄행위를 저지르고 난 후 폭력물을 시청하는 조건이다.
㉣ 텔레비전 프로그램 시청이 선행에 영향을 미침을 증명하는 자료가 아니다.
㉤ 아동과 청소년을 대상으로 한 폭력범죄가 아닌, 아동과 청소년이 일으키는 범죄행위가 초점이 되어야 한다.

2 A기업 기획팀에서는 새로운 프로젝트를 추진하면서 업무추진력이 높은 직원은 프로젝트의 팀장으로 발탁하려고 한다. 성취행동 경향성이 높은 사람을 업무추진력이 높은 사람으로 규정할 때, 아래의 정의를 활용해서 〈보기〉의 직원들을 업무추진력이 높은 사람부터 순서대로 바르게 나열한 것은?

성취행동 경향성(TACH)의 강도는 성공추구 경향성(Ts)에서 실패회피 경향성(Tf)을 뺀 점수로 계산할 수 있다(TACH = Ts − Tf). 성공추구 경향성에는 성취동기(Ms)라는 잠재적 에너지의 수준이 영향을 준다. 왜냐하면 성취동기는 성과가 우수하다고 평가받고 싶어 하는 것으로 어떤 사람의 포부수준, 노력 및 끈기를 결정하기 때문이다. 어떤 업무에 대해서 사람들이 제각기 다양한 방식으로 행동하는 것은 성취동기가 다른 데도 원인이 있지만, 개인이 처한 환경요인이 서로 다르기 때문이기도 하다. 이 환경요인은 성공기대확률(Ps)과 성공결과의 가치(Ins)로 이루어진다. 즉 성공추구 경향성은 이 세 요소의 곱으로 결정된다(Ts = Ms × Ps × Ins).

한편 실패회피 경향성은 실패회피동기, 실패기대확률 그리고 실패결과의 가치의 곱으로 결정된다. 이때 성공기대확률과 실패기대확률의 합은 1이며, 성공결과의 가치와 실패결과의 가치의 합도 1이다.

〈보기〉

- A는 성취동기가 3이고, 실패회피동기가 1이다. 그는 국제환경협약에 대비한 공장건설환경규제안을 만들었는데, 이 규제안의 실현가능성을 0.7로 보며, 규제안이 실행될 때의 가치를 0.2로 보았다.
- B는 성취동기가 2이고, 실패회피동기가 1이다. 그는 도시고속화도로 건설안을 기획하였는데, 이 기획안의 실패가능성을 0.7로 보며, 도로건설사업이 실패하면 0.3의 가치를 갖는다고 보았다.
- C는 성취동기가 3이고, 실패회피동기가 2이다. 그는 △△지역의 도심재개발계획을 주도하였는데, 이 계획의 실현가능성을 0.4로 보며, 재개발사업이 실패하는 경우의 가치를 0.3으로 보았다.

① A, B, C

② B, A, C

③ B, C, A

④ C, A, B

⑤ C, B, A

✔ 해설

직원	성공추구 경향성과 실패회피 경향성		성취행동 경향성
A	성공추구 경향성 = 3 × 0.7 × 0.2 = 0.42		= 0.42 − 0.24 = 0.18
	실패회피 경향성 = 1 × 0.3 × 0.8 = 0.24		
B	성공추구 경향성 = 2 × 0.3 × 0.7 = 0.42		= 0.42 − 0.21 = 0.21
	실패회피 경향성 = 1 × 0.7 × 0.3 = 0.21		
C	성공추구 경향성 = 3 × 0.4 × 0.7 = 0.84		= 0.84 − 0.36 = 0.48
	실패회피 경향성 = 2 × 0.6 × 0.3 = 0.36		

ANSWER 1.① 2.⑤

3 ○○기업 감사실 윤리위원회 소속인 甲은 내부고발을 통해 다섯 건의 부정행위를 알게 되었다. 회사내규가 다음과 같을 때 A～E의 행위가 '뇌물에 관한 죄'에 해당하지 않는 것은?

〈내규〉

제○○조

① 뇌물에 관한 죄는 임직원 또는 중재인이 그 직무에 관하여 뇌물을 수수(收受)·요구 또는 약속하는 수 뢰죄와 임직원 또는 중재인에게 뇌물을 약속·공여(자진하여 제공하는 것) 하거나 공여의 의사표시를 하 는 증뢰죄를 포함한다. 뇌물에 관한 죄가 성립하기 위해서는 직무에 관하여 뇌물을 수수·요구 또는 약 속한다는 사실에 대한 고의(故意)가 있어야 한다. 즉 직무의 대가에 대한 인식이 있어야 한다. 또한 뇌 물로 인정되기 위해서는 그것이 직무에 관한 것이어야 하며, 뇌물은 불법한 보수이어야 한다. 여기서 ' 직무'란 임직원 또는 중재인의 권한에 속하는 직무행위 그 자체뿐만 아니라 직무와 밀접한 관계가 있는 행위도 포함하는 개념이다. 그리고 '불법한 보수'란 정당하지 않은 보수이므로, 법령이나 사회윤리적 관 점에서 인정될 수 있는 정당한 대가는 뇌물이 될 수 없다. 그 밖에 '수수'란 뇌물을 취득하는 것을 의미 하며, 수수라고 하기 위해서는 자기나 제3자의 소유로 할 목적으로 남의 재물을 취득할 의사가 있어야 한다. 한편 보수는 직무행위와 대가관계에 있는 것임을 요하고, 그 종류, 성질, 액수나 유형, 무형을 불 문한다.

② 중재인이란 법령에 의하여 중재의 직무를 담당하는 자를 말한다. 예컨대 노동조합 및 노동관계조정법에 의한 중재위원, 중재법에 의한 중재인 등이 이에 해당한다.

① A는 사장님 비서실에 재직하면서 ○○은행장인 Z로부터 ○○은행으로 주거래 은행을 바꾸도록 사장님께 건의해 달라는 취지의 부탁을 받고 금전을 받았다.

② B는 각종 인·허가로 잘 알게 된 담당공무원 Y에게 건축허가를 해달라고 부탁하면서 술을 접대하였을 뿐 만 아니라 Y가 윤락여성과 성관계를 맺을 수 있도록 하였다.

③ 홍보부 가짜뉴스 대응팀 직원인 C는 ○○회사가 외국인 산업연수생에 대한 관리업체로 선정되도록 중소 기업협동조합중앙회 회장 J에게 잘 이야기해 달라는 부탁을 받고 K로부터 향응을 제공받았다.

④ D는 자신이 담당하는 공사도급 관련 입찰 정보를 넘겨주는 조건으로 공사도급을 받으려는 건설업자 X로 부터 금품을 받아 이를 개인적인 용도로 사용하였다.

⑤ 해외파견팀장으로서 해외파견자 선발 업무를 취급하던 E가 V로부터 자신을 선발해 달라는 부탁과 함께 사례조로 받은 자기앞수표를 자신의 은행계좌에 예치시켰다가 그 뒤 후환을 염려하여 V에게 반환하였다.

> **해설** 내규에 따르면 뇌물로 인정되기 위해서는 그것이 직무에 관한 것이어야 하는데, '직무'란 임직원 또는 중재인의 권한에 속하는 직무행위 그 자체뿐만 아니라 직무와 밀접한 관계가 있는 행위를 말한다. C의 경우 홍보부 가짜 뉴스 대응팀 직원이므로 외국인 산업연수생에 대한 관리업체 선정은 C의 권한에 속하는 직무행위이거나 직무와 밀접한 관계에 있는 행위라고 볼 수 없으므로 뇌물에 관한 죄에 해당하지 않는다.

4 ○○기업 직원인 A는 2018년 1월 1일 거래처 직원인 B와 전화통화를 하면서 ○○기업 소유 X물건을 1억 원에 매도하겠다는 청약을 하고, 그 승낙 여부를 2018년 1월 15일까지 통지해 달라고 하였다. 다음 날 A는 "2018년 1월 1일에 했던 청약을 철회합니다."라고 B와 전화통화를 하였는데, 같은 해 1월 12일 B는 "X물건에 대한 A의 청약을 승낙합니다."라는 내용의 서신을 발송하여 같은 해 1월 14일 A에게 도달하였다. 다음 법 규정을 근거로 판단할 때, 옳은 것은?

제○○조
① 청약은 상대방에게 도달한 때에 효력이 발생한다.
② 청약은 철회될 수 없는 것이더라도, 철회의 의사표시가 청약의 도달 전 또는 그와 동시에 상대방에게 도달하는 경우에는 철회될 수 있다.
제○○조 청약은 계약이 체결되기까지는 철회될 수 있지만, 상대방이 승낙의 통지를 발송하기 전에 철회의 의사표시가 상대방에게 도달되어야 한다. 다만 승낙기간의 지정 또는 그 밖의 방법으로 청약이 철회될 수 없음이 청약에 표시되어 있는 경우에는 청약은 철회될 수 없다.
제○○조
① 청약에 대한 동의를 표시하는 상대방의 진술 또는 그 밖의 행위는 승낙이 된다. 침묵이나 부작위는 그 자체만으로 승낙이 되지 않는다.
② 청약에 대한 승낙은 동의의 의사표시가 청약자에게 도달하는 시점에 효력이 발생한다. 청약자가 지정한 기간 내에 동의의 의사표시가 도달하지 않으면 승낙의 효력이 발생하지 않는다.
제○○조 계약은 청약에 대한 승낙의 효력이 발생한 시점에 성립된다.
제○○조 청약, 승낙, 그 밖의 의사표시는 상대방에게 구두로 통고된 때 또는 그 밖의 방법으로 상대방 본인, 상대방의 영업소나 우편주소에 전달된 때, 상대방이 영업소나 우편주소를 가지지 아니한 경우에는 그의 상거소(장소에 주소를 정하려는 의사 없이 상당기간 머무는 장소)에 전달된 때에 상대방에게 도달된다.

---

① 계약은 2018년 1월 15일에 성립되었다.
② 계약은 2018년 1월 14일에 성립되었다.
③ A의 청약은 2018년 1월 2일에 철회되었다.
④ B의 승낙은 2018년 1월 1일에 효력이 발생하였다.
⑤ B의 승낙은 2018년 1월 12일에 효력이 발생하였다.

✔해설 ①② 계약은 청약에 대한 승낙의 효력이 발생한 시점에 성립되므로 B의 승낙이 A에게 도달한 2018년 1월 14일에 성립된다.
③ 2018년 1월 15일까지 승낙 여부를 통지해 달라고 승낙기간을 지정하였으므로 청약은 철회될 수 없다.
④⑤ 청약에 대한 승낙은 동의의 의사표시가 청약자에게 도달하는 시점에 효력이 발생하므로 B의 승낙이 A에게 도달한 2018년 1월 14일에 성립된다.

분야	문제점
추진주체 및 방식	• 기초지자체 중심(선심성 공약 남발)의 무리한 사업추진으로 인한 비효율 발생 • 지자체의 사업추진 역량부족으로 지방재정 낭비심화 초래 • 종합적 표준지침 부재로 인한 각 지자체마다 개별적으로 추진
타당성 조사 및 계획수립	• 사업주관 지자체의 행정구역만을 고려한 폐쇄적 계획 수립 • 교통수요 예측 및 사업타당성 검토의 신뢰성·적정성 부족 • 이해관계자 참여를 통한 사업계획의 정당성 확보 노력 미흡
사업자 선정 및 재원지원	• 토목 및 건설자 위주 지분참여로 인한 고비용·저효율 시공 초래 • 민간투자사업 활성화를 위한 한시적 규제유예 효과 미비
노선건설 및 차량시스템 선정	• 건설시공 이익 검토미흡으로 인한 재원낭비 심화 • 국내개발 시스템 도입 활성화를 위한 방안 마련 부족

5 다음 〈보기〉에서 '추진주체 및 방식'의 문제점에 대한 개선방안을 모두 고르면?

〈보기〉

㉠ 이해관계자 의견수렴 활성화를 통한 사업추진 동력 확보

㉡ 지자체 역량 강화를 통한 사업관리의 전문성·효율성 증진

㉢ 교통수요 예측 정확도 제고 등 타당성 조사 강화를 위한 여건 조성

㉣ 경전철 사업관련 업무처리 지침 마련 및 법령 보완

㉤ 무분별한 해외시스템 도입 방지 및 국산기술·부품의 활성화 전략 수립

㉥ 상위교통계획 및 생활권과의 연계강화를 통한 사업계획의 체계성 확보

㉦ 시공이익에 대한 적극적 검토를 통해 총사업비 절감 효과 도모

---

① ㉠㉡

② ㉡㉣

③ ㉡㉣㉦

④ ㉣㉤㉥

⑤ ㉥㉦

✔해설 ㉡ : '지자체의 사업추진 역량부족으로 지방재정 낭비심화 초래'에 대한 개선방안이다.

㉣ : '종합적 표준지침 부재로 인한 각 지자체마다 개별적으로 추진'에 대한 개선방안이다.

6 다음 〈보기〉에서 '타당성 조사 및 계획수립'의 문제점에 대한 개선방안을 모두 고르면?

ㄱ 이해관계자 의견수렴 활성화를 통한 사업추진 동력 확보

ㄴ 지자체 역량 강화를 통한 사업관리의 전문성·효율성 증진

ㄷ 교통수요 예측 정확도 제고 등 타당성 조사 강화를 위한 여건 조성

ㄹ 경전철 사업관련 업무처리 지침 마련 및 법령 보완

ㅁ 무분별한 해외시스템 도입 방지 및 국산기술·부품의 활성화 전략 수립

ㅂ 상위교통계획 및 생활권과의 연계강화를 통한 사업계획의 체계성 확보

ㅅ 시공이익에 대한 적극적 검토를 통해 총사업비 절감 효과 도모

---

① ㄱㄷㅂ

② ㄱㄷㅅ

③ ㄴㄷㅁ

④ ㄴㄷㅂ

⑤ ㅁㅂㅅ

✔**해설**　ㄱ : '이해관계자 참여를 통한 사업계획의 정당성 확보 노력 미흡'에 대한 개선방안이다.
　　　　ㄷ : '교통수요 예측 및 사업타당성 검토의 신뢰성·적정성 부족'에 대한 개선방안이다.
　　　　ㅂ : '사업주관 지자체의 행정구역만을 고려한 폐쇄적 계획 수립'에 대한 개선방안이다.

---

7 다음은 건물주 甲이 판단한 입주 희망 상점에 대한 정보이다. 다음에 근거하여 건물주 甲이 입주시킬 두 상점을 고르면?

〈표〉 입주 희망 상점 정보

상점	월세(만 원)	폐업위험도	월세 납부일 미준수비율
중국집	90	중	0.3
한식집	100	상	0.2
분식집	80	중	0.15
편의점	70	하	0.2
영어학원	80	하	0.3
태권도학원	90	상	0.1

※ 음식점 : 중국집, 한식집, 분식집
※ 학원 : 영어학원, 태권도학원

〈정보〉

- 건물주 甲은 자신의 효용을 극대화하는 상점을 입주시킨다.
- 甲의 효용 : 월세(만 원)×입주 기간(개월)−월세 납부일 미준수비율×입주 기간(개월)×100(만 원)
- 입주 기간 : 폐업위험도가 '상'인 경우 입주 기간은 12개월, '중'인 경우 15개월, '하'인 경우 18개월
- 음식점 2개를 입주시킬 경우 20만 원의 효용이 추가로 발생한다.
- 학원 2개를 입주시킬 경우 30만 원의 효용이 추가로 발생한다.

① 중국집, 한식집
② 한식집, 분식집
③ 분식집, 태권도학원
④ 영어학원, 태권도학원
⑤ 분식집, 영어학원

✔ 해설 중국집 : $90 \times 15 - 0.3 \times 15 \times 100 = 900$
한식집 : $100 \times 12 - 0.2 \times 12 \times 100 = 960$
분식집 : $80 \times 15 - 0.15 \times 15 \times 100 = 975$
편의점 : $70 \times 18 - 0.2 \times 18 \times 100 = 900$
영어학원 : $80 \times 18 - 0.3 \times 18 \times 100 = 900$
태권도학원 : $90 \times 12 - 0.1 \times 12 \times 100 = 960$
분식집의 효용이 가장 높고, 한식집과 태권도학원이 960으로 같다. 음식점 2개를 입주시킬 경우 20만원의 효용이 추가로 발생하므로 분식집과 한식집을 입주시킨다.

8 다음은 5가지의 영향력을 행사하는 방법과 순정, 석일이의 발언이다. 순정이와 석일이의 발언은 각각 어떤 방법에 해당하는가?

〈영향력을 행사하는 방법〉

- 합리적 설득 : 논리와 사실을 이용하여 제안이나 요구가 실행 가능하고, 그 제안이나 요구가 과업 목표 달성을 위해 필요하다는 것을 보여주는 방법
- 연합 전술 : 영향을 받는 사람들이 제안을 지지하거나 어떤 행동을 하도록 만들기 위해 다른 사람의 지지를 이용하는 방법
- 영감에 호소 : 이상에 호소하거나 감정을 자극하여 어떤 제안이나 요구사항에 몰입하도록 만드는 방법
- 교환 전술 : 제안에 대한 지지에 상응하는 대가를 제공하는 방법
- 합법화 전술 : 규칙, 공식적 방침, 공식 문서 등을 제시하여 제안의 적법성을 인식시키는 방법

〈발언〉

- 순정 : 이 기획안에 대해서는 이미 개발부와 재정부가 동의했습니다. 여러분들만 지지해준다면 계획을 성공적으로 완수할 수 있을 것입니다.
- 석일 : 이 기획안은 우리 기업의 비전과 핵심가치들을 담고 있습니다. 이 계획이야말로 우리가 그동안 염원했던 가치를 실현함으로써 회사의 발전을 이룩할 수 있는 기회라고 생각합니다. 여러분이 그동안 고생한 만큼 이 계획은 성공적으로 끝마쳐야 합니다.

---

① 순정 : 합리적 설득, 석일 : 영감에 호소
② 순정 : 연합 전술, 석일 : 영감에 호소
③ 순정 : 연합 전술, 석일 : 합법화 전술
④ 순정 : 영감에 호소, 석일 : 합법화 전술
⑤ 순정 : 영감에 호소, 석일 : 교환 전술

✔해설 ㉠ 순정 : 다른 사람들의 지지를 이용하기 때문에 '연합 전술'에 해당한다.
ㄴ 석일 : 기업의 비전과 가치를 언급함으로써 이상에 호소하여 제안에 몰입하도록 하기 때문에 '영감에 호소'에 해당한다.

ANSWER 7.② 8.②

9 G 음료회사는 신제품 출시를 위해 시제품 3개를 만들어 전직원을 대상으로 블라인드 테스트를 진행한 후 기획팀에서 회의를 하기로 했다. 독창성, 대중성, 개인선호도 세 가지 영역에 총 15점 만점으로 진행된 테스트 결과가 다음과 같을 때, 기획팀 직원들의 발언으로 옳지 않은 것은?

	독창성	대중성	개인선호도	총점
시제품 A	5	2	3	10
시제품 B	4	4	4	12
시제품 C	2	5	5	12

① 우리 회사의 핵심가치 중 하나가 창의성 아닙니까? 저는 독창성 점수가 높은 A를 출시해야 한다고 생각합니다.

② 독창성이 높아질수록 총점이 낮아지는 것을 보지 못하십니까? 저는 그 의견에 반대합니다.

③ 무엇보다 현 시점에서 회사의 재정상황을 타개하기 위해서는 대중성을 고려하여 높은 이윤이 날 것으로 보이는 C를 출시해야 하지 않겠습니까?

④ 저도 대중성과 개인선호도가 높은 C를 출시해야 한다고 생각합니다.

⑤ 그럼 독창성과 대중성, 개인선호도 점수가 비슷한 B를 출시하는 것이 어떻겠습니까?

해설 ② 시제품 B는 C에 비해 독창성 점수가 2점 높지만 총점은 같다. 따라서 옳지 않은 발언이다.

10 다음은 이경제씨가 금융 상품에 대해 상담을 받는 내용이다. 이에 대한 옳은 설명을 모두 고른 것은?

> 이경제씨 : 저기 1,000만 원을 예금하려고 합니다.
> 정기 예금 상품을 좀 추천해 주시겠습니까?
> 은행직원 : 원금에만 연 5%의 금리가 적용되는 A 상품과 원금뿐만 아니라 이자에 대해서도 연 4.5%의 금리가
> 적용되는 B 상품이 있습니다. 예금 계약 기간은 고객님께서 연 단위로 정하실 수 있습니다.

> ㉠ 이경제씨는 요구불 예금에 가입하고자 한다.
> ㉡ 이경제씨는 간접 금융 시장에 참여하고자 한다.
> ㉢ A 상품은 복리, B 상품은 단리가 적용된다.
> ㉣ 예금 계약 기간에 따라 이경제씨의 정기 예금 상품에 대한 합리적 선택은 달라질 수 있다.

① ㉠㉡ ② ㉠㉢
③ ㉡㉢ ④ ㉡㉣
⑤ ㉢㉣

✔ **해설** ㉠ 정기 예금은 저축성 예금에 해당한다.
㉢ A는 단리, B는 복리가 적용된 정기 예금 상품이다.

11 다음은 어느 레스토랑의 3C분석 결과이다. 이 결과를 토대로 하여 향후 해결해야 할 전략과제를 선택하고자 할 때 적절하지 않은 것은?

3C	상황 분석
고객 / 시장(Customer)	• 식생활의 서구화 • 유명브랜드와 기술제휴 지향 • 신세대 및 뉴패밀리 층의 출현 • 포장기술의 발달
경쟁 회사(Competitor)	• 자유로운 분위기와 저렴한 가격 • 전문 패밀리 레스토랑으로 차별화 • 많은 점포수 • 외국인 고용으로 인한 외국인 손님 배려
자사(company)	• 높은 가격대 • 안정적 자금 공급 • 업계 최고의 시장점유율 • 고객증가에 따른 즉각적 응대의 한계

① 원가 절감을 통한 가격 조정

② 유명브랜드와의 장기적인 기술제휴

③ 즉각적인 응대를 위한 인력 증대

④ 안정적인 자금 확보를 위한 자본구조 개선

⑤ 포장기술 발달을 통한 레스토랑 TO GO 점포 확대

✔ 해설 '안정적 자금 공급'이 자사의 강점이기 때문에 '안정적인 자금 확보를 위한 자본구조 개선'은 향후 해결해야 할 과제에 속하지 않는다.

12 다음은 특보의 종류 및 기준에 관한 자료이다. ㉠과 ㉡의 상황에 어울리는 특보를 올바르게 짝지은 것은?

〈특보의 종류 및 기준〉

종류	주의보	경보
강풍	육상에서 풍속 14m/s 이상 또는 순간풍속 20m/s 이상이 예상될 때. 다만, 산지는 풍속 17m/s 이상 또는 순간풍속 25m/s 이상이 예상될 때	육상에서 풍속 21m/s 이상 또는 순간풍속 26m/s 이상이 예상될 때. 다만, 산지는 풍속 24m/s 이상 또는 순간풍속 30m/s 이상이 예상될 때
호우	6시간 강우량이 70mm 이상 예상되거나 12시간 강우량이 110mm 이상 예상될 때	6시간 강우량이 110mm 이상 예상되거나 12시간 강우량이 180mm 이상 예상될 때
태풍	태풍으로 인하여 강풍, 풍랑, 호우 현상 등이 주의보 기준에 도달할 것으로 예상될 때	태풍으로 인하여 풍속이 17m/s 이상 또는 강우량이 100mm 이상 예상될 때. 다만, 예상되는 바람과 비의 정도에 따라 아래와 같이 세분한다.
폭염	6월~9월에 일최고기온이 33℃ 이상이고, 일최고열지수가 32℃ 이상인 상태가 2일 이상 지속될 것으로 예상될 때	6월~9월에 일최고기온이 35℃ 이상이고, 일최고열지수가 41℃ 이상인 상태가 2일 이상 지속될 것으로 예상될 때

	3급	2급	1급
바람(m/s)	17~24	25~32	33이상
비(mm)	100~249	250~399	400이상

㉠ 태풍이 남해안에 상륙하여 울산지역에 270mm의 비와 함께 풍속 26m/s의 바람이 예상된다.

㉡ 지리산에 오후 3시에서 오후 9시 사이에 약 130mm의 강우와 함께 순간풍속 28m/s가 예상된다.

	㉠	㉡
①	태풍경보 1급	호우주의보
②	태풍경보 2급	호우경보 + 강풍주의보
③	태풍주의보	강풍주의보
④	태풍경보 2급	호우경보 + 강풍경보
⑤	태풍경보 1급	강풍주의보

✔ **해설**　㉠ : 태풍경보 표를 보면 알 수 있다. 비가 270mm이고 풍속 26m/s에 해당하는 경우는 태풍경보 2급이다.

㉡ : 6시간 강우량이 130mm 이상 예상되므로 호우경보에 해당하며 산지의 경우 순간풍속 28m/s 이상이 예상되므로 강풍주의보에 해당한다.

13 다음 진술이 참이 되기 위해 꼭 필요한 전제를 〈보기〉에서 고르면?

> 반장은 반에서 인기가 많다.

〈보기〉
- ㉠ 머리가 좋은 친구 중 몇 명은 반에서 인기가 많다.
- ㉡ 얼굴이 예쁜 친구 중 몇 명은 반에서 인기가 많다.
- ㉢ 반장은 머리가 좋다.
- ㉣ 반장은 얼굴이 예쁘다.
- ㉤ 머리가 좋거나 얼굴이 예쁘면 반에서 인기가 많다.
- ㉥ 머리가 좋고 얼굴이 예쁘면 반에서 인기가 많다.

① ㉠㉢   ② ㉡㉣
③ ㉢㉥   ④ ㉣㉤
⑤ ㉣㉥

✔ **해설** 반장은 머리가 좋다. 또는 반장은 얼굴이 예쁘다(㉢ 또는 ㉣).
머리가 좋거나 얼굴이 예쁘면 반에서 인기가 많다(㉤).
∴ 반장은 반에서 인기가 많다.
※ ㉥의 경우 머리도 좋고 얼굴도 예뻐야 반에서 인기가 많다는 의미이므로 주어진 진술이 반드시 참이 되지 않는다.

14 갑과 을, 병 세 사람은 면세점에서 A, B, C 브랜드 중 하나의 가방을 각각 구입하려고 한다. 소비자들이 가방을 구매하는데 고려하는 것은 브랜드명성, 디자인, 소재, 경제성의 네 가지 속성이다. 각 속성에 대한 평가는 0부터 10까지의 점수로 주어지며, 점수가 높을수록 소비자를 더 만족시킨다고 한다. 각 브랜드의 제품에 대한 평가와 갑, 을, 병 각자의 제품을 고르는 기준이 다음과 같을 때, 소비자들이 구매할 제품으로 바르게 짝지어진 것은?

〈브랜드별 소비자 제품평가〉

	A 브랜드	B 브랜드	C 브랜드
브랜드명성	10	7	7
경제성	4	8	5
디자인	8	6	7
소재	9	6	3

※ 각 평가에 부여하는 가중치 : 브랜드명성(0.4), 경제성(0.3), 디자인(0.2), 소재(0.1)

〈소비자별 구매기준〉

갑 : 가중치가 높은 순으로 가장 좋게 평가된 제품을 선택한다.

을 : 모든 속성을 가중치에 따라 평가(점수×가중치)하여 종합적으로 가장 좋은 대안을 선택한다.

병 : 모든 속성이 4점 이상인 제품을 선택한다. 2가지 이상이라면 디자인 점수가 높은 제품을 선택한다.

	갑	을	병			갑	을	병
①	A	A	A		②	A	A	B
③	A	B	C		④	B	C	B
⑤	B	A	B					

✔해설 ㉠ 갑 : 가중치가 가장 높은 브랜드명성이 가장 좋게 평가된 A 브랜드 제품을 선택한다.

㉡ 을 : 각 제품의 속성을 가중치에 따라 평가하면 다음과 같다.

A : $10(0.4)+4(0.3)+8(0.2)+9(0.1)=4+1.2+1.6+0.9=7.7$

B : $7(0.4)+8(0.3)+6(0.2)+6(0.1)=2.8+2.4+1.2+0.6=7$

C : $7(0.4)+5(0.3)+7(0.2)+3(0.1)=2.8+1.5+1.4+0.3=6$

∴ A 브랜드 제품을 선택한다.

㉢ 병 : 모든 속성이 4점 이상인 A, B 브랜드 중 디자인 점수가 더 높은 A 브랜드 제품을 선택한다.

❚15~16❚ 다음 글은 어린이집 입소기준에 대한 규정이다. 다음 글을 읽고 물음에 답하시오.

어린이집 입소기준
• 어린이집의 장은 당해시설에 결원이 생겼을 때마다 '명부 작성방법' 및 '입소 우선순위'를 기준으로 작성된 명부의 선 순위자를 우선 입소조치 한다.

명부작성방법
• 동일 입소신청자가 1·2순위 항목에 중복 해당되는 경우, 해당 항목별 점수를 합하여 점수가 높은 순으로 명부를 작성함
• 1순위 항목당 100점, 2순위 항목당 50점 산정
 – 다만, 2순위 항목만 있는 경우 점수합계가 1순위 항목이 있는 자보다 같거나 높더라도 1순위 항목이 있는 자보다 우선순위가 될 수 없으며, 1순위 항목점수가 동일한 경우에 한하여 2순위 항목에 해당될 경우 추가합산 가능함
• 영유아 2자녀 이상 가구가 동일 순위일 경우 다자녀가구 자녀가 우선입소
• 대기자 명부 조정은 매분기 시작 월 1일을 기준으로 함

입소 우선순위
• 1순위
 – 국민기초생활보장법에 따른 수급자
 – 국민기초생활보장법 제24조의 규정에 의한 차상위계층의 자녀
 – 장애인 중 보건복지부령이 정하는 장애 등급 이상에 해당하는 자의 자녀
 – 아동복지시설에서 생활 중인 영유아
 – 다문화가족의 영유아
 – 자녀가 3명 이상인 가구 또는 영유아가 2자녀 가구의 영유아
 – 산업단지 입주기업체 및 지원기관 근로자의 자녀로서 산업 단지에 설치된 어린이집을 이용하는 영유아
• 2순위
 – 한부모 가족의 영유아
 – 조손 가족의 영유아
 – 입양된 영유아

15 어린이집에 근무하는 A씨가 접수합계를 내보니, 두 영유아가 1순위 항목에서 동일한 점수를 얻었다. 이 경우에는 어떻게 해야 하는가?

① 두 영유아 모두 입소조치 한다.
② 다자녀가구 자녀를 우선 입소조치 한다.
③ 한부모 가족의 영유아를 우선 입소조치 한다.
④ 2순위 항목에 해당될 경우 1순위 항목에 추가합산 한다.
⑤ 두 영유아 모두 입소조치 하지 않는다.

> ✔ **해설** 명부작성방법에서 1순위 항목점수가 동일한 경우에 한하여 2순위 항목에 해당될 경우 추가합산 가능하다고 나와 있다.

16 다음에 주어진 영유아들의 입소순위로 높은 것부터 나열한 것은?

> ㉠ 혈족으로는 할머니가 유일하나, 현재는 아동복지시설에서 생활 중인 영유아
> ㉡ 아버지를 여의고 어머니가 근무하는 산업단지에 설치된 어린이집을 동생과 함께 이용하는 영유아
> ㉢ 동남아에서 건너온 어머니와 가장 높은 장애 등급을 가진 한국인 아버지가 국민기초생활보장법에 의한 차상위 계층에 해당되는 영유아

① ㉠ − ㉡ − ㉢
② ㉡ − ㉠ − ㉢
③ ㉡ − ㉢ − ㉠
④ ㉢ − ㉠ − ㉡
⑤ ㉢ − ㉡ − ㉠

> ✔ **해설** ㉢ 300점
> ㉡ 250점
> ㉠ 150점

17

> • 수학을 못하는 사람은 영어도 못한다.
> • 국어를 못하는 사람은 미술도 못한다.
> • 영어를 잘하는 사람은 미술도 잘한다.

> A : 수학을 잘하는 사람은 영어를 잘한다.
> B : 영어를 잘하는 사람은 국어를 잘한다.

① A만 옳다.　　　　　　　　　② B만 옳다.

③ A와 B 모두 옳다.　　　　　　④ A와 B 모두 그르다.

⑤ A와 B 모두 옳은지 그른지 알 수 없다.

✔해설　각 조건의 대우는 다음과 같다.
　　• 영어를 잘하는 사람은 수학도 잘한다.
　　• 미술을 잘하는 사람은 국어도 잘한다.
　　• 미술을 못하는 사람은 영어도 못한다.
　　주어진 세 번째 조건과, 두 번째 조건의 대우를 연결하면 '영어를 잘하는 사람은 미술을 잘하고, 미술을 잘하는 사람은 국어도 잘한다'가 되므로 B는 옳다. A는 알 수 없다.

18

> • 날씨가 시원하면 기분이 좋다.
> • 배고프면 라면이 먹고 싶다.
> • 기분이 좋으면 마음이 차분하다.
> • '마음이 차분하면 배고프다'는 명제는 참이다.

> A : 날씨가 시원하면 라면이 먹고 싶다.
> B : 배고프면 마음이 차분하다.

① A만 옳다.　　　　　　　　　② B만 옳다.

③ A와 B 모두 옳다.　　　　　　④ A와 B 모두 그르다.

⑤ A와 B 모두 옳은지 그른지 알 수 없다.

✔해설　날씨가 시원함 → 기분이 좋음 → 마음이 차분함 → 배고픔 → 라면이 먹고 싶음
　　따라서 A만 옳다.

19

> • 과일 A에는 씨가 2개, 과일 B에는 씨가 1개 있다.
> • 철수와 영수는 각각 과일 4개씩을 먹었다.
> • 철수는 영수보다 과일 A를 1개 더 먹었다.
> • 철수는 같은 수로 과일 A와 B를 먹었다.

> A : 영수는 B과일을 3개 먹었다.
> B : 두 사람이 과일을 다 먹고 나온 씨의 개수 차이는 1개이다.

① A만 옳다.

② B만 옳다.

③ A와 B 모두 옳다.

④ A와 B 모두 그르다.

⑤ A와 B 모두 옳은지 그른지 알 수 없다.

✔ **해설** 철수는 같은 수로 과일 A와 B를 먹었으므로 각각 2개씩 먹었다는 것을 알 수 있다. 철수는 영수보다 과일 A를
1개 더 먹었으므로, 영수는 과일 A를 1개 먹었다.

	A과일	B과일	씨의 개수
철수	2개	2개	6개
영수	1개	3개	5개

20 다음은 화재손해 발생 시 지급 보험금 산정방법과 피보험물건의 보험금액 및 보험가액에 대한 자료이다. 다음 조건에 따를 때, 지급 보험금이 가장 많은 피보험물건은?

〈표1〉 지급 보험금 산정방법

피보험물건의 유형	조건	지급 보험금
일반물건, 창고물건, 주택	보험금액 ≥ 보험가액의 80%	손해액 전액
	보험금액 < 보험가액의 80%	손해액 $\times \dfrac{보험금액}{보험가액의\ 80\%}$
공장물건, 동산	보험금액 ≥ 보험가액	손해액 전액
	보험금액 < 보험가액	손해액 $\times \dfrac{보험금액}{보험가액}$

※ 보험금액은 보험사고가 발생한 때에 보험회사가 피보험자에게 지급해야 하는 금액의 최고한도를 말한다.

※ 보험가액은 보험사고가 발생한 때에 피보험자에게 발생 가능한 손해액의 최고한도를 말한다.

〈표2〉 피보험물건의 보험금액 및 보험가액

피보험물건	피보험물건 유형	보험금액	보험가액	손해액
甲	동산	7천만 원	1억 원	6천만 원
乙	일반물건	8천만 원	1억 원	8천만 원
丙	창고물건	6천만 원	7천만 원	9천만 원
丁	공장물건	9천만 원	1억 원	6천만 원
戊	주택	6천만 원	8천만 원	8천만 원

① 甲   ② 乙

③ 丙   ④ 丁

⑤ 戊

✔ **해설**

① 甲 : 6천만 원 $\times \dfrac{7천만\ 원}{1억\ 원} = 4,200$만 원

② 乙 : 손해액 전액이므로 8,000만 원

③ 丙 : 손해액 전액이므로 9,000만 원

④ 丁 : 6천만 원 $\times \dfrac{9천만\ 원}{1억\ 원} = 5,400$만 원

⑤ 戊 : 8천만 원 $\times \dfrac{6천만\ 원}{6,400만\ 원} = 7,500$만 원

21 G회사에 근무하는 박과장과 김과장은 점심시간을 이용해 과녁 맞추기를 하였다. 다음 〈조건〉에 근거하여 〈점수표〉의 빈칸을 채울 때 박과장과 김과장의 최종점수가 될 수 있는 것은?

〈조건〉

- 과녁에는 0점, 3점, 5점이 그려져 있다.
- 박과장과 김과장은 각각 10개의 화살을 쏘았고, 0점을 맞힌 화살의 개수만 〈점수표〉에 기록이 되어 있다.
- 최종 점수는 각 화살이 맞힌 점수의 합으로 한다.
- 박과장과 김과장이 쏜 화살 중에는 과녁 밖으로 날아간 화살은 없다.
- 박과장과 김과장이 5점을 맞힌 화살의 개수는 동일하다.

〈점수표〉

점수	박과장의 화살 수	김과장의 화살 수
0점	3	2
3점		
5점		

	박과장의 최종점수	김과장의 최종점수
①	25	29
②	26	29
③	27	30
④	28	30
⑤	29	30

✔ 해설 5점을 맞힌 화살의 개수가 동일하다고 했으므로 5점의 개수에 따라 점수를 정리하면 다음과 같다.

	1개	2개	3개	4개	5개	6개	7개
박과장	$5+18=23$	$10+15=25$	$15+12=27$	$20+9=29$	$25+6=31$	$30+3=33$	$35+0=35$
김과장	$5+21=26$	$10+18=28$	$15+15=30$	$20+12=32$	$25+9=34$	$30+6=36$	$35+3=38$

22 다음 〈조건〉에 따를 때 바나나우유를 구매한 사람을 바르게 짝지은 것은?

〈조건〉

- 남은 우유는 10개이며, 흰우유, 초코우유, 바나나우유, 딸기우유, 커피우유 각각 두 개 씩 남아 있다.
- 독미, 민희, 영진, 호섭 네 사람이 남은 열 개의 우유를 모두 구매하였으며, 이들이 구매한 우유의 수는 모두 다르다.
- 우유를 전혀 구매하지 않은 사람은 없으며, 같은 종류의 우유를 두 개 구매한 사람도 없다.
- 독미와 영진이가 구매한 우유 중에 같은 종류가 하나 있다.
- 영진이와 민희가 구매한 우유 중에 같은 종류가 하나 있다.
- 독미와 민희가 동시에 구매한 우유의 종류는 두 가지이다.
- 독미는 딸기우유와 바나나우유는 구매하지 않았다.
- 영진이는 흰우유와 커피우유는 구매하지 않았다.
- 호섭이는 딸기우유를 구매했다.
- 민희는 총 네 종류의 우유를 구매했다.

---

① 민희, 호섭

② 독미, 영진

③ 민희, 영진

④ 영진, 호섭

⑤ 독미, 민희

✔해설 독미는 민희와 같은 종류의 우유를 2개 구매하였고, 영진이와도 같은 종류의 우유를 하나 구매하였다. 따라서 독미는 우유를 3개 이상을 구매하게 되는데 딸기우유와 바나나우유를 구매하지 않았다고 했으므로 흰우유, 초코우유, 커피우유를 구매했다. 독미와 영진이가 구매한 우유 중에 같은 종류가 하나 있다고 하였고 영진이가 흰우유와 커피우유를 구매하지 않았다고 하였으므로 영진이는 초코우유를 구매했다. 이로서 초코우유는 독미와 영진이가 구매하였고, 민희는 4종류의 우유를 구매했다고 했으므로 초코우유를 제외한 흰우유, 바나나우유, 딸기우유, 커피우유를 구매하였다. 민희와 영진이가 구매한 우유 중에 같은 종류가 하나 있다고 하였는데 그 우유가 바나나우유이다. 따라서 바나나우유를 구매한 사람은 민희와 영진이다.

23 다음은 공공기관을 구분하는 기준이다. 다음 규정에 따라 각 기관을 구분한 결과가 옳지 않은 것은?

〈공공기관의 구분〉

제00조 제1항
공공기관을 공기업·준정부기관과 기타공공기관으로 구분하여 지정한다. 직원 정원이 50인 이상인 공공기관은 공기업 또는 준정부기관으로, 그 외에는 기타공공기관으로 지정한다.

제00조 제2항
제1항의 규정에 따라 공기업과 준정부기관을 지정하는 경우 자체수입액이 총수입액의 2분의 1 이상인 기관은 공기업으로, 그 외에는 준정부기관으로 지정한다.

제00조 제3항
제1항 및 제2항의 규정에 따른 공기업을 다음의 구분에 따라 세분하여 지정한다.
• 시장형 공기업 : 자산규모가 2조 원 이상이고, 총 수입액 중 자체수입액이 100분의 85 이상인 공기업
• 준시장형 공기업 : 시장형 공기업이 아닌 공기업

〈공공기관의 현황〉

공공기관	직원 정원	자산규모	자체수입비율
A	70명	4조 원	90%
B	45명	2조 원	50%
C	65명	1조 원	55%
D	60명	1.5조 원	45%
E	40명	2조 원	60%

※ 자체수입비율 : 총 수입액 대비 자체수입액 비율

① A – 시장형 공기업

② B – 기타공공기관

③ C – 준정부기관

④ D – 준정부기관

⑤ E – 기타공공기관

✔ **해설** ③ C는 정원이 50명이 넘으므로 기타공공기관이 아니며, 자체수입비율이 55%이므로 자체수입액이 총수입액의 2분의 1 이상이기 때문에 공기업이다. 시장형 공기업 조건에 해당하지 않으므로 C는 준시장형 공기업이다.

24 다음 〈쓰레기 분리배출 규정〉을 준수한 것은?

〈쓰레기 분리배출 규정〉

• 배출 시간 : 수거 전날 저녁 7시~수거 당일 새벽 3시까지(월요일~토요일에만 수거함)
• 배출 장소 : 내 집 앞, 내 점포 앞
• 쓰레기별 분리배출 방법
  − 일반 쓰레기 : 쓰레기 종량제 봉투에 담아 배출
  − 음식물 쓰레기 : 단독주택의 경우 수분 제거 후 음식물 쓰레기 종량제 봉투에 담아서, 공동주택의 경우 음식물 전용용기에 담아서 배출
  − 재활용 쓰레기 : 종류별로 분리하여 투명 비닐봉투에 담아 묶어서 배출
    ① 1종(병류)
    ② 2종(캔, 플라스틱, 페트병 등)
    ③ 3종(폐비닐류, 과자 봉지, 1회용 봉투 등)
      ※ 1종과 2종의 경우 뚜껑을 제거하고 내용물을 비운 후 배출
      ※ 종이류 / 박스 / 스티로폼은 각각 별도로 묶어서 배출
  − 폐가전 · 폐가구 : 폐기물 스티커를 부착하여 배출
• 종량제 봉투 및 폐기물 스티커 구입 : 봉투판매소

---

① 甲은 토요일 저녁 8시에 일반 쓰레기를 쓰레기 종량제 봉투에 담아 자신의 집 앞에 배출하였다.

② 공동주택에 사는 乙은 먹다 남은 찌개를 그대로 음식물 쓰레기 종량제 봉투에 담아 주택 앞에 배출하였다.

③ 丙은 투명 비닐봉투에 캔과 스티로폼을 함께 담아 자신의 집 앞에 배출하였다.

④ 戊는 집에서 쓰던 냉장고를 버리기 위해 폐기물 스티커를 구입 후 부착하여 월요일 저녁 9시에 자신의 집 앞에 배출하였다.

⑤ 丁은 금요일 낮 3시에 병과 플라스틱을 분리하여 투명 비닐봉투에 담아 묶어서 배출하였다.

✔해설 ① 배출 시간은 수거 전날 저녁 7시부터 수거 당일 새벽 3시까지인데 일요일은 수거하지 않으므로 토요일 저녁 8시에 쓰레기를 내놓은 甲은 규정을 준수했다고 볼 수 없다.
② 공동주택에서 음식물 쓰레기를 배출할 경우 음식물 전용용기에 담아서 배출해야 한다.
③ 스티로폼은 별도로 묶어서 배출해야 하는 품목이다.
⑤ 저녁 7시부터 새벽 3시까지 배출해야 한다.

25 다음 글의 내용이 모두 참일 때 반드시 참인 것만을 모두 고른 것은?

A부서에서는 올해부터 직원을 선정하여 국외 연수를 보내기로 하였다. 선정 결과 동근, 현구, 상민이 미국, 중국, 프랑스에 한 명씩 가기로 하였다. A부서에 근무하는 갑 ~ 정은 다음과 같이 예측을 하였다.

갑 : 동근씨는 미국에 가고 현구씨는 프랑스에 갈 거야.
을 : 현구씨가 프랑스에 가지 않으면, 동근씨는 미국에 가지 않을 거야.
병 : 현구씨가 프랑스에 가고 상민씨가 중국에 가는 그런 경우는 없을 거야.
정 : 상민씨는 중국에 가지 않고 동근씨는 미국에 가지 않을 거야.

하지만 을의 예측과 병의 예측 중 적어도 한 예측은 그르다는 것과 네 예측 중 두 예측은 옳고 나머지 두 예측은 그르다는 것이 밝혀졌다.

㉠ 동근씨는 미국에 간다.
㉡ 현구씨는 프랑스에 가지 않는다.
㉢ 상민씨는 중국에 가지 않는다.

① ㉠   ② ㉡
③ ㉠㉢   ④ ㉡㉢
⑤ ㉠㉡㉢

✔해설 만약 을의 예측이 맞고 병의 예측이 그르다고 한다면, 현구씨는 프랑스에 가고, 상민씨는 중국에 가는 것이 된다. 이렇게 되면 정의 예측은 그르다가 되고, 갑의 예측은 옳은 것이 된다.
만약 병의 예측이 맞고 을의 예측이 그르다고 한다면, 동근씨는 미국에 가게 되므로 정의 예측은 그르다가 된다. 그러면 갑, 을, 정의 예측이 모두 그르다가 되므로 조건이 성립되지 않는다.
정리를 하면, 갑의 예측은 옳은 것이므로 동근씨는 미국에 가고 현구씨는 프랑스에 가고, 상민씨는 중국에 간다.

사회통합프로그램이란 국내 이민자가 법무부장관이 정하는 소정의 교육과정을 이수하도록 하여 건전한 사회구성원으로 적응·자립할 수 있도록 지원하고 국적취득, 체류허가 등에 있어서 편의를 주는 제도이다. 프로그램의 참여대상은 대한민국에 체류하고 있는 결혼이민자 및 일반이민자(동포, 외국인근로자, 유학생, 난민 등)이다. 사회통합프로그램의 교육과정은 '한국어과정'과 '한국사회이해과정'으로 구성된다. 신청자는 우선 한국어능력에 대한 사전평가를 받고, 그 평가점수에 따라 한국어과정 또는 한국사회이해과정에 배정된다.

일반이민자로서 참여를 신청한 자는 사전평가 점수에 의해 배정된 단계로부터 6단계까지 순차적으로 교육과정을 이수하여야 한다. 한편 결혼이민자로서 참여를 신청한 자는 4~5단계를 면제받는다. 예를 들어 한국어과정 2단계를 배정받은 결혼이민자는 3단계까지 완료한 후 바로 6단계로 진입한다. 다만 결혼이민자의 한국어능력 강화를 위하여 2013년 1월 1일부터 신청한 결혼이민자에 대해서는 한국어과정 면제제도를 폐지하여 일반이민자와 동일하게 프로그램을 운영한다.

〈과정 및 이수시간(2012년 12월 기준)〉

구분		1단계	2단계	3단계	4단계	5단계	6단계
과정		한국어					한국사회 이해
		기초	초급 1	초급 2	중급 1	중급 2	
이수시간		15시간	100시간	100시간	100시간	100시간	50시간
사전평가 점수	일반 이민자	0~10점	11~29점	30~49점	50~69점	70~89점	90~100점
	결혼 이민자	0~10점	11~29점	30~49점	면제		50~100점

① 2012년 12월에 사회통합프로그램을 신청한 결혼이민자 A는 한국어과정을 최소 100시간 이수하여야 한다.

② 2013년 1월에 사회통합프로그램을 신청하여 사전평가에서 95점을 받은 외국인근로자 B는 한국어과정을 이수하여야 한다.

③ 난민 인정을 받은 후 2012년 11월에 사회통합프로그램을 신청한 C는 한국어과정과 한국사회이해과정을 동시에 이수할 수 있다.

④ 2013년 2월에 사회통합프로그램 참여를 신청한 결혼이민자 D는 한국어과정 3단계를 완료한 직후 한국사회이해과정을 이수하면 된다.

⑤ 2012년 12월에 사회통합프로그램을 신청하여 사전평가에서 77점을 받은 유학생 E는 사회통합프로그램 교육과정을 총 150시간 이수하여야 한다.

 ① 2012년 12월에 사회통합프로그램을 신청한 결혼이민자 A는 사전평가 점수에 따라 한국어과정이 면제될 수 있다.

② 2013년 1월에 사회통합프로그램을 신청하여 사전평가에서 95점을 받은 외국인근로자 B는 한국사회이해과정을 이수하여야 한다.

③ 일반이민자로서 참여를 신청한 자는 사전평가 점수에 의해 배정된 단계로부터 6단계까지 순차적으로 교육과정을 이수하여야 한다고 언급하고 있다.

④ 2013년 1월 1일부터 신청한 결혼이민자에 대해서는 한국어과정 면제제도를 폐지하여 일반이민자와 동일하게 프로그램을 운영한다고 하였으므로 D는 한국어과정 3단계 완료 후 4, 5단계를 완료해야 6단계를 이수할 수 있다.

27 다음 글의 내용이 참일 때, 반드시 거짓인 것은?

> • 착한 사람들 중에서 똑똑한 여자는 모두 인기가 많다.
> • 똑똑한 사람들 중에서 착한 남자는 모두 인기가 많다.
> • "인기가 많지 않지만 멋진 남자가 있다"라는 말은 거짓이다.
> • 영희는 멋지지 않지만 똑똑한 여자이다.
> • 철수는 인기는 많지 않지만 착한 남자이다.
> • 여자든 남자든 당연히 사람이다.

① 철수는 똑똑하지 않다.

② 철수는 멋지거나 똑똑하다.

③ 똑똑하지만 멋지지 않은 사람이 있다.

④ 영희가 인기가 많지 않다면, 그녀는 착하지 않다.

⑤ "똑똑하지만 인기가 많지 않은 여자가 있다"라는 말이 거짓이라면, 영희는 인기가 많다.

 • 착한 사람들 중에서 똑똑한 여자는 모두 인기가 많다. → 착함, 똑똑, 여자 → 인기 多
• 똑똑한 사람들 중에서 착한 남자는 모두 인기가 많다. → 똑똑, 착함, 남자 → 인기 多
• "인기가 많지 않지만 멋진 남자가 있다"라는 말은 거짓이다. → 멋진 남자 → 인기 多
• 영희는 멋지지 않지만 똑똑한 여자이다. → 멋지지 않음, 똑똑, 여자 → 영희
• 철수는 인기는 많지 않지만 착한 남자이다. → 인기 없음, 착함, 남자 → 철수 → 똑똑 못함
① 참, ② 거짓, ③ 참, ④ 참, ⑤ 참

28 다음 글의 내용이 참일 때 반드시 참이라고 할 수 없는 것은?

- 철이는 영이를 좋아하거나 돌이는 영이를 좋아하거나 석이가 영이를 좋아한다.
- 물론 철이, 돌이, 석이가 동시에 영이를 좋아할 수도 있고, 그들 중 어느 두 사람이 영이를 좋아할 수도 있다.
- 다시 말해서 철이, 돌이, 석이 중 적어도 한 사람은 영이를 좋아한다.
- 그런데 철이가 영이를 좋아한다면 영이는 건강한 여성임이 분명하다.
- 그리고 돌이가 좋아하는 사람은 모두 능력이 있는 사람이다.
- 영이가 원만한 성격의 소유자인 경우에만 석이는 영이를 좋아한다.

① 영이는 건강한 여성이거나 능력이 있거나 또는 원만한 성격의 소유자이다.

② 철이와 석이 둘 다 영이를 좋아하지 않는다면, 영이는 능력이 있는 사람이다.

③ 영이가 건강한 여성이 아니라면, 돌이는 영이를 좋아하거나 석이가 영이를 좋아한다.

④ 영이가 원만한 성격의 소유자라면, 철이와 돌이 둘 모두 영이를 좋아하지 않는다.

⑤ 돌이가 영이를 좋아하지 않는다면, 영이는 건강한 여성이거나 원만한 성격의 소유자이다.

✔ 해설 글의 내용을 분석해 보면 철이, 돌이, 석이 중 적어도 한 사람은 영이를 좋아한다.
철이가 영이를 좋아한다면 영이는 건강한 여성이다.
돌이가 영이를 좋아한다면 영이는 능력 있는 사람이다.
석이가 영이를 좋아한다면 영이는 원만한 성격의 소유자이다.
① 참
② 참
③ 참
④ 거짓(철이와 돌이가 둘 다 좋아할 수도 있음)
⑤ 참

평범한 사람들은 어떤 행위가 의도적이었는지의 여부를 어떻게 판단할까? 다음 사례를 생각해보자.

사례 1 : "새로운 사업을 시작하면 수익을 창출할 것이지만, 환경에 해를 끼치게 될 것입니다."하는 보고를 받은 어느 회사의 사장은 다음과 같이 대답을 하였다. "환경에 해로운지 따위는 전혀 신경 쓰지 않습니다. 가능한 한 많은 수익을 내기를 원할 뿐입니다. 그 사업을 시작합시다." 회사는 새로운 사업을 시작하였고, 환경에 해를 입혔다.

사례 2 : "새로운 사업을 시작하면 수익을 창출할 것이고, 환경에 도움이 될 것입니다"라는 보고를 받은 어느 회사의 사장은 다음과 같이 대답하였다. "환경에 도움이 되는지 따위는 전혀 신경 쓰지 않습니다. 가능한 한 많은 수익을 내기를 원할 뿐입니다. 그 사업을 시작합시다." 회사는 새로운 사업을 시작했고, 환경에 도움이 되었다.

위 사례들에서 사장이 가능한 한 많은 수익을 내는 것을 의도했다는 것은 분명하다. 그렇다면 사례 1의 사장은 의도적으로 환경에 해를 입혔는가? 사례 2의 사장은 의도적으로 환경에 도움을 주었는가? 일반인을 대상으로 한 설문조사 결과, 사례 1의 경우 '의도적으로 환경에 해를 입혔다.'고 답한 사람은 82%에 이르렀지만, 사례 2의 경우 '의도적으로 환경에 도움을 주었다.'고 답한 사람은 23%에 불과하였다. 따라서 특정 행위 결과를 행위자가 의도했는가에 대한 사람들의 판단은 그 행위 결과의 도덕성 여부에 대한 판단에 의존한다고 결론을 내릴 수 있다.

㉠ 위 설문조사에 응한 사람들의 대부분이 환경에 대한 영향과 도덕성은 무관하다고 생각한다는 사실은 위 논증을 약화한다.

㉡ 위 설문조사 결과는, 부도덕한 의도를 가지고 부도덕한 결과를 낳는 행위를 한 행위자가 그런 의도 없이 같은 결과를 낳는 행위를 한 행위자보다 그 행위 결과에 대해 더 큰 도덕적 책임을 갖는다는 것을 지지한다.

㉢ 두 행위자가 동일한 부도덕한 결과를 의도했음이 분명한 경우, 그러한 결과를 달성하지 못한 행위자는 도덕적 책임을 갖지 않지만 그러한 결과를 달성한 행위자는 도덕적 책임을 갖는다고 판단하는 사람이 많다는 사실은 위 논증을 강화한다.

① ㉠   ② ㉡

③ ㉠㉢   ④ ㉡㉢

⑤ ㉠㉡㉢

✔해설 내용을 잘 읽어보면 '특정 행위 결과를 행위자가 의도했는가에 대한 사람들의 판단은 그 행위 결과의 도덕적 여부에 대한 판단에 의존한다'가 결론임을 알 수 있다.

㉡의 경우 부도덕한 의도를 가지고 부도덕한 결과를 낳는 행위는 위 지문에 나와 있지 않으므로 무관한 내용이다.

㉢의 경우 두 행위자가 동일한 부도덕한 결과를 의도했음이 분명한 경우에 대한 내용이 위 지문에서 찾을 수 없으므로 무관한 내용이다.

ANSWER 28.④   29.①

> 이번에 우리 공장에서 발생한 화재사건에 대해 조사해 보았습니다. 화재의 최초 발생 장소는 A지역으로 추정됩니다. 화재의 원인에 대해서는 여러 가지 의견이 존재합니다.
>
> 첫째, 화재의 원인을 새로 도입한 기계 M의 오작동으로 보는 견해가 존재합니다. 만약 기계 M의 오작동이 화재의 원인이라면 기존에 같은 기계를 도입했던 X공장과 Y공장에서 이미 화재가 발생했을 것입니다. 확인 결과 이미 X공장에서 화재가 발생했었다는 것을 파악할 수 있었습니다.
>
> 둘째, 방화로 인한 화재의 가능성이 존재합니다. 만약 화재의 원인이 방화일 경우 감시카메라에 수상한 사람이 찍히고 방범용 비상벨이 작동했을 것입니다. 또한 방범용 비상벨이 작동했다면 당시 근무 중이던 경비원 갑이 B지역과 C지역 어느 곳으로도 화재가 확대되지 않도록 막았을 것입니다. B지역으로 화재가 확대되지는 않았고, 감시카메라에서 수상한 사람을 포착하여 조사 중에 있습니다.
>
> 셋째, 화재의 원인이 시설 노후화로 인한 누전일 가능성도 제기되고 있습니다. 화재의 원인이 누전이라면 기기관리자 을 또는 시설관리자 병에게 화재의 책임이 있을 것입니다. 만약 을에게 책임이 있다면 정에게는 책임이 없습니다.

> ㉠ 이번 화재 전에 Y공장에서 화재가 발생했어도 기계 M의 오작동이 화재의 원인은 아닐 수 있다.
> ㉡ 병에게 책임이 없다면, 정에게도 책임이 없다.
> ㉢ C지역으로 화재가 확대되었다면, 방화는 이번 화재의 원인이 아니다.
> ㉣ 정에게 이번 화재의 책임이 있다면, 시설 노후화로 인한 누전이 이번 화재의 원인이다.

① ㉠㉢
② ㉠㉣
③ ㉡㉣
④ ㉠㉡㉢
⑤ ㉡㉢㉣

✔ 해설 화재의 원인을 보는 견해를 정리해보면
- 화재의 원인이 새로 도입한 기계 M의 오작동이라면 → 기존에 같은 기계를 도입했던 X, Y공장에서 이미 화재가 났을 것이다. → 이미 X공장에서 화재가 났었다.
- 화재의 원인이 방화라면 → 감시카메라가 작동하고 수상한 사람이 찍히고 비상벨이 작동했을 것이다. → 비상벨이 작동했다면 경비원 갑이 B, C 지역 어느 곳으로도 화재가 확대되지 않도록 막았을 것이다. → B지역으로 화재가 확대되지 않았다. → 감시카메라에 수상한 사람이 포착되어 조사중이다.
- 화재의 원인이 시설 노후화로 인한 누전이라면 → 기기관리자 을 또는 시설관리자 병에게 책임이 있다. → 만약 을에게 책임이 있다면 정에게는 책임이 없다.
  - ㉠ 이번 화재 전에 Y공장에서 화재가 발생했어도 기계 M의 오작동이 화재의 원인은 아닐 수 있다. → 오작동 아니라도 화재의 위험이 있으므로 참이다.
  - ㉡ 병에게 책임이 없다면, 정에게도 책임이 없다. → 누전일 경우에만 해당되므로 거짓이다.
  - ㉢ C지역으로 화재가 확대되었다면, 방화는 이번 화재의 원인이 아니다. → 방화는 아니므로 참이다.
  - ㉣ 정에게 이번 화재의 책임이 있다면, 시설 노후화로 인한 누전이 이번 화재의 원인이다. → 누전이라는 사실이 도출되지 않으므로 거짓이다.

31 다음에 설명하고 있는 문제해결 방법은?

> 상이한 문화적 배경을 가지고 있는 구성원을 가정하고, 서로의 생각을 직설적으로 주장하고 논쟁이나 협상을 통해 서로의 의견을 조정해 가는 방법

① 소프트 어프로치
② 하드 어프로치
③ 퍼실리테이션
④ 3C 분석
⑤ 브레인스토밍

✔ **해설** ② 제시된 내용은 하드 어프로치에 대한 설명이다.
  ① 소프트 어프로치 : 문제해결을 위해서 직접적인 표현보다는 무언가를 시사하거나 암시를 통하여 의사를 전달하여 문제해결을 도모하고자 한다.
  ③ 퍼실리테이션(facilitation) : 촉진을 의미하며 어떤 그룹이나 집단이 의사결정을 잘 하도록 도와주는 일을 의미한다.
  ④ 3C 분석 : 환경 분석 방법의 하나로 사업 환경을 구성하고 있는 요소인 자사(Company), 경쟁사(Competitor), 고객(Customer)을 분석하는 것이다.
  ⑤ 브레인스토밍 : 구성원의 자유발언을 통해 최대한 많은 아이디어를 얻는 방법이다.

32 아이디어를 얻기 위해 의도적으로 시험할 수 있는 7가지 규칙인 SCAMPER 기법에 대한 설명으로 옳지 않은 것은?

① S : 기존의 것을 다른 것으로 대체해 보라.
② C : 제거해 보라.
③ A : 다른 데 적용해 보라.
④ M : 변경, 축소, 확대해 보라.
⑤ R : 거꾸로 또는 재배치해 보라.

✔ **해설** S = Substitute : 기존의 것을 다른 것으로 대체해 보라.
  C = Combine : A와 B를 합쳐 보라.
  A = Adapt : 다른 데 적용해 보라.
  M = Modify, Minify, Magnify : 변경, 축소, 확대해 보라.
  P = Put to other uses : 다른 용도로 써 보라.
  E = Eliminate : 제거해 보라.
  R = Reverse, Rearrange : 거꾸로 또는 재배치해 보라.

ANSWER 30.① 31.② 32.②

33 다음은 3C 분석을 위한 도표이다. 빈칸에 들어갈 질문으로 옳지 않은 것은?

구분	내용
고객/시장(Customer)	• 우리의 현재와 미래의 고객은 누구인가? • ㉠ • ㉡ • 시장의 주 고객들의 속성과 특성은 어떠한가?
경쟁사(Competitor)	• ㉢ • 현재의 경쟁사들의 강점과 약점은 무엇인가? • ㉣
자사(Company)	• 해당 사업이 기업의 목표와 일치하는가? • 기존 사업의 마케팅과 연결되어 시너지효과를 낼 수 있는가? • ㉤

① ㉠ : 새로운 경쟁사들이 시장에 진입할 가능성은 없는가?
② ㉡ : 성장 가능성이 있는 사업인가?
③ ㉢ : 고객들은 경쟁사에 대해 어떤 이미지를 가지고 있는가?
④ ㉣ : 경쟁사의 최근 수익률 동향은 어떠한가?
⑤ ㉤ : 인적 · 물적 · 기술적 자원을 보유하고 있는가?

✔**해설** ① 새로운 경쟁사들이 시장에 진입할 가능성은 경쟁사(Competitor) 분석에 들어가야 할 질문이다.

34 문제의 원인을 파고들거나 해결책을 구체화할 때 제한된 시간 안에서 넓이와 깊이를 추구하는 데 도움이 되는 기술로, 주요 과제를 나무 모양으로 분해 · 정리하는 기술은?

① Logic Tree
② Pro Tree
③ Tree Solution
④ Pedigree
⑤ Genogram

✔**해설** Logic Tree는 주요 과제를 나무 모양으로 분해 · 정리하여 문제의 원인을 파고들거나 해결책을 구체화할 때 제한된 시간 안에서 넓이와 깊이를 추구하는 데 도움이 되는 기술로, 문제 도출 단계에서 활용할 수 있다.

35 甲회사 인사부에 근무하고 있는 H부장은 각 과의 요구를 모두 충족시켜 신규직원을 배치하여야 한다. 각 과의 요구가 다음과 같을 때 홍보과에 배정되는 사람은 누구인가?

〈신규직원 배치에 대한 각 과의 요구〉
• 관리과 : 5급이 1명 배정되어야 한다.
• 홍보과 : 5급이 1명 배정되거나 6급이 2명 배정되어야 한다.
• 재무과 : B가 배정되거나 A와 E가 배정되어야 한다.
• 총무과 : C와 D가 배정되어야 한다.

〈신규직원〉
• 5급 2명(A, B)
• 6급 4명(C, D, E, F)

① A
② B
③ C와 D
④ D와 F
⑤ E와 F

✔ **해설** 주어진 조건을 보면 관리과와 재무과에는 반드시 각각 5급이 1명씩 배정되고, 총무과에는 6급 2명이 배정된다. 인원수를 따져보면 홍보과에는 5급을 배정할 수 없기 때문에 6급이 2명 배정된다. 6급 4명 중에 C와 D는 총무과에 배정되므로 홍보과에 배정되는 사람은 E와 F이다. 각 과별로 배정되는 사람을 정리하면 다음과 같다.

관리과	A
홍보과	E, F
재무과	B
총무과	C, D

36 다음 주어진 전제가 참일 때 결론으로 옳은 것은?

> [전제]
> • 사람을 좋아하는 사람은 동호회를 선호하는 사람이다.
> • 책을 좋아하는 사람은 동호회를 선호하지 않는 사람이다.
> • 나는 동호회를 선호하는 사람이다.
>
> [결론]
> • ________________________________

① 나는 사람과 책을 좋아한다.
② 나는 사람을 좋아하지 않는다.
③ 동호회를 선호하는 사람은 사람을 좋아한다.
④ 나는 책을 좋아하지 않는 사람이다.
⑤ 동호회를 선호하지 않는 사람은 책을 좋아한다.

✔해설 두 번째 전제의 대우인 '동호회를 선호하는 사람은 책을 좋아하지 않는다.'와 세 번째 전제인 '나는 동호회를 선호한다.'를 유추해 볼 때 '나는 책을 좋아하지 않는다.'의 결론을 내릴 수 있다.

37 '가, 나, 다, 라, 마가 일렬로 서 있다. 아래와 같은 조건을 만족할 때, '가'가 맨 왼쪽에 서 있을 경우, '나'는 몇 번째에 서 있는가?

> • '가'는 '다' 바로 옆에 서있다.
> • '나'는 '라'와 '마' 사이에 서있다.

① 첫 번째   ② 두 번째
③ 세 번째   ④ 네 번째
⑤ 다섯 번째

✔해설 문제 지문과 조건으로 보아 가, 다의 자리는 정해져 있다.

가	다			

나는 라와 마 사이에 있으므로 다음과 같이 두 가지 경우가 있을 수 있다.

라	나	마	마	나	라

따라서 가가 맨 왼쪽에 서 있을 때, 나는 네 번째에 서 있게 된다.

▮38~39▮ 다음은 ○○협회에서 주관한 학술세미나 일정에 관한 것으로 다음 세미나를 준비하는 데 필요한 일, 각각의 일에 걸리는 시간, 일의 순서 관계를 나타낸 표이다. 제시된 표를 바탕으로 물음에 답하시오. (단, 모든 작업은 동시에 진행할 수 없다)

▣ 세미나 준비 현황

구분	작업	작업시간(일)	먼저 행해져야 할 작업
가	세미나 장소 세팅	1	바
나	현수막 제작	2	다, 마
다	세미나 발표자 선정	1	라
라	세미나 기본계획 수립	2	없음
마	세미나 장소 선정	3	라
바	초청자 확인	2	라

38 현수막 제작을 시작하기 위해서는 최소 며칠이 필요하겠는가?

① 3일   ② 4일
③ 5일   ④ 6일
⑤ 7일

✔해설 현수막을 제작하기 위해서는 라, 다, 마가 선행되어야 한다. 따라서 세미나 기본계획 수립(2일) + 세미나 발표자 선정(1일) + 세미나 장소 선정(3일) = 최소한 6일이 소요된다.

39 세미나 기본계획 수립에서 세미나 장소 세팅까지 모든 작업을 마치는 데 필요한 시간은?

① 10일   ② 11일
③ 12일   ④ 13일
⑤ 14일

✔해설 각 작업에 걸리는 시간을 모두 더하면 총 11일이다.

ANSWER 36.④ 37.④ 38.④ 39.②

40 다음으로부터 바르게 추론한 것으로 옳은 것을 보기에서 고르면?

- 5개의 갑, 을, 병, 정, 무 팀이 있다.
- 현재 '갑'팀은 0개, '을'팀은 1개, '병'팀은 2개, '정'팀은 2개, '무'팀은 3개의 프로젝트를 수행하고 있다.
- 8개의 새로운 프로젝트 a, b, c, d, e, f, g, h를 5개의 팀에게 분배하려고 한다.
- 5개의 팀은 새로운 프로젝트 1개 이상을 맡아야 한다.
- 기존에 수행하던 프로젝트를 포함하여 한 팀이 맡을 수 있는 프로젝트 수는 최대 4개이다.
- 기존의 프로젝트를 포함하여 4개의 프로젝트를 맡은 팀은 2팀이다.
- 프로젝트 a, b는 한 팀이 맡아야 한다.
- 프로젝트 c, d, e는 한 팀이 맡아야 한다.

〈보기〉

㉠ a를 '을'팀이 맡을 수 없다.
㉡ f를 '갑'팀이 맡을 수 있다.
㉢ 기존에 수행하던 프로젝트를 포함해서 2개의 프로젝트를 맡는 팀이 있다.

① ㉠   ② ㉡

③ ㉢   ④ ㉠㉢

⑤ ㉡㉢

✔ **해설** ㉠ a를 '을'팀이 맡는 경우 : 4개의 프로젝트를 맡은 팀이 2팀이라는 조건에 어긋난다. 따라서 a를 '을'팀이 맡을 수 없다.

갑	c, d, e	0→3개
을	a, b	1→3개
병		2→3개
정		2→3개
무		3→4개

㉡ f를 '갑'팀이 맡는 경우 : a, b를 '병'팀 혹은 '정'팀이 맡게 되는데 4개의 프로젝트를 맡은 팀이 2팀이라는 조건에 어긋난다. 따라서 f를 '갑'팀이 맡을 수 없다.

갑	f	0→1개
을	c, d, e	1→4개
병	a, b	2→4개
정		2→3개
무		3→4개

ⓒ a, b를 '갑'팀이 맡는 경우 기존에 수행하던 프로젝트를 포함해서 2개의 프로젝트를 맡게 된다.

갑	a, b	0→2개
을	c, d, e	1→4개
병		2→3개
정		2→3개
무		3→4개

41 사과 사탕, 포도 사탕, 딸기 사탕이 각각 2개씩 있다. 甲~戊 다섯 명의 사람 중 한 명이 사과 사탕 1개와 딸기 사탕 1개를 함께 먹고, 다른 네 명이 남은 사탕을 각각 1개씩 먹었다. 모두 진실을 말하였다고 할 때, 사과 사탕 1개와 딸기 사탕 1개를 함께 먹은 사람과 戊가 먹은 사탕을 옳게 짝지은 것은?

> 甲 : 나는 포도 사탕을 먹지 않았어.
> 乙 : 나는 사과 사탕만을 먹었어.
> 丙 : 나는 사과 사탕을 먹지 않았어.
> 丁 : 나는 사탕을 한 종류만 먹었어.
> 戊 : 너희 말을 다 듣고 아무리 생각해봐도 나는 딸기 사탕을 먹은 사람 두 명 다 알 수는 없어.

① 甲, 포도 사탕 1개

② 甲, 딸기 사탕 1개

③ 丙, 포도 사탕 1개

④ 丙, 딸기 사탕 1개

⑤ 戊, 사과 사탕 1개와 딸기 사탕 1개

✔ **해설** 甲~戊가 먹은 사탕을 정리하면 다음과 같다.

구분	甲	乙	丙	丁	戊
맛	사과 + 딸기	사과	포도 or 딸기	포도 or 딸기	포도
개수	2개	1개	1개	1개	1개

❙ 42~43 ❙ 다음 5개의 팀에 인터넷을 연결하기 위해 작업을 하려고 한다. 5개의 팀 사이에 인터넷을 연결하기 위한 시간이 다음과 같을 때 제시된 표를 바탕으로 물음에 답하시오. (단, 가팀과 나팀이 연결되고 나팀과 다팀이 연결되면 가팀과 다팀이 연결된 것으로 간주한다)

구분	가	나	다	라	마
가	–	3	6	1	2
나	3	–	1	2	1
다	6	1	–	3	2
라	1	2	3	–	1
마	2	1	2	1	–

42 가팀과 다팀을 인터넷 연결하기 위해 필요한 최소의 시간은?

① 7시간 ② 6시간
③ 5시간 ④ 4시간
⑤ 3시간

✔**해설** 가팀, 다팀을 연결하는 방법은 2가지가 있는데.
　㉠ 가팀과 나팀, 나팀과 다팀 연결 : 3 + 1 = 4시간
　㉡ 가팀과 다팀 연결 : 6시간
　즉, 1안이 더 적게 걸리므로 4시간이 답이 된다.

43 다팀과 마팀을 인터넷 연결하기 위해 필요한 최소의 시간은?

① 1시간 ② 2시간
③ 3시간 ④ 4시간
⑤ 5시간

✔**해설** 다팀, 마팀을 연결하는 방법은 2가지가 있는데.
　㉠ 다팀과 라팀, 라팀과 마팀 연결 : 3 + 1 = 4시간
　㉡ 다팀과 마팀 연결 : 2시간
　즉, 2안이 더 적게 걸리므로 2시간이 답이 된다.

44 다음 글과 표를 근거로 판단할 때 세 사람 사이의 관계가 모호한 경우는?

- 조직 내에서 두 사람 사이의 관계는 '동갑'과 '위아래' 두 가지 경우로 나뉜다.
  - 두 사람이 태어난 연도가 같은 경우 입사년도에 상관없이 '동갑' 관계가 된다.
  - 두 사람이 태어난 연도가 다른 경우 '위아래' 관계가 된다. 이때 생년이 더 빠른 사람이 '윗사람', 더 늦은 사람이 '아랫사람'이 된다.
  - 두 사람이 태어난 연도가 다르더라도 입사년도가 같고 생년월일의 차이가 1년 미만이라면 '동갑' 관계가 된다.
- 두 사람 사이의 관계를 바탕으로 임의의 세 사람(A~C) 사이의 관계는 '명확'과 '모호' 두 가지 경우로 나뉜다.
  - A와 B, A와 C가 '동갑' 관계이고 B와 C 또한 '동갑' 관계인 경우 세 사람 사이의 관계는 '명확'하다.
  - A와 B가 '동갑' 관계이고 A가 C의 '윗사람', B가 C의 '윗사람'인 경우 세 사람 사이의 관계는 '명확'하다.
  - A와 B, A와 C가 '동갑' 관계이고 B와 C가 '위아래' 관계인 경우 세 사람 사이의 관계는 '모호'하다.

이름	생년월일	입사년도
甲	1992. 4. 11.	2017
乙	1991. 10. 3.	2017
丙	1991. 3. 1.	2017
丁	1992. 2. 14.	2017
戊	1993. 1 7.	2018

① 甲, 乙, 丙   ② 甲, 乙, 丁

③ 甲, 丁, 戊   ④ 乙, 丁, 戊

⑤ 丙, 丁, 戊

해설 ① 乙과 甲, 乙과 丙이 '동갑' 관계이고 甲과 丙이 '위아래' 관계이므로 甲, 乙, 丙의 관계는 '모호'하다.

45 공연기획사인 A사는 이번에 주최한 공연을 보러 오는 관객을 기차역에서 공연장까지 버스로 수송하기로 하였다. 다음의 표와 같이 공연 시작 4시간 전부터 1시간 단위로 전체 관객 대비 기차역에 도착하는 관객의 비율을 예측하여 버스를 운행하고자 하며, 공연 시작 시간까지 관객을 모두 수송해야 한다. 다음을 바탕으로 예상한 수송 시나리오 중 옳은 것을 모두 고르면?

■ 전체 관객 대비 기차역에 도착하는 관객의 비율

시각	전체 관객 대비 비율(%)
공연 시작 4시간 전	a
공연 시작 3시간 전	b
공연 시작 2시간 전	c
공연 시작 1시간 전	d
계	100

• 전체 관객 수는 40,000명이다.
• 버스는 한 번에 대당 최대 40명의 관객을 수송한다.
• 버스가 기차역과 공연장 사이를 왕복하는 데 걸리는 시간은 6분이다.

■ 예상 수송 시나리오
㉠ a = b = c = d = 25라면, 회사가 전체 관객을 기차역에서 공연장으로 수송하는 데 필요한 버스는 최소 20대이다.
㉡ a = 10, b = 20, c = 30, d = 40이라면, 회사가 전체 관객을 기차역에서 공연장으로 수송하는 데 필요한 버스는 최소 40대이다.
㉢ 만일 공연이 끝난 후 2시간 이내에 전체 관객을 공연장에서 기차역까지 버스로 수송해야 한다면, 이때 회사에게 필요한 버스는 최소 50대이다.

① ㉠   ② ㉡
③ ㉠, ㉡   ④ ㉠, ㉢
⑤ ㉡, ㉢

해설 ㉠ a = b = c = d = 25라면, 1시간당 수송해야 하는 관객의 수는 40,000 × 0.25 = 10,000명이다. 버스는 한 번에 대당 최대 40명의 관객을 수송하고 1시간에 10번 수송 가능하므로, 1시간 동안 1대의 버스가 수송할 수 있는 관객의 수는 400명이다. 따라서 10,000명의 관객을 수송하기 위해서는 최소 25대의 버스가 필요하다.
㉡ d = 40이라면, 공연 시작 1시간 전에 기차역에 도착하는 관객의 수는 16,000명이다. 16,000명을 1시간 동안 모두 수송하기 위해서는 최소 40대의 버스가 필요하다.
㉢ 공연이 끝난 후 2시간 이내에 전체 관객을 공연장에서 기차역까지 수송하려면 시간당 20,000명의 관객을 수송해야 한다. 따라서 회사에게 필요한 버스는 최소 50대이다.

46 다음은 □□전자의 스마트폰 사용에 관한 조사 설계의 일부분이다. 본 설문조사의 목적으로 가장 적합하지 않은 것은?

---

1. 조사 목적

?

2. 과업 범위
① 조사 대상 : 서울과 수도권에 거주하고 있으며 최근 5년 이내에 스마트폰 변경 이력이 있고, 향후 1년
　이내에 스마트폰 변경 의향이 있는 만 20~30세의 성인 남녀
② 조사 방법 : 구조화된 질문지를 이용한 온라인 조사
③ 표본 규모 : 총 1,000명

3. 조사 내용
① 시장 환경 파악 : 스마트폰 시장 동향 (사용기기 브랜드 및 가격, 기기사용 기간 등)
② 과거 스마트폰 변경 현황 파악 : 변경 횟수, 변경 사유 등
③ 향후 스마트폰 변경 잠재 수요 파악 : 변경 사유, 선호 브랜드, 변경 예산 등
④ 스마트폰 구매자를 위한 개선 사항 파악 : 스마트폰 구매자를 위한 요금할인, 사은품 제공 등 개선 사항
　적용 시 스마트폰 변경 의향
⑤ 배경정보 파악 : 인구사회학적 특성 (연령, 성별, 거주 지역 등)

4. 결론 및 기대효과

---

① 스마트폰 구매자를 위한 요금할인 프로모션 시행의 근거 마련
② 평균 스마트폰 기기사용 기간 및 주요 변경 사유 파악
③ 광고 매체 선정에 참고할 자료 구축
④ 스마트폰 구매 시 사은품 제공 유무가 구입 결정에 미치는 영향 파악
⑤ 향후 출시할 스마트폰 가격 책정에 활용할 자료 구축

해설 제시된 설문조사에는 광고 매체 선정에 참고할 만한 조사 내용이 포함되어 있지 않다. 따라서 ③은 이 설문조사
의 목적으로 적합하지 않다.

❚47~48❚ 인사팀에 근무하는 S는 2017년도에 새롭게 변경된 사내 복지 제도에 따라 경조사 지원 내역을 정리하는 업무를 담당하고 있다. 다음을 바탕으로 물음에 답하시오.

❑ 2017년도 변경된 사내 복지 제도

종류	주요 내용
주택 지원	• 사택 지원(가~사 총 7동 175가구) 최소 1년 최장 3년 • 지원 대상 – 입사 3년 차 이하 1인 가구 사원 중 무주택자(가~다동 지원) – 입사 4년 차 이상 본인 포함 가구원이 3인 이상인 사원 중 무주택자(라~사동 지원)
경조사 지원	• 본인/가족 결혼, 회갑 등 각종 경조사 시 • 경조금, 화환 및 경조휴가 제공
학자금 지원	• 대학생 자녀의 학자금 지원
기타	• 상병 휴가, 휴직, 4대 보험 지원

❑ 2017년도 1/4분기 지원 내역

이름	부서	직위	내역	변경 전	변경 후	금액(천 원)
A	인사팀	부장	자녀 대학진학	지원 불가	지원 가능	2,000
B	총무팀	차장	장인상	변경 내역 없음		100
C	연구1팀	차장	병가	실비 지급	추가 금액 지원	50 (실비 제외)
D	홍보팀	사원	사택 제공(가-102)	변경 내역 없음		–
E	연구2팀	대리	결혼	변경 내역 없음		100
F	영업1팀	차장	모친상	변경 내역 없음		100
G	인사팀	사원	사택 제공(바-305)	변경 내역 없음		–
H	보안팀	대리	부친 회갑	변경 내역 없음		100
I	기획팀	차장	결혼	변경 내역 없음		100
J	영업2팀	과장	생일	상품권	기프트 카드	50
K	전략팀	사원	생일	상품권	기프트 카드	50

47 당신은 S가 정리해 온 2017년도 1/4분기 지원 내역을 확인하였다. 다음 중 잘못 구분된 사원은?

지원 구분	이름
주택 지원	D, G
경조사 지원	B, E, H, I, J, K
학자금 지원	A
기타	F, C

① B
② D
③ F
④ H
⑤ K

✔해설 지원 구분에 따르면 모친상과 같은 경조사는 경조사 지원에 포함되어야 한다. 따라서 F의 구분이 잘못되었다.

48 S는 2017년도 1/4분기 지원 내역 중 변경 사례를 참고하여 새로운 사내 복지 제도를 정리해 추가로 공시하려 한다. 다음 중 S가 정리한 내용으로 옳지 않은 것은?

① 복지 제도 변경 전후 모두 생일에 현금을 지급하지 않습니다.
② 복지 제도 변경 후 대학생 자녀에 대한 학자금을 지원해드립니다.
③ 변경 전과 달리 미혼 사원의 경우 입주 가능한 사택동 제한이 없어집니다.
④ 변경 전과 같이 경조사 지원금은 직위와 관계없이 동일한 금액으로 지원됩니다.
⑤ 변경 전과 달리 병가 시 실비 외에 5만 원을 추가로 지원합니다.

✔해설 ③ 2017년 변경된 사내 복지 제도에 따르면 1인 가구 사원에게는 가~사 총 7동 중 가~다동이 지원된다.

49 ○○기관의 김 대리는 甲, 乙, 丙, 丁, 戊 인턴 5명의 자리를 배치하고자 한다. 다음의 조건에 따를 때 옳지 않은 것은?

> • 최상의 업무 효과를 내기 위해서는 성격이 서로 잘 맞는 사람은 바로 옆자리에 앉혀야 하고, 서로 잘 맞지 않는 사람은 바로 옆자리에 앉혀서는 안 된다.
> • 丙과 乙의 성격은 서로 잘 맞지 않는다.
> • 甲과 乙의 성격은 서로 잘 맞는다.
> • 甲과 丙의 성격은 서로 잘 맞는다.
> • 戊와 丙의 성격은 서로 잘 맞지 않는다.
> • 丁의 성격과 서로 잘 맞지 않는 사람은 없다.
> • 丁은 햇빛 알레르기가 있어 창문 옆(1번) 자리에는 앉을 수 없다.
>
> ■ 자리 배치도
>
> | 창문 | 1 | 2 | 3 | 4 | 5 |
> |------|---|---|---|---|---|
> | | | | | | |

① 甲은 3번 자리에 앉을 수 있다.

② 乙은 5번 자리에 앉을 수 있다.

③ 丙은 2번 자리에 앉을 수 있다.

④ 丁은 3번 자리에 앉을 수 없다.

⑤ 戊는 2번 자리에 앉을 수 없다.

✔해설 ③ 丙이 2번 자리에 앉을 경우, 丁은 햇빛 알레르기가 있어 1번 자리에 앉을 수 없으므로 3, 4, 5번 중 한 자리에 앉아야 하며, 丙과 성격이 서로 잘 맞지 않는 戊는 4, 5번 중 한 자리에 앉아야 한다. 이 경우 성격이 서로 잘 맞은 甲과 乙이 떨어지게 되므로 최상의 업무 효과를 낼 수 있는 배치가 되기 위해서는 丙은 2번 자리에 앉을 수 없다.

① 창문 - 戊 - 乙 - 甲 - 丙 - 丁 순으로 배치할 경우 甲은 3번 자리에 앉을 수 있다.

② 창문 - 戊 - 丁 - 丙 - 甲 - 乙 순으로 배치할 경우 乙은 5번 자리에 앉을 수 있다.

④ 丁이 3번 자리에 앉을 경우, 甲과 성격이 서로 잘 맞는 乙, 丙 중 한 명은 甲과 떨어지게 되므로 최상의 업무 효과를 낼 수 있는 배치가 되기 위해서는 丁은 3번 자리에 앉을 수 없다.

⑤ 戊가 2번 자리에 앉을 경우, 丁은 햇빛 알레르기가 있어 1번 자리에 앉을 수 없으므로 3, 4, 5번 중 한 자리에 앉아야 하는데, 그러면 甲과 성격이 서로 잘 맞는 乙, 丙 중 한 명은 甲과 떨어지게 되므로 최상의 업무 효과를 낼 수 있는 배치가 되기 위해서는 戊는 2번 자리에 앉을 수 없다.

50 100명의 근로자를 고용하고 있는 ○○기관 인사팀에 근무하는 S는 고용노동법에 따라 기간제 근로자를 채용하였다. 제시된 법령의 내용을 참고할 때, 기간제 근로자로 볼 수 없는 경우는?

제10조

① 이 법은 상시 5인 이상의 근로자를 사용하는 모든 사업 또는 사업장에 적용한다. 다만 동거의 친족만을 사용하는 사업 또는 사업장과 가사사용인에 대하여는 적용하지 아니한다.

② 국가 및 지방자치단체의 기관에 대하여는 상시 사용하는 근로자의 수에 관계없이 이 법을 적용한다.

제11조

① 사용자는 2년을 초과하지 아니하는 범위 안에서(기간제 근로계약의 반복갱신 등의 경우에는 계속 근로한 총 기간이 2년을 초과하지 아니하는 범위 안에서) 기간제 근로자※를 사용할 수 있다. 다만 다음 각 호의 어느 하나에 해당하는 경우에는 2년을 초과하여 기간제 근로자로 사용할 수 있다.

  1. 사업의 완료 또는 특정한 업무의 완성에 필요한 기간을 정한 경우

  2. 휴직·파견 등으로 결원이 발생하여 당해 근로자가 복귀할 때까지 그 업무를 대신할 필요가 있는 경우

  3. 전문적 지식·기술의 활용이 필요한 경우와 박사 학위를 소지하고 해당 분야에 종사하는 경우

② 사용자가 제1항 단서의 사유가 없거나 소멸되었음에도 불구하고 2년을 초과하여 기간제 근로자로 사용하는 경우에는 그 기간제 근로자는 기간의 정함이 없는 근로계약을 체결한 근로자로 본다.

※ 기간제 근로자라 함은 기간의 정함이 있는 근로계약을 체결한 근로자를 말한다.

---

① 수습기간 3개월을 포함하여 1년 6개월간 A를 고용하기로 근로계약을 체결한 경우

② 근로자 E의 휴직으로 결원이 발생하여 2년간 B를 계약직으로 고용하였는데, E의 복직 후에도 B가 계속해서 현재 3년 이상 근무하고 있는 경우

③ 사업 관련 분야 박사학위를 취득한 C를 계약직(기간제) 연구원으로 고용하여 C가 현재 3년간 근무하고 있는 경우

④ 국가로부터 도급받은 3년간의 건설공사를 완성하기 위해 D를 그 기간 동안 고용하기로 근로계약을 체결한 경우

⑤ 근로자 F가 해외 파견으로 결원이 발생하여 돌아오기 전까지 3년간 G를 고용하기로 근로계약을 체결한 경우

✔해설 ② 제11조 제2항에 따르면 사용자가 제1항 단서의 사유가 없거나 소멸되었음에도 불구하고 2년을 초과하여 기간제 근로자로 사용하는 경우에는 그 기간제 근로자는 기간의 정함이 없는 근로계약을 체결한 근로자로 본다. 따라서 ②의 경우 기간제 근로자로 볼 수 없다.

  ① 2년을 초과하지 않는 범위이므로 기간제 근로자로 볼 수 있다.

  ③ 제11조 제1항 제3호에 따른 기간제 근로자로 볼 수 있다.

  ④ 제11조 제1항 제1호에 따른 기간제 근로자로 볼 수 있다.

  ⑤ 제11조 제1항 제2호에 따른 기간제 근로자로 볼 수 있다.

ANSWER 49.③　50.②

04 직업윤리

[직업윤리] 출제유형

① 직업윤리 : 공공기관 종사자로서의 책임성, 투명성, 청렴성, 이해충돌 방지와 관련된 문제가 출제된다. 공공의료기관의 특성을 반영한 공공성 판단 문제가 주로 출제된다.
② 근로윤리 : 조직 내 갈등, 민원 대응, 환자 보호, 내부 규정 위반 등 구체적 상황이 제시되고 가장 적절한 행동을 선택하는 문제가 출제된다.
③ 공동체윤리 : 팀워크, 상호존중, 의사소통, 역할 책임, 보고 체계 등 조직생활 윤리를 묻는 문제가 출제된다.

[직업윤리] 출제경향

조직 구성원으로서 요구되는 기본적인 윤리 의식과 책임감을 바탕으로 실제 업무 상황에서 발생할 수 있는 갈등, 이해충돌, 규정 위반, 협업 문제 등을 제시하고 이에 대한 적절한 판단과 행동을 선택하도록 하는 문항이 출제되며, 단순한 개념 암기보다는 가치의 우선순위를 구분하고 조직의 목표와 개인의 행동 기준을 조화시키는 논리적 판단 능력을 종합적으로 평가하는 방향으로 구성된다.

[직업윤리] 빈출유형

공공성 판단								
상황판단(민원 · 갈등)								
조직협업 윤리								

예제 01 공동체윤리

윤리에 대한 설명으로 옳지 않은 것은?

① 윤리는 인간과 인간 사이에서 지켜져야 할 도리를 바르게 하는 것으로 볼 수 있다.
② 동양적 사고에서 윤리는 인륜과 동일한 의미로 엄격한 규율이나 규범의 의미가 배어 있다.
③ 인간은 윤리를 존중하며 살아야 사회가 질서와 평화를 얻게 되고, 모든 사람이 안심하고 개인적 행복을 얻게 된다.
④ 윤리는 세상에 두 사람 이상이 있으면 존재하며, 반대로 혼자 있을 때도 지켜져야 한다.

출제의도
윤리의 의미와 윤리적 인간, 윤리규범의 형성 등에 대한 기본적인 이해를 평가하는 문제이다.

해설
윤리는 인간과 인간 사이에서 지켜져야 할 도리를 바르게 하는 것으로서 이 세상에 두 사람 이상이 있으면 존재하고 반대로 혼자 있을 때에는 의미가 없는 말이 되기도 한다.

» ④

예제 02 직업윤리

직업윤리에 대한 설명으로 옳지 않은 것은?

① 개인윤리를 바탕으로 각자가 직업에 종사하는 과정에서 요구되는 특수한 윤리규범이다.
② 직업에 종사하는 현대인으로서 누구나 공통적으로 지켜야 할 윤리기준을 직업윤리라 한다.
③ 개인윤리의 기본 덕목인 사랑, 자비 등과 공동발전의 추구, 장기적 상호이익 등의 기본은 직업윤리도 동일하다.
④ 직업을 가진 사람이라면 반드시 지켜야 할 윤리규범이며, 중소기업 이상의 직장에 다니느냐에 따라 구분된다.

출제의도
직업윤리의 정의와 내용에 대한 올바른 이해를 요구하는 문제이다.

해설
직업윤리란 직업을 가진 사람이라면 반드시 지켜야 할 공통적인 윤리규범이다.

» ④

예제 03 근로윤리

우리 사회에서 정직과 신용을 구축하기 위한 지침으로 볼 수 없는 것은?

① 정직과 신뢰의 자산을 매일 조금씩 쌓아가도록 한다.
② 잘못된 것도 정직하게 밝혀야 한다.
③ 작은 실수는 눈감아 주고 때론 타협을 하여야 한다.
④ 부정직한 관행은 인정하지 말아야 한다.

출제의도
근로윤리 중에서도 정직한 행동과 성실한 자세에 대해 올바르게 이해하고 있는지 평가하는 문제이다.

해설
타협하거나 부정직한 일에 대해서는 눈감아주지 말아야 한다.

» ③

예제 04 공동체윤리

예절에 대한 설명으로 옳지 않은 것은?

① 예절은 일정한 생활문화권에서 오랜 생활습관을 통해 하나의 공통된 생활방식으로 정립되어 관습적으로 행해지는 사회계약적인 생활규범이라 할 수 있다.
② 예절은 언어문화권에 따라 다르나 동일한 언어문화권일 경우에는 모두 동일하다.
③ 무리를 지어 하나의 문화를 형성하여 사는 일정한 지역을 생활문화권에 사는 사람들이 가장 편리하고 바람직한 방법이라고 여겨 그렇게 행하는 생활방법이 예절이다.
④ 예절은 한 나라에서 통일되어야 국민들이 생활하기가 수월하며, 올바른 예절을 지키는 것이 바른 삶을 사는 것이라 할 수 있다.

출제의도
공동체윤리에 속하는 여러 항목 중 예절의 의미와 특성에 대한 이해능력을 평가하는 문제이다.

해설
예절은 언어문화권에 따라 다르고, 동일한 언어문화권이라도 지방에 따라 다르다.

» ②

1 다음 두 가지 근면의 사례를 구분하는 가장 중요한 요소로 적절한 것은?

> ㉮ 연일 계속되는 야근과 휴일 근무로 인해 육체의 수고와 정신적 스트레스는 물론 가정의 화목까지 위협받지만 온 힘을 다하여 새벽부터 출근길에 오르는 수많은 직장인들
> ㉯ 부유한 집안에서 태어나 젊은 나이에도 학업과 직장 생활을 뒤로 하고 방탕한 생활을 하다가, 40대 후반이 되어서야 만학의 꿈을 갖고 스스로 불철주야 도서관에서 학문에 정진하는 중년

① 근면의 방법
② 보수의 유무
③ 근면의 동기
④ 근면의 사회성
⑤ 근면의 결과

✔ 해설 ㉮은 외부로부터 강요당한 근면, ㉯는 스스로 자진해서 하는 근면의 모습이며 이는 '근면의 동기'로 구분될 수 있는 종류이다. ㉮과 같은 근면은 수동적, 소극적인 반면, ㉯와 같은 근면은 능동적, 적극적이다.

2 다음과 같은 직업윤리의 덕목을 참고할 때, 빈칸에 공통으로 들어갈 알맞은 말은 무엇인가?

> 사회시스템은 구성원 서로가 신뢰하는 가운데 운영이 가능한 것이며, 그 신뢰를 형성하고 유지하는 데 필요한 가장 기본적이고 필수적인 규범이 바로 (   )인 것이다.
> 그러나 우리 사회의 (   )은(는) 아직까지 완벽하지 못하다. 거센 역사의 소용돌이 속에서 여러 가지 부당한 핍박을 받은 경험이 있어서 그럴 수도 있지만, 원칙보다는 집단 내의 정과 의리를 소중히 하는 문화적 정서도 그 원인이라 할 수 있다

① 성실
② 정직
③ 인내
④ 도전
⑤ 책임

✔ 해설 이러한 정직과 신용을 구축하기 위한 4가지 지침으로 다음과 같은 것들이 있다.
　㉠ 정직과 신뢰의 자산을 매일 조금씩 쌓아가자.
　㉡ 잘못된 것도 정직하게 밝히자.
　㉢ 정직하지 못한 것을 눈감아 주지 말자.
　㉣ 부정직한 관행은 인정하지 말자.

3 다음 글의 빈칸에 공통으로 들어갈 윤리 덕목으로 적절한 것은?

> (　　　　)이란 사전적인 의미로는 새로운 기업을 만들어 경제활동을 하는 사람들이 지니고 있는 것이라고 말할 수 있다. 즉, 경제적인 이윤을 얻기 위해 위험을 무릅쓰고 창업을 하는 사람들이 지니고 있는 가치 지향이나 태도인 것이다.
>
> 오스트리아 출신 미국 경제학자 조셉 슘페터는 새로운 가치를 창출하여 사회와 경제에 기여하려는 사람들로 정의하고, 이들이 지니고 있는 혁신적 사고와 태도를 (　　　　)이라고 정의하였다. 그리고 그는 이것이 건강한 자본주의 경제의 핵심이라고 보았다. 경쟁적 시장경제에서는 진입 장벽이 낮아서 개인이 혁신적인 사고만 가지고도 새로운 기회를 만들어서 기업으로 발전시킨 사례가 많이 나타난다. 이러한 혁신적 사고와 도전 정신 속에서 경제는 활력이 넘치고, 시민들은 그 활력에 따른 성장의 혜택을 누리게 된다.

① 창의성　　　　　　　　　　　② 지속 가능성

③ 기업가 정신　　　　　　　　　④ 사명감

⑤ 전문성

> ✔해설　기업가 정신의 대표적인 예로 마이크로 소프트의 빌 게이츠나 애플의 창시자 스티브 잡스와 같은 창업자들이 보여준 새로운 혁신과 도전의 정신이 있다. 기업가 정신은 경제적 이익 추구와 더불어 국민 전체의 이익을 증진시키지만, 반대로 기업가 정신이 부족한 기업이 많아지면 경제는 활력을 잃고 국민의 삶은 나아지지 않는다. 그러므로 기업가 정신은 건강한 경제와 경제성장의 핵심이라고 할 수 있다.

4 다음 글에서 엿볼 수 있는 우리나라 기업 문화의 비윤리적인 악습을 지칭하는 말로 적절한 것은?

> 근대 이전으로 거슬러 올라갈수록 사회적 강자의 약자에 대한 지배는 인신예속적 양상을 보인다. 봉건적 신분 제도가 가진 중요한 특징은 개인이 사회에서 차지하는 직분이 단순한 기능적 차원을 넘어 인신예속적 성격을 띤다는 점이다. 예를 들어 지주와 소작농의 관계는 토지 임대인–임차인의 관계를 넘어 주인–머슴의 관계와 동일시되었다. 따라서 지주는 토지 임대인으로서 가지는 법적 권리를 넘어 주인 또는 상전으로서 무한한 권리를 향유할 수 있었으며, 소작농은 토지 임차인으로서 가지는 법적 의무를 넘어 머슴이나 상놈으로서 무한한 의무를 걸머지지 않으면 안 되었다.

① 성희롱　　　　　　　　　　　② 갑질

③ 상하관계　　　　　　　　　　④ 빈익빈부익부

⑤ 단합

> ✔해설　최근 사회적 문제로 대두되고 있는 갑질 문제의 근원을 설명하고 있는 글이다. 갑질은 계약 권리에 있어 쌍방을 의미하는 갑을(甲乙) 관계에서 상대적으로 우위에 있는 '갑'이 우월한 신분, 지위, 직급, 위치 등을 이용하여 상대방에 오만무례하게 행동하거나 이래라저래라 하며 제멋대로 구는 행동을 말한다. 갑질의 범위에는 육체적, 정신적 폭력, 언어폭력, 괴롭히는 환경 조장 등이 해당된다.

ANSWER　1.③　2.②　3.③　4.②

5 다음은 「청탁금지법」에 저촉되는지 여부에 대한 'Q&A'이다. 해당 질문에 대한 답변이 적절하지 않은 것은?

① Q : 골프접대의 경우도 선물로 인정되어, 가액기준 내라면 수수가 가능한가요?

　A : 접대 · 향응에 해당하는 골프접대는 선물로 볼 수 없어 가액기준(5만 원) 이하라도 다른 예외사유가 없는 한 허용되지 않습니다.

② Q : 언론사 임직원이 직무관련자로부터 15만 원 상당의 선물을 받고, 지체 없이 반환하고 신고한 경우 선물 제공자는 「청탁금지법」 위반인가요?

　A : 지체 없이 반환하여 실제 수수가 이루어지지 않았다면 「청탁금지법」에 저촉되지 않습니다.

③ Q : 식사접대와 선물을 동시에 받을 수 있는지요?

　A : 그런 경우 수수한 물품의 가액을 합산하여 합산된 가액이 정해진 기준을 넘지 않아야 합니다.

④ Q : 언론사 임직원이 축의금으로 15만 원을 받은 경우 가액한도를 초과한 부분(10만 원)만 반환하면 되나요?

　A : 가액기준을 초과하는 경조사비를 수수한 경우 가액기준을 초과하는 부분만 반환하면 제재대상에서 제외됩니다.

⑤ Q : 음식물 3만 원과 선물 5만 원을 동시에 받은 경우 각각 기준 이하라면 문제가 없나요?

　A : 함께 수수한 경우 가액을 합산하여 각각의 허용 기준을 초과하지 않아야 합니다.

> **해설** ② 직무와 관련된 언론사 임직원에게 가액기준을 초과하는 선물을 제공하거나 제공의 약속 또는 의사표시를 한 경우 실제 언론사 임직원이 수수하였는지 여부와 상관없이 청탁금지법 위반이다.
> ① '선물'은 금전, 유가증권, 음식물 및 경조사비를 제외한 일체의 물품, 그 밖에 이에 준하는 것에 한정되며, 접대 · 향응에 해당하는 골프접대는 선물로 볼 수 없어 가액기준(5만 원) 이하라도 다른 예외사유가 없는 한 허용되지 않는다.
> ③ 사교 · 의례 등 목적으로 음식물과 선물을 함께 수수한 경우에는 그 가액을 합산하고 이 경우 가액 범위는 함께 받은 음식물, 선물의 가액 범위 중 가장 높은 금액으로 하되, 각각의 가액범위를 넘지 못한다.
> ④ 가액기준을 초과하는 경조사비를 수수한 경우 가액기준을 초과하는 부분만 반환하면 제재대상에서 제외되나, 제공자는 제공한 경조사비 전액을 기준으로 제재된다.
> ⑤ 사교 · 의례 목적으로 음식물과 선물을 함께 받은 경우에는 가액을 합산하여 판단하며, 각각의 가액 기준을 초과해서는 안 된다.

6 다음은 공무원이 준수해야 할 직업윤리의 중요성을 설명하는 글이다. 빈칸에 들어갈 가장 적절한 말은 어느 것인가?

공무원은 국민 전체에 대한 봉사자로서 공적업무를 수행함에 있어서 공무원 개인의 이해나 관심에 따라 직무수행에 영향을 받아서는 아니 된다. 이러한 공무원들에게는 일반 국민에게 기대되는 것보다 더욱 높은 수준의 도덕성이 요구되고 공무원에게 기대되는 바람직한 행동의 방향과 원칙에 대한 명확한 기준의 제시가 필요하며 이러한 기능을 수행하는 것이 바로 (　　　　　　　　　)(이)라 할 수 있다.

우리 사회에서 공무원이 수행하는 역할과 그 영향력은 어느 영역보다도 크고 중요한 것으로 국민들에게 인식되고 있다. 이로 인하여 일반 국민들은 공무원들이 가지고 있는 가치관이나 의사결정, 그리고 행동에 대하여 매우 민감하게 반응한다. 그리고 공무원의 그릇된 행동이 미치는 사회적 영향력 또한 매우 크다는 점에서 공무원의 바람직한 의식과 행동을 담보하기 위한 지침의 제정이 요구되는 것이다.

① 공무원 윤리지침
② 공무원 행동강령
③ 공무원 청렴평가
④ 직무의 공정성
⑤ 공무원 공직가치

✔ **해설** 공무원들에게는 일반 국민들에게 기대되는 것 보다 높은 수준의 사고와 도덕성이 요구된다. 일반 국민들과 비교하여 '축소(절제)된 사생활의 원칙'이 적용되며, 이러한 원칙을 규범화한 것이 바로 「공무원 행동강령」이라고 할 수 있다.

7 다음 중 직업에 대한 설명으로 옳은 것끼리 짝지어진 것은?

㉠ 경제적인 보상이 있어야 한다.
㉡ 본인의 자발적 의사에 의한 것이어야 한다.
㉢ 장기적으로 계속해서 일하는 지속성이 있어야 한다.
㉣ 취미활동, 아르바이트, 강제노동 등도 포함된다.
㉤ 다른 사람들과 함께 인간관계를 쌓을 수 있는 기회가 된다.
㉥ 직업(職業)의 職은 사회적 역할의 분배인 직분(職分)을 의미한다.
㉦ 직업(職業)의 業은 일 또는 행위이다.

① ㉠, ㉡, ㉢, ㉣
② ㉠, ㉢, ㉣, ㉤
③ ㉠, ㉡, ㉤, ㉥
④ ㉠, ㉡, ㉢, ㉤, ㉥, ㉦
⑤ ㉠, ㉡, ㉣

✔ **해설** ㉣ 취미활동, 아르바이트, 강제노동 등은 직업에 포함되지 않는다.

ANSWER 5.② 6.② 7.④

8 다음 중 개인윤리와 직업윤리의 조화로운 상황만을 바르게 묶은 것은?

> ㉠ 업무상 개인의 판단과 행동은 직장 내 다수의 이해관계자와 관련되게 된다.
> ㉡ 개인윤리를 기반으로 공동의 협력을 추구한다.
> ㉢ 규모가 큰 공동의 재산, 정보 등을 개인의 권한 하에 위임하는 것이다.
> ㉣ 팔은 안으로 굽는다는 속담이 있듯이, 직장 내에서도 활용된다.
> ㉤ 각 직무에서 모든 특수한 상황에서는 개인윤리와 충돌하는 경우도 있다.

① ㉠, ㉡, ㉢, ㉣
② ㉠, ㉢, ㉣, ㉤
③ ㉠, ㉡, ㉢, ㉣, ㉤
④ ㉠, ㉡, ㉣, ㉤
⑤ ㉠, ㉡, ㉢, ㉤

✔ **해설** ㉣ "팔은 안으로 굽는다는 속담이 있듯이, 직장 내에서도 활용된다."는 공과 사를 구분하지 못한 것으로 올바른 직업윤리라고 볼 수 없다.

9 한국인이 강조하는 직업윤리가 아닌 것은?

① 성실함　　　　　　　　② 책임감
③ 창의성　　　　　　　　④ 복종성
⑤ 청렴성

✔ **해설** 한국인들이 중요하게 생각하는 직업윤리 덕목
㉠ 책임감
㉡ 성실함
㉢ 정직함
㉣ 신뢰성
㉤ 창의성
㉥ 협조성
㉦ 청렴성

10 다음에서 알 수 있는 슈펭글러의 사례가 우리 사회에 발생하지 않도록 하기 위한 적절한 제도적 장치로 가장 적절하지 않은 것은?

> 2000년대 초, 독일 카셀의 폭스바겐 공장에서 근무하던 슈펭글러는 믿을 수 없는 장면을 목격했다. 폭스바겐 내에서 공금 유용과 비용 부풀리기를 이용한 착복 등이 일어나고 있었던 것이다. 슈펭글러가 확인한 바에 따르면 이는 일부 몇몇 직원의 일탈이 아니라 노조까지 연루된 부패 사건이었다. 그는 이 사실을 직속 상사와 감사담당관, 경영진에게 알렸으나, 몇 해가 지나도록 그들은 묵묵부답이었다.
> 2003년, 회사에 알리는 것만으로는 이를 해결할 수 없다는 걸 깨달은 슈펭글러는 주주들과 감독이사회에 편지를 보내기에 이른다. 하지만 며칠 뒤 그가 받은 답변은 슈펭글러 자신의 해고 통지였다. 부정행위로 회사의 공금이 새고 있음을 고발한 대가는 가혹했다. 슈펭글러는 긴 시간 동안 법정 투쟁 속에 힘든 싸움을 이어가야 했으며, 수년 후에야 검찰 수사를 통해 슈펭글러가 고발한 사내 부패문제가 밝혀졌다.

① 직원의 신원은 확실히 보호되고 모든 제보가 진지하게 다루어지며 제기된 문제는 적절하게 조사된다는 내용이 명확하게 명시된 정책을 운영해야 한다.

② 개인의 불평불만과도 관련될 수 있으므로 인사부 직원을 중심으로 한 '고충신고라인' 등의 제도와 연계시키는 정책을 추진하여야 한다.

③ 조직 내의 모든 관리자와 직원은 물론 외부 이해관계자까지 포함하는 포괄적인 정책이 마련되어야 한다.

④ 고발 행위는 자발적인 행동이 아니라 의무가 돼야 하고 이 의무는 정책에서 분명하게 설명되어야 한다.

⑤ 내부고발자를 보호하기 위한 익명 제보 시스템을 구축한다.

> **✔해설** 기업의 내부고발에 대한 문제이다. 내부고발자는 자신의 업무에서 알게 된 조직 내 불법 행위나 위험한 활동에 우려를 제기하는 사람이다. 따라서 내부고발과 개인적인 불평불만은 구분돼야 하며 이 둘은 별도의 보고체계를 갖는 것이 중요하다. 일반적인 고충신고라인은 복리후생을 담당하는 인사부와 연결되며, 내부고발의 문제는 이보다 훨씬 중요한 사안이므로 근본적이고 독립적인 내부고발 시스템으로 다루어져야 할 문제이다.

11 다음 중 직장 내에서 정직성에 어긋나는 사례로 적절한 것은?

① 출퇴근 시간을 엄격히 지킨다.

② 상품이 경쟁회사에 비해 품질이 떨어지는 부분이 있어도 판매 시 언급하지 않는다.

③ 점심시간이 부족하더라도 철저히 시간을 엄수한다.

④ 어쩔 수 없이 출근 시간을 지키지 못하더라도 변명을 하지 않는다.

⑤ 동료의 아이디어를 자신의 것처럼 발표하지 않는다.

> **✔해설** 상품에 대해 정확하게 진실된 정보를 주는 것이 당장의 판매 이익보다 장기적으로 제품의 신뢰를 얻는데 더 유리하다.

ANSWER 8.⑤ 9.④ 10.② 11.②

12 다음 중 일반적으로 시간 약속에 늦었을 때 약속한 상대에게 말할 수 있는 정직함과 관련된 가장 적절한 대답은?

① 미안합니다. 차가 막혀서 늦었습니다.

② 당신도 저번에 늦었던 적이 있으니 이번만 이해해 주십시오.

③ 휴대폰을 깜빡하고 가져오지 않아 다시 가지러 갔다가 늦게 되었습니다.

④ 사실 이번 만남은 별로 오고 싶지 않아서 늑장을 부리다 늦었습니다.

⑤ 회사 일이 너무 많아서 늦을 수 밖에 없었습니다.

✔해설　자신의 감정을 솔직히 표현한 내용이 정직함에 가장 잘 어울린다.

13 다음에서 설명하고 있는 직업윤리의 덕목은?

자신의 일이 자신의 능력과 적성에 꼭 맞는다고 여기고 그 일에 열성을 가지고 성실히 임하는 태도

① 소명의식　　　　　　　　　　② 천직의식

③ 직분의식　　　　　　　　　　④ 책임의식

⑤ 직분의식

✔해설　① 자신이 맡은 일은 하늘에 의해 맡겨진 일이라고 생각하는 태도
　　　　③ 자신이 하고 있는 일이 사회나 기업을 위해 중요한 역할을 하고 있다고 믿고 자신의 활동을 수행하는 태도
　　　　④ 직업에 대한 사회적 역할과 책무를 충실히 수행하고 책임을 다하는 태도
　　　　⑤ 자신이 하고 있는 일이 사회나 기업을 위해 중요한 역할을 하고 있다고 믿는 태도

14 일반적인 직업의 의미가 아닌 것은?

① 직업은 경제적 보상을 받는 일이다.

② 직업은 계속적으로 수행하는 일이다.

③ 직업은 자기의 의사와 관계없이 해야 하는 일이다.

④ 직업은 사회적 효용이 있는 일이다.

⑤ 직업은 노력이 소용되는 일이다.

✔해설　직업의 일반적 의미
　　　　㉠ 직업은 경제적 보상을 받는 일이다.
　　　　㉡ 직업은 계속적으로 수행하는 일이다.
　　　　㉢ 직업은 사회적 효용이 있는 일이다.
　　　　㉣ 직업은 성인이 하는 일이다.
　　　　㉤ 직업은 자기의 의사에 따라 하는 일이다.
　　　　㉥ 직업은 노력이 소용되는 일이다.

15 다음 중 인사예절에 어긋한 행동은?

① 윗사람에게는 먼저 목례를 한 후 악수를 한다.

② 상대의 눈을 보며 밝은 표정을 짓는다.

③ 주머니에 손을 넣고 악수를 한다.

④ 명함을 받으면 즉시 호주머니에 넣지 않는다.

⑤ 악수를 할 때 너무 강하게 손을 잡지 않는다.

✔**해설** 주머니에 손을 넣고 악수를 하지 않는다.

16 전화예절로 바르지 못한 것은?

① 전화벨이 3 ~ 4번 울리기 전에 받는다.

② 자신이 누구인지를 즉시 말한다.

③ 말을 할 때 상대방의 이름을 사용하지 않는다.

④ 천천히, 명확하게 예의를 갖추고 말한다.

⑤ 전화를 끊기 전 내용을 한 번 더 정리하여 확인한다.

✔**해설** 말을 할 때는 상대방의 이름을 함께 사용한다.

17 현재 우리나라에서 힘들고(Difficult), 더럽고(Dirty), 위험한(Dangerous) 일은 하지 않으려고 하는 현상으로 노동력은 풍부하지만 생산인력은 부족하다는 파행적 모습을 보여 실업자 증가와 외국인 노동자들의 불법취업이라는 새로운 사회문제를 야기시키는 현상은?

① 3D 기피현상   ② 청년실업현상

③ 아노미현상   ④ 님비현상

⑤ 핌피현상

✔**해설** 힘들고, 더럽고, 위험한 일을 기피하는 현상을 3D 기피현상이라 한다.

18 다음 중 개인윤리와 직업윤리의 관계에 대한 설명이 아닌 것은?

① 직업윤리는 개인윤리를 바탕으로 각 직업에서 요구되는 특수한 윤리이다.

② 개인적인 삶보다 직업의 규모가 더 크므로 개인윤리가 직업윤리에 포함된다.

③ 모든 사람은 직업의 성격에 따라 각각 다른 직업윤리를 지닌다.

④ 직업윤리가 강조되는 것은 직업적 활동이 개인적 차원에만 머무르지 않기 때문이다.

⑤ 개인윤리에는 폭력이 금지되어 있지만, 경찰관에게는 허용된다.

✔해설 일반적으로 직업윤리가 개인윤리에 포함되지만 가끔 충돌하기도 한다.

19 같은 일을 하더라도 누구는 즐겁게 하고, 누구는 억지로 하는 것은 어떠한 자세가 결여되었기 때문인가?

① 능동적이고 적극적인 자세

② 수동적인 자세

③ 우울한 자세

④ 소극적인 자세

⑤ 의존적인 자세

✔해설 근면에는 능동적이고 적극적인 자세가 필요하다.

20 우리나라의 정직성은 어느 수준에 있는지 그 예가 잘못된 것은?

① 아직까지 융통성이라는 이유로 정해진 규칙을 잘 지키는 사람은 고지식하고 답답하다고 하는 사람들이 많이 있다.

② 아직까지 부정직한 사람이 정치인도 되고, 기업인도 되고, 성공하는 일이 비일비재하다.

③ 교통신호를 위반해도 크게 양심의 가책을 느끼지 않는다.

④ 거짓말하는 사람은 이 땅에 발도 못 부칠 정도로 가혹하게 처벌받는다.

⑤ 시험에서 부정행위를 해도 크게 문제 삼지 않는 분위기가 존재한다.

✔해설 아직까지 우리 사회에서 거짓말하는 사람이 이 땅에 발을 못 부칠 정도로 가혹하게 처벌받지 않는다.

21 돈벌이에 있어서 성실한 사람과 그렇지 않은 사람에 대한 설명으로 틀린 것은?

① 현대 사회에서는 빨리 큰돈을 벌어야 한다고 성급하게 생각하기 때문에, 성실하지 않은 삶을 찾게 된다.

② 성실하게 번 돈은 유흥비 등으로 쉽게 쓰게 된다.

③ 사기나 횡령 등과 같이 성실하지 않게 번 사람들은 자칫하면 패가망신할 수도 있다.

④ 성실하게 돈을 벌어 절약하면서 얼마든지 생활을 유지할 수 있다.

⑤ 성실하게 번 돈은 계획적으로 사용하고 쉽게 낭비하지 않는다.

> **해설** 성실하지 않게 번 돈을 유흥비 등으로 쉽게 쓰게 된다.

22 직장 내에서 성희롱을 당한 경우 대처방법으로 옳지 않은 것은?

① 직접적으로 거부의사를 밝히고 중지할 것을 항의한다.

② 증거자료를 수거하고 공식적 처리를 준비한다.

③ 공정한 처리를 위해 개인 정보를 공개한다.

④ 가해자에 대해 납득할 정도의 조치를 취하고 결과를 피해자에게 통지한다.

⑤ 피해자가 2차 피해를 입지 않도록 보호 조치를 마련한다.

> **해설** ③ 직장은 성 예절에 어긋나는 행동에 대해 도움을 요청받았을 시 개인 정보의 유출을 철저히 방지해야 한다.
> ①② 개인적 대응
> ④⑤ 직장의 대응

23 직장에서의 성 예절을 지키기 위한 자세로 옳지 않은 것은?

① 여성과 남성이 대등한 동반자 관계로 동등한 역할과 능력발휘를 한다는 인식을 가진다.

② 직장에서 여성은 본인의 특징을 살린 한정된 업무를 담당하게 한다.

③ 직장 내에서 여성이 남성과 동등한 지위를 보장받기 위해서는 그만한 책임과 역할을 다해야 한다.

④ 성희롱 문제를 사전에 예방하고 효과적으로 처리하는 방안이 필요하다.

⑤ 직장 내에서는 성별에 관계없이 능력과 역할게 따라 업무를 수행해야 한다.

> **해설** 직장에서 여성의 특징을 살린 한정된 업무를 담당하던 과거와는 달리 여성과 남성이 대등한 동반자 관계로 동등한 역할과 능력발휘를 한다는 인식을 가질 필요가 있다.

ANSWER 18.② 19.① 20.④ 21.② 22.③ 23.②

24 직장에서의 소개 예절로 옳지 않은 것은?

① 나이 어린 사람을 연장자에게 소개한다.

② 신참자를 고참자에게 소개한다.

③ 비임원을 임원에게 소개한다.

④ 반드시 성과 이름을 함께 말한다.

⑤ 빠르게 그리고 명확하게 말한다.

> **✔해설** 직장에서의 소개 예절
> ㉠ 나이 어린 사람을 연장자에게 소개한다.
> ㉡ 내가 속해 있는 회사의 관계자를 타 회사의 관계자에게 소개한다.
> ㉢ 신참자를 고참자에게 소개한다.
> ㉣ 동료, 임원을 고객, 손님에게 소개한다.
> ㉤ 비임원을 임원에게 소개한다.
> ㉥ 소개받는 사람의 별칭은 그 이름이 비즈니스에서 사용되는 것이 아니라면 사용하지 않는다.
> ㉦ 반드시 성과 이름을 함께 말한다.
> ㉧ 상대방이 항상 사용하는 경우라면 Dr. 또는 Ph.D. 등의 칭호를 함께 언급한다.
> ㉨ 정부 고관의 직급명은 퇴직한 경우라도 항상 사용한다.
> ㉩ 천천히 그리고 명확하게 말한다.
> ㉪ 각각의 관심사와 최근의 성과에 대하여 간단한 언급을 한다.

25 근면에 대한 설명 중 바르지 않은 것은?

① 근면한 것은 성공을 이루게 되는 기본 조건이 된다.

② 근면과 관련해서 「탈무드」에는 "이 세상에서 가장 한심한 것은 할 일이 없는 것이다"라고 하였다.

③ 근면과 관련해서 「시편」에는 "눈물을 흘리며 씨를 뿌리는 자는 기쁨으로 거두리로다"라고 노래하고 있다.

④ 근면과 게으름은 습관보다는 원래부터 타고난 성품이다.

⑤ 근면은 부지런하고 꾸준한 태도로 나타난다.

> **✔해설** 근면과 게으름은 타고난 성품이라기보다 생활 속에 굳혀진 습관이다.

26 근면에는 두 가지의 종류가 있다. 하나는 외부로부터 강요당한 근면이고, 다른 하나는 스스로 자진해서 하는 근면이 있다. 다음 중 외부로부터 강요당한 근면에 해당하는 것끼리 짝지어진 것은?

> ㉠ 가난했을 때 논밭이나 작업장에서 열악한 노동 조건 하에서 기계적으로 삶을 유지하기 위해 하는 일
> ㉡ 상사의 명령에 의해 잔업하는 일
> ㉢ 회사 내 진급시험을 위해 외국어를 열심히 공부하는 일
> ㉣ 세일즈맨이 자신의 성과를 높이기 위해서 노력하는 일

① ㉠, ㉡
② ㉠, ㉢
③ ㉡, ㉢
④ ㉢, ㉣
⑤ ㉠, ㉢, ㉣

✔해설 ㉠㉡ 외부로부터 강요당한 근면은 억지로 하는 노동과 상사에 의한 잔업이 해당된다.
㉢㉣ 자진해서 하는 근면은 일정한 목표를 성취하기 위해 노력하는 것이 해당된다.

27 다음 정직에 대한 설명 중 옳지 않은 것은?

① 사람은 혼자서는 살아갈 수 없으므로, 다른 사람과의 신뢰가 필요하다.
② 정직한 것은 성공을 이루게 되는 기본 조건이다.
③ 다른 사람이 전하는 말이나 행동이 사실과 부합된다는 신뢰가 없어도 사회생활을 하는데 별로 지장이 없다.
④ 신뢰를 형성하기 위해 필요한 규점이 정직이다.
⑤ 정직은 속임이나 숨김 없이 참되게 행동하는 것이다.

✔해설 사람은 사회적 동물이므로 다른 사람들과의 관계가 매우 중요하다. 이러한 관계를 유지하기 위해서는 다른 사람이 전하는 말이나 행동이 사실과 부합된다는 신뢰가 있어야 한다.

28 성실에 대한 설명 중 옳지 않은 것은?

① "최고보다는 최선을 꿈꾸어라"라는 말은 성실의 중요성을 뜻한다.

② "천재는 1퍼센트의 영감과 99퍼센트의 노력으로 만들어진다"라는 말 역시 성실의 중요성을 뜻한다.

③ 성실이란 근면한 태도와 정직한 태도 모두와 관련이 되어 있다.

④ 성실하면 사회생활을 하는 데 있어서 바보 소리를 듣고, 실패하기 쉽다.

⑤ 성실은 맡은 바 임무에 최선을 다하는 태도이다.

✔ **해설** 성실하면 사회생활을 하는데 있어서 바보 소리를 드고, 실패하기 쉽다는 말은 잘못된 내용이다. 성공한 사람은 모두 성실하게 일을 한 사람들이다.

29 다음 설명에 해당하는 직업윤리의 덕목은?

> 자신의 일이 누구나 할 수 있는 것이 아니라 해당 분야의 지식을 바탕으로 가능한 것이라 믿는 태도

① 전문가의식

② 소명의식

③ 천직의식

④ 직분의식

⑤ 봉사의식

✔ **해설** 직업윤리의 덕목
  ㉠ 소명의식 : 자신이 맡은 일은 하늘에 의해 맡겨진 일이라고 생각하는 태도
  ㉡ 천직의식 : 자신의 일이 자신의 능력에 맞는다 여기고 열성을 가지고 성실히 임하는 태도
  ㉢ 직분의식 : 자신이 하고 있는 일이 사회나 기업을 위해 중요한 역할을 하고 있다고 믿는 태도
  ㉣ 책임의식 : 직업에 대한 사회적 역할과 책무를 충실히 수행하고 책임을 다하는 태도
  ㉤ 전문가의식 : 자신의 일이 누구나 할 수 있는 것이 아니라 해당 분야의 지식을 바탕으로 가능한 것이라 믿는 태도
  ㉥ 봉사의식 : 직업활동을 통해 다른 사람과 공동체에 대해 봉사하는 정신을 갖춘 태도

30 다음 중 직장에서의 명함교환 예절로 옳지 않은 것은?

① 상대방에게서 명함을 받으면 받은 즉시 호주머니에 넣는다.

② 명함은 하위에 있는 사람이 먼저 꺼낸다.

③ 쌍방이 동시에 명함을 꺼낼 때에는 왼손으로 서로 교환하고 오른손으로 옮겨진다.

④ 명함은 반드시 명함 지갑에서 꺼내고 상대방에게 받은 명함도 명함 지갑에 넣는다.

⑤ 명함을 받으면 그대로 집어넣지 말고 명함에 관해서 한두 마디 대화를 건네 본다.

✔ 해설   명함교환 예절

    ㉠ 명함은 반드시 명함 지갑에서 꺼내고 상대방에게 받은 명함도 명함 지갑에 넣는다.

    ㉡ 상대방에게서 명함을 받으면 받은 즉시 호주머니에 넣지 않는다.

    ㉢ 명함은 하위에 있는 사람이 먼저 꺼내는데 상위자에 대해서는 왼손으로 가볍게 받쳐 내는 것이 예의이며, 동
       위자, 하위자에게는 오른손으로만 쥐고 건넨다.

    ㉣ 명함을 받으면 그대로 집어넣지 말고 명함에 관해서 한두 마디 대화를 건네 본다.

    ㉤ 쌍방이 동시에 명함을 꺼낼 때에는 왼손으로 서로 교환하고 오른손으로 옮겨진다.

1 인성검사의 목적

(1) 조직 적합성 평가

인성검사는 지원자의 성품을 알고자 하는 것이 아니다. 인사 담당자는 지원자의 어떠한 특성이 발달했는지를 알아보고, 해당 직무의 특성과 조직의 가치관에 얼마나 합치하는지를 평가한다. 직무 수행 능력과 더불어 조직과의 조화, 가치 공유 여부 등이 특히 중요하게 평가된다. 결국 인성검사는 지원자가 조직에 장기적으로 적합한 인재인지 판단하기 위한 목적을 갖는다.

(2) 조직 리스크 관리

인성검사는 문제 행동 가능성이나 스트레스 대처 방식 등을 파악하는 데에 활용된다. 책임감, 정직성, 협업 태도 등은 조직의 안정성과 직결되는 요소이기 때문에 내부 갈등, 윤리 문제, 조기 퇴사 등과 같은 잠재적인 리스크를 줄이기 위해서 시행된다.

(3) 면접과의 연계

인성검사 결과는 이후 면접에서도 긴밀하게 활용된다. 면접관은 인성검사에서 나타난 지원자의 특징과 응답 경향을 바탕으로 실제 행동이 일관되게 나타나는지를 확인한다. 즉, 인성검사는 면접 단계에서 지원자 답변의 진정성을 검증할 기초 자료를 확보하려는 목적을 내포한다.

(4) 공정하고 객관적인 평가 보완

면접은 주관적인 요소가 개인될 수 있다. 인성검사는 이를 보완하기 위한 객관적인 지표의 역할을 한다. 동일한 기준으로 다수의 지원자를 비교할 수 있기 때문에 선발 과정에서 공정성을 높이는 데에 기여를 할 수 있다. 또한 서류나 면접에서 볼 수 없었던 지원자의 성향을 추가적으로 확인이 가능하다.

(5) 인재 관리 및 배치 참고 자료 확보

채용 이후에 인성검사 결과를 통해서 인재를 배치하고 교육 방향을 설정하는 데에 활용이 가능하다. 팀 구성 시 성향을 고려하여 배치하거나 개인별 강·약점을 파악하여 맞춤형 교육설계가 가능하다.

(1) 기업 인재상 분석

지원 기업의 인재상과 핵심 가치를 사전에 확인해야 한다. 인성검사는 기업 문화 적합도를 평가하는 도구이므로, 기업이 중시하는 성향과 자신의 특성을 비교하는 과정이 필요하다. 이를 통해 과도한 연출 없이도 방향성 있는 응답 기준을 설정할 수 있다.

(2) 직무 성향 파악

같은 기업이라도 직무에 따라 요구되는 성향은 다르다. 예를 들어 영업 직무는 대인관계 적극성과 목표지향성이, 연구 직무는 집중력과 안정성이 상대적으로 중요하다. 지원 직무의 특성을 이해하면 응답 기준을 보다 명확히 정립할 수 있다.

(3) 자기 성향 점검

시험 전 자신의 성향을 객관적으로 정리해보는 과정이 필요하다. 평소 갈등 상황에서의 대응 방식, 규칙 준수 태도, 스트레스 관리 방식 등을 점검하면 응답 일관성을 유지하는 데 도움이 된다. 자기 이해가 부족한 상태에서 시험에 응시할 경우 즉흥적 판단이 늘어날 가능성이 높다.

(4) 모의 문항 연습

유형을 미리 경험하면 시험 당일 긴장을 줄일 수 있다. 특히 반복 문항 구조와 역문항 패턴을 이해하는 연습이 필요하다. 다만 정답을 외우는 방식이 아니라, 자신의 기준을 점검하는 방식으로 연습해야 한다.

(5) 컨디션 관리

인성검사는 장시간 집중을 요구하므로 체력과 집중력 관리가 중요하다. 수면 부족이나 과도한 긴장은 응답 패턴을 흔들 수 있다. 시험 전 충분한 휴식과 안정된 심리 상태를 유지하는 것이 바람직하다.

❸ 인성검사 주요 평가 요소

(1) 성실성

규칙을 잘 지키고 일을 계획적으로 할 수 있는 태도를 말한다. 주요 문항으로는 "하기 싫더라도 주어진 일은 참고 한다", "인내심이 강하다는 말을 듣는다" 등이 있다. 인사 담당자는 성실성이 높은 지원자를 긍정적으로 평가한다. 인내심이 강하고 어려운 업무를 받아도 포기하지 않을 것이라고 생각하기 때문이다.

(2) 이타성

개인보다 공동체의 이익을 강조하는 성향으로, 협동을 중요시하는 조직에서 특히 선호하는 요소이다. "내 일을 끝내면 다른 사람을 돕는다", "봉사나 기부를 하면 뿌듯하다" 등의 문항이 이타성을 평가하는 데 사용된다. 이 타성이 높으면 주로 긍정적인 평가를 받는다. 그러나 과할 경우 타인을 돕는 데 집중하다가 본인의 업무가 지연되거나 처리 효율이 떨어질 수 있다는 우려를 받는다.

(3) 허위성

응답 시 자기 특성을 과도하게 미화하여 표현하려는 성향으로, 입사를 위해 자신을 과장되게 좋은 사람으로 포장하는 경우가 이에 해당한다. 주로 '항상', '한 번도', '언제나' 등의 극단적인 표현이 들어가는 것이 특징이다. 지나치게 꾸며낸 답변은 이후 중복되거나 모순된 문항에 걸리기 쉬우므로 주의한다. 검사에서는 현재의 자신보다 조금 성장한 자신을 표현하는 정도가 적당하다.

> **TIP** 허위성을 판별하는 질문
> 실제 인성검사에서는 아래와 같은 문항을 통해 지원자가 현실적으로 불가능한 완벽함을 추구하지 않는지 판별한다. 과하게 이상적이거나 인간이라면 있을 수밖에 없는 감정과 실수를 부정하는 질문이 이에 해당한다.
> - 늘 기분이 좋다.
> - 화를 낸 적이 한 번도 없다.
> - 나는 어떤 실수도 반복하지 않는다.
> - 절대 충동적으로 행동하지 않는다.
> - 다른 사람을 부럽다고 생각해 본 적이 없다.

(4) 책임감

자신의 행동이 조직에 미치는 영향을 이해하고 주어진 일을 끝까지 해내는 성향을 의미한다. 주요 문항으로는 "맡은 일은 끝까지 해내려고 하는 편이다", "해야 할 일을 미루지 않으려고 노력한다" 등이 있다. 책임감은 일반적으로 성실성과 신뢰성을 보여주는 지표이므로 긍정적으로 평가된다. 그러나 지나치게 높을 경우 강박적으로 보이기도 한다.

(5) 자기주도성

적극적인 업무 태도와 향상성, 자기 개발 능력 등을 나타내는 정신적 활동력을 말한다. 주요 문항으로는 "하고 싶은 일을 좀처럼 실행할 수 없는 편이다", "새로운 것을 만나면 도전하고 싶다" 등이 있다. 자기주도성이 높은 것은 조직 내 성장 가능성과 책임감을 나타내는 긍정적인 요인이다. 그러나 과도하게 높으면 독단적이거나 의사소통에 문제가 있어 보일 수 있다.

(6) 정서안정성

잦은 감정 기복이나 불안 수준 등의 심리적 안정도를 측정한다. 주요 문항으로는 "실수할까 봐 어떤 일을 시작하는 것이 두렵다", "힘들다고 생각하면 쉽게 그만둔다" 등이 있다. 정서안정성이 높을 경우 감정의 폭이 일정하고 상황을 받아들이는 폭이 넓어 업무 적응력 면에서 긍정적인 요인으로 작용한다.

(7) 조직적응력

조직의 규칙과 문화를 이해하고 협동성을 바탕으로 원활한 사내 관계를 유지할 수 있는지를 측정한다. 주요 문항으로는 "팀의 목표를 위해 개인 의견을 조정할 수 있다", "새로운 환경에 빠르게 적응하는 편이다" 등이 있다. 점수가 높으면 조직 생활과 협업에 유리하게 작용한다.

(8) 준법성

업무를 공정하고 투명하게 처리하며 규칙과 절차를 성실히 따르는 성향으로, 공기업이나 공공기관에서 특히 중요시하는 성향이다. 주요 문항으로는 "규칙보다 개인의 편의를 우선시하는 것은 바람직하지 않다", "법에 어긋나더라도 관행이면 상사의 지시를 따른다" 등이 있다. 점수가 높을수록 신뢰감을 얻지만, 과할 경우 융통성이 부족하다는 인상을 줄 수 있다.

(9) 대인관계능력

타인과 원만하고 협조적인 관계를 형성할 수 있는지를 보여주는 지표이다. 주요 문항으로는 "새로운 사람들과 적응하는 시간이 짧다", "갈등이 생기면 대화를 통해 해결하는 것이 좋다" 등이 있다. 대인관계능력이 높으면 원만한 조직 생활이 가능하므로 긍정적인 평가를 받는다. 하지만 사교적으로 보이기 위해 지나치게 꾸며낸 답변은 오히려 진정성을 의심받을 수 있다.

(10) 문제해결능력

난관이나 갈등 상황에서 원인을 분석하고 현실적인 대안을 모색하여 문제를 해결하는 능력을 측정한다. 주요 문항으로는 "예상치 못한 문제에도 침착하게 대응할 수 있다", "일이 해결될 때까지 어려워도 버텨내는 편이다" 등이 있다. 이러한 능력은 도전적이고 책임감 있는 사람으로 평가받는 데 영향을 준다.

4 인성검사 불합격 요인

(1) 직무부적합

지원 직무를 수행하는 데 필요한 성향이나 역량이 부족하다고 판단되는 경우이다. 세밀함이 요구되는 업무에서 충동적인 성향이나 낮은 주의력이 나타나는 경우가 이에 해당한다. 검사 전 지원 직무에 어울리는 성향을 정확히 이해하는 것이 중요하다.

(2) 조직에 부적합한 성향

조직의 가치관이나 문화와 조화를 이루기 어렵다고 평가되는 경우이다. 협력보다 경쟁을 선호하거나, 규율을 중시하는 환경에서 자유로운 분위기를 선호하는 경우가 이에 해당한다. 지원하는 조직이 원하는 인재상을 미리 파악해 두는 것이 좋다.

(3) 일관적이지 않은 답변

동일하거나 유사한 문항에 상반된 답을 반복적으로 제시한 경우이다. 이는 자신의 성향을 정확히 인식하지 못했거나, 인위적으로 '좋은 인상'을 주려는 의도로 답변했을 가능성을 의미한다. 앞서 언급했듯 최대한 꾸밈없이 일관된 답변을 하는 것이 중요하다.

(4) 극단적 성향

성격 특성이 한쪽으로 지나치게 치우친 경우이다. 자신감이 지나쳐 독단적으로 보이거나, 소극적인 태도가 지나쳐 단호함이 부족해 보이는 경우가 이에 해당한다. 특정 성향이 과도하게 드러나도록 답변하는 것은 바람직하지 않다.

(5) 과도하게 이상적인 인간인 것

과도하게 이상적인 인물로 답하면 문항 간 응답 일관성이 무너져 신뢰도 점수가 낮아질 수 있다. 모든 항목에 극단적으로 긍정 응답을 선택할 경우, 사회적 바람직성 왜곡으로 판단되어 감점 요인이 된다. 완벽한 사람이 아니라 예측 가능한 사람을 선호하기 때문에 과장된 응답은 오히려 탈락 위험을 높인다.

⑤ 인성검사 대응 전략

(1) 솔직하게 답변한다.

인성검사에는 정답 대신 조직에서 바라는 인재상 또는 기대하는 답변이 있을 뿐이다. 이를 염두에 두되, 자신을 과도하게 가공하여 표현하지 않도록 주의한다. 솔직함이 일관성과 진정성을 유지하는 가장 중요한 요소가 된다.

(2) 신속하게 답변한다.

인성검사의 문항 수는 대개 150 ~ 300문항 정도이다. 너무 곰곰이 생각하다가는 문항을 다 읽지 못한 채 시간이 끝나거나, 시간에 쫓겨 대충 답하게 될 수도 있다. 이 점에 유의하여 문항을 본 순간 떠오른 첫 생각을 신속히 마킹하는 것이 바람직하다.

(3) 일관성 있게 답변한다.

실제 인사 담당자 인터뷰에 따르면, 인성검사에서 일관성 없는 답변을 한 지원자가 감점되어 탈락한 사례가 많다. 과장되거나 거짓된 응답은 결국 문항 간 모순으로 드러난다. 따라서 상기한 대로 솔직하고 일관성 있게 대답하는 것이 좋다.

(4) 반복해서 연습한다.

인성검사는 세세한 부분은 달라도 전체 구조나 패턴이 유사하다. 긴 시간 집중력을 유지하고 체력을 분배하기 위해 사전에 다양한 모의고사를 치러보며 마킹까지 끝낼 수 있도록 반복해서 연습하는 것이 좋다. 반복 연습은 사고의 일관성과 반응 속도를 높이는 데 도움이 된다.

(5) 인재상에 맞는 방향성을 설정한다.

인성검사는 기업이 추구하는 인재상과의 적합도를 확인하는 과정인 만큼 해당 기업의 핵심가치, 기업 철학 등을 파악하고 그에 부합하는 성격을 설정하는 것이 도움이 된다. 실제로 일부 지원자는 모니터 옆에 지원하는 기업의 인재상을 붙여 두고, 해당 기준에 따라 일관된 태도를 유지하며 답변하는 전략을 사용한다. 다만 주지하다시피 현실적인 범위 내에서 진정성을 유지하는 것이 중요하다.

(6) 면접에 적용한다.

인성검사 결과는 면접에 사용된다. 만일 정직성이 의심된다면 면접에서 그 부분을 기반으로 한 질문을 받게 될 것이다. 인성검사에서 자신을 어떤 사람으로 표현했는지 잘 기억하며 면접에서도 같은 방향성을 유지하는 것이 좋다. 기업의 인재상과 자신의 인성검사 답변을 정리하여 면접 준비에 활용하도록 한다.

1 심리적 측면

(1) 민감성

① 특징 : 꼼꼼함, 섬세함 등의 요소를 통해 얼마나 정서적으로 안정되었는지를 측정한다. 적당한 민감성은 세심하고 감수성이 풍부하다는 장점으로 이어질 수 있다.

② 면접 시 유의점

- ㉠ 민감성이 높은 경우 : 인사 담당자는 동료와의 관계 유지나 스트레스 대응력 등을 우려할 수 있다. 따라서 타인의 감정에 잘 공감하고 배려하는 소통 능력을 강조하는 것이 좋다.
- ㉡ 민감성이 낮은 경우 : 주변의 변화나 타인의 감정에 둔감하다는 인상을 줄 수 있다. 상대의 의견을 충분히 경청하고 상황 변화에 유연하게 대응해 온 경험을 드러내는 것이 좋다.

(2) 과민성

① 특징 : 예상치 못한 어려움이 발생했을 때 부정적인 감정을 얼마나 크게 받아들이는지를 측정한다. 문제에 예민하게 반응하거나 스스로를 비난하고 책망하는 경향 등이 포함된다.

② 면접 시 유의점

- ㉠ 과민성이 높은 경우 : 비관적인 성격으로 예상될 가능성이 있다. 문제 상황에서 침착하게 대처하고 스트레스를 균형 있게 조절할 수 있음을 어필하는 것이 좋다.
- ㉡ 과민성이 낮은 경우 : 감정에 흔들리지 않고 안정된 대인 관계를 유지할 수 있는 사람으로 평가받을 수 있다. 그러나 과도하게 낮다면 자기중심적으로 보일 수 있으므로 사교적이고 긍정적인 태도를 어필하는 것이 좋다.

(3) 불안성

① 특징 : 기분의 굴곡이 얼마나 큰지 측정하는 항목이다. 새로운 상황이나 예기치 못한 변화가 발생했을 때 정서적으로 얼마나 흔들리는지를 파악하고자 한다.

② 면접 시 유의점

　㉠ 불안성이 높은 경우 : 불안성이 높은 사람은 의지보다 감정에 따라 행동하기 쉽다. 그러므로 불안성 점수가 높은 지원자는 감정 조절 능력을 강조하고 차분한 태도로 면접에 임하는 것이 좋다.

　㉡ 불안성이 낮은 경우 : 쉽게 일비일희하지 않아 안정적으로 성과를 낼 수 있는 지원자로 보일 수 있다. 그러므로 면접에서도 이러한 장점을 적절히 부각하여 신뢰감을 주는 것이 좋다.

(4) 독자성

① 특징 : 주변에 대한 견해나 관심보다는 자신의 관점과 느낌을 중요하게 생각하는 개인성의 정도를 측정한다. 주로 독자성이 낮을수록 상식적이며 일반적인 판단 기준에 따라 행동한다고 본다.

② 면접 시 유의점

　㉠ 독자성이 높은 경우 : 독창적이고 자율적인 사고를 강조할 수 있지만, 규범이나 절차를 중시하는 조직 환경에서는 적응에 어려움을 겪을 가능성이 있다. 해당 경우 협업 과정에서 타인의 의견을 수용하고 조직의 기준을 존중하는 태도를 보이는 것이 좋다.

　㉡ 독자성이 낮은 경우 : 지나치게 수동적으로 보이지 않아야 한다. 필요한 상황에서는 스스로 판단하고 의견을 제시할 수 있음을 함께 어필하는 것이 좋다.

(5) 자신감

① 특징 : 자신의 능력과 가치를 얼마나 긍정적으로 인식하고 있는지 측정한다. 적정 수준의 자신감 표출은 도전 의지와 안정된 자기 효능감으로 이어질 수 있다.

② 면접 시 유의점

　㉠ 자신감이 높은 경우 : 자신감 점수가 너무 높으면 오만하게 보일 수 있다. 따라서 겸손한 태도와 함께 타인의 의견을 존중하며 협력한 경험을 제시해 균형 잡힌 인상을 주는 것이 좋다.

　㉡ 자신감이 낮은 경우 : 소극적이거나 쉽게 좌절할 것으로 평가될 수 있다. 이때는 맡은 일을 책임감 있게 완수한 경험과 꾸준히 발전해 온 모습을 강조하는 것이 좋다.

(6) 고양성

① 특징 : 자유분방함, 명랑함 등과 같은 정서적 활성도를 측정한다. 기본적인 정서적 에너지 수준과 대인 상황에서의 자기표현 방식을 파악하고자 한다.

② 면접 시 유의점

    ㉠ 고양성이 높은 경우 : 착실함과 집중력이 요구되는 직무에서 산만하다는 인상을 남길 수 있으므로 주의가 필요하다. 필요할 때는 착실하고 책임감 있게 업무를 수행할 수 있음을 어필하는 것이 좋다.

    ㉡ 고양성이 낮은 경우 : 안정적인 태도와 일관된 업무 수행력이 기대되나, 지나치게 낮은 경우에는 감정표현이 다소 부족해 보일 수 있다. 차분한 모습으로 소통 면에서의 신뢰감을 주면 좋다.

(7) 진위성

① 특징 : 자신을 필요 이상으로 좋게 포장하거나 기업체가 바라는 이상적인 대답을 하고 있지는 않은지 측정한다. 지원자의 진정성과 일관성을 파악하고자 한다.

② 면접 시 유의점

    ㉠ 진위성이 높은 경우 : 정직하고 외부의 압력과 스트레스에도 흔들리지 않는 사람으로 평가받을 수 있다. 이러한 긍정적인 면을 일관되게 유지하여 면접에 임하는 것이 좋다.

    ㉡ 진위성이 낮은 경우 : 과장되거나 인위적인 답변을 했다는 인상을 줄 수 있다. 솔직하고 꾸며내지 않은 경험을 제시하여 진정성을 드러내고 신뢰를 회복하는 것이 중요하다.

② 행동적 측면

(1) 신중성

① 특징 : 의사결정이나 행동을 취하기 전에 얼마나 면밀히 사고하고 판단하는지를 측정하며, 계획적이고 체계적으로 접근하려 하는 성향을 포함한다.

② 면접 시 유의점

  ㉠ 신중성이 높은 경우 : 완벽주의 성향으로 인해 업무 효율성이 저하되거나 변화 대응력이 부족할 것이라는 인상을 줄 수 있다. 신중성뿐만 아니라 추진력 또한 갖추었음을 어필하는 것이 좋다.

  ㉡ 신중성이 낮은 경우 : 빠른 실행력을 장점으로 제시하되, 충동적이고 경솔한 유형이라는 평가를 받지 않도록 중요한 결정 시에는 충분한 검토 과정을 거친다는 점을 함께 설명하는 것이 좋다.

(2) 지속성

① 특징 : 목표를 설정한 후 그것을 달성하기 위해 지속적으로 노력을 기울이는 정도를 측정한다. 난관이나 장애물에 직면했을 때도 쉽게 포기하지 않고 끝까지 과업을 완수하려는 태도가 이에 해당한다.

② 면접 시 유의점

  ㉠ 지속성이 높은 경우 : 인내심이 많지만 특정 업무에만 몰두하여 유연한 업무 처리가 어려울 것이라는 우려를 남긴다. 상황에 따라 우선순위를 조정하는 유연성을 어필하는 것이 좋다.

  ㉡ 지속성이 낮은 경우 : 쉽게 포기하거나 끈기가 부족하다는 인상을 줄 수 있다. 그러므로 맡은 일을 끝까지 책임지고 마무리할 의지가 있다는 점을 분명하게 전달하는 것이 좋다.

(3) 침착성

① 특징 : 예상치 못한 상황이나 압박 속에서도 감정 동요 없이 차분하게 행동할 수 있는지를 측정한다. 위기 상황에서 냉정함을 유지하며 합리적인 판단을 내리는 능력과 관련이 있다.

② 면접 시 유의점

  ㉠ 침착성이 높은 경우 : 신중하게 계획을 세워 안정적으로 업무를 수행할 것이라고 평가된다. 차분하게 면접에 임하여 이러한 강점을 입증하되, 소극적이거나 열정이 부족해 보이지 않도록 주의한다.

  ㉡ 침착성이 낮은 경우 : 충분한 검토 없이 즉각적으로 행동하는 유형으로 해석될 수 있다. 인사 담당자에게 경솔하다는 인상을 줄 수 있으므로 사려 깊고 신중한 태도를 충분히 드러내는 것이 좋다.

(4) 신체활동성

① 특징 : 신체적인 에너지를 활용하는 활동에 대한 선호와 의지 정도를 측정한다. 활동적 환경과 정적인 환경 중 어떤 상황에서 더 안정적으로 행동하는지를 파악한다.

② 면접 시 유의점

　　㉠ 신체활동성이 높은 경우 : 적극적이고 추진력 있다는 인상을 줄 수 있다. 그러나 집중력과 신중함이 필요한 업무에서는 부정적인 요인으로 평가될 수도 있다. 활동을 통해 얻은 구체적인 성과를 강조하고, 상황에 따라 유연하게 대응하는 능력을 어필하는 것이 좋다.

　　㉡ 신체활동성이 낮은 경우 : 차분하고 안정적인 태도를 지닐 것으로 기대되지만, 자칫 에너지가 부족해 보일 수도 있다. 맡은 일에 적극적으로 성과를 내고자 하는 태도를 강조해 균형 잡힌 이미지를 전달하는 것이 좋다.

(5) 사회적 내향성

① 특징 : 대인 관계 시 나타나는 개방성과 사교성 등을 측정한다. 낯선 상황에서 타인과 상호작용하는 방식, 의사 표현의 적극성, 협업 시 보이는 관계 형성 패턴 등을 파악한다.

② 면접 시 유의점

　　㉠ 사회적 내향성이 높은 경우 : 조용하고 신중한 태도를 보이는 경향이 있다. 과묵하게 보이지 않도록 배려와 경청을 기반으로 한 의사소통 방식을 자연스럽게 드러내어 협업에 문제없다는 인상을 주는 것이 좋다.

　　㉡ 사회적 내향성이 낮은 경우 : 자기주장이 강하거나 협조성이 부족하다는 평가를 받을 수 있다. 면접 상황에서 발언 비중을 조절하고 경청의 태도를 보이면 안정감을 줄 수 있다.

③ 의욕적 측면

(1) 달성의욕

① 특징 : 자신이 설정한 목표를 이루기 위해 노력하고자 하는 성취 지향적인 태도를 측정한다. 높은 이상이나 뚜렷한 목적의식을 가졌는지를 판별한다.

② 면접 시 유의점

　㉠ 달성의욕이 높은 경우 : 자기 계발 의지 및 경쟁심 등으로 연결될 수 있어 대부분의 조직에서 긍정적으로 평가된다. 다만 점수가 지나치게 높은 경우 독단적이거나 고집이 세 보일 수 있으므로 수용적인 태도를 함께 갖추는 것이 좋다.

　㉡ 달성의욕이 낮은 경우 : 도전 의지가 부족하거나 목표 설정에 소극적인 인상을 줄 수 있다. 주어진 역할을 꾸준히 수행하여 안정적인 성취를 이룬 경험을 드러내는 것이 좋다.

(2) 활동의욕

① 특징 : 목표를 위해 정신적인 에너지를 발휘하고 적극적으로 행동하려는 활동력 및 추진력을 측정한다. 새로운 일을 마주했을 때 빠르게 움직이고, 상황을 주도적으로 이끄는 것이 이에 해당한다.

② 면접 시 유의점

　㉠ 활동의욕이 높은 경우 : 대개 상황 판단이 빠르고 실행 능력이 뛰어나다고 평가받는다. 다만 상황에 맞춰 의욕을 조절할 수 있음을 함께 보여 이러한 성향이 과도한 성급함으로 해석되지 않도록 하는 것이 좋다.

　㉡ 활동의욕이 낮은 경우 : 신중하고 차분한 특성이 강조된다. 소극적인 인재로 해석될 가능성이 있으므로 업무 진행 과정에서 주도성을 발휘할 수 있다는 태도를 보이는 것이 좋다.

__TIP__ 인재상과 나의 실제 성격이 다를 때

기업체의 인재상과 나의 실제 성격이 다를 수 있다. 그럴 때는 자신의 성향을 해석하고 전달하는 방식을 바꾸어 인재상과 연결 짓도록 한다.

- 사회적 내향성이 높은 성격이지만 협동력과 대인관계능력을 중요시하는 인재상을 요구받을 수 있다. 이 경우 내성적이지만 경청을 잘해 갈등 중재에 뛰어나다는 점을 강조한다.
- 사회적 내향성이 낮고 신체활동성이 높아서 성실성을 강조하는 인재상에 맞지 않는 경우가 있다. 이 경우 체력을 기반으로 꾸준히 노력할 수 있는 인재라는 점을 어필한다.

인성검사의 예시

1 인성검사 유형

(1) 복합형

복합형 인성검사는 하나의 문항 안에 서로 다른 성향을 암시하는 질문을 제시하여 응답자가 어떤 특성을 우선시하는지 확인하는 유형이다. 즉, 응답자의 성향이 얼마나 일관된 기준을 중심으로 정리되어 있는지를 통해 응답자의 균형감각과 우선순위 설정 능력 등을 확인하는 데에 활용된다.

(2) 생각일치형

생각일치형 인성검사는 개인의 가치관, 신념, 사고방식이 어떤 형태를 띠고 있는지 판단하는 유형이다. 주로 업무 태도, 인간관계, 문제 해결 방식과 같이 인지적 판단이 개입되는 영역을 다루는 문항이 출제된다. 이를 통해 지원자의 생각이 상황에 따라 쉽게 바뀌는지, 혹은 일정한 기준에 따라 논리적으로 사고하는지를 확인하고자 한다.

(3) 행동일치형

행동일치형 인성검사는 지원자의 실제 행동 경향을 중심으로 성향을 판단하는 유형이다. 생각이나 태도와 달리 행동은 비교적 꾸며내기 어렵다는 점에서 중요한 평가 자료로 활용될 수 있다. 이 유형은 '어떻게 생각하는가'보다는 '실제로 어떻게 행동해 왔는가'를 기준으로 성향을 파악한다. 즉, 지원자의 실천 가능성과 지속성 등을 중점적으로 평가한다.

(4) 진위형

진위형 인성검사는 문항에 대해 '그렇다/아니다'와 같은 구조로 이분법적 선택을 요구하는 유형이다. 문항 자체는 비교적 단순해 보일 수 있으나, 동일하거나 유사한 내용이 반복적으로 제시되며 응답의 진실성과 일관성을 검증하는 데에 자주 활용된다.

(1) 응답 요령

복합형 응답법

- 응답 Ⅰ : 각각의 문항에 대해 자신이 동의하는 정도를 ① (전혀 그렇지 않다) ~ ⑤ (매우 그렇다)로 표시한다.
- 응답 Ⅱ : 제시된 문항들을 비교하여 상대적으로 자신의 성격과 가장 가까운 문항 하나와 가장 거리가 먼 문항 하나를 선택한다. 응답 Ⅱ는 가깝다 한 개, 멀다 한 개, 무응답 두 개여야 한다.

(2) 예시 및 해설

질문	응답 Ⅰ ① ② ③ ④ ⑤	응답 Ⅱ 멀다　가깝다
A. 무슨 일도 좀처럼 시작하지 못 한다.		
B. 초면인 사람과도 바로 친해질 수 있다.		
C. 행동하고 나서 생각하는 편이다.		
D. 쉬는 날은 집에 있는 경우가 많다		

〈문항 해설〉

A. 자신감을 구분하는 문항이다.
B. 사회적 내향성을 구분하는 문항이다.
C. 신중성을 구분하는 문항이다.
D. 신체활동성을 구분하는 문항이다.

(3) 응답 전략

① 다양한 응답 유형 사이에서도 일관성을 유지하는 것이 중요하다. 문항 전체에서 흔들리지 않는 핵심 가치를 하나 잡고 응답을 이어 나가는 것이 도움 될 수 있다.

② 모든 항목에서 '매우 그렇다/매우 아니다'를 선택하면 신뢰도가 떨어지고 진정성을 의심받을 수 있다. 너무 이상적이거나 완벽한 사람처럼 보이는 응답은 되도록 피한다.

③ 상황에 따라 유연하게 판단할 수 있다는 인상을 주되, 책임 회피형 응답은 피한다.

③ 생각일치형 응답 요령과 예시

(1) 응답 요령

(2) 예시 및 해설

질문	가깝다	멀다
나는 계획적으로 일을 하는 것을 좋아한다.		
나는 꼼꼼하게 일을 마무리하는 편이다.		
나는 새로운 방법으로 문제를 해결하는 것을 좋아한다.		
나는 빠르고 신속하게 일을 처리해야 마음이 편하다.		

〈문항 해설〉
질문 : 업무 수행에서의 방식 · 태도 · 정밀도 · 속도에 대한 선호를 비교하여 신중성의 수준을 구분하는 문항이다.

(3) 응답 전략

① 유사한 맥락의 문항을 반복적으로 물어 일관성을 확인하는 유형이다. 비슷한 문항은 의미 단위로 기억하여 일관적인 답변을 제시하도록 한다.

② 의미상 양극단의 문항(ex. 나는 꼼꼼하게 일을 마무리하는 편이다/나는 세심하지 못한 편이다)에 모순되는 답변을 하지 않도록 특히 주의한다.

③ 너무 극단적으로 보일 수 있는 문항은 되도록 선택을 피하는 것이 좋다.

④ 행동일치형 응답 요령과 예시

(1) 응답 요령

행동일치형 응답법

제시된 ① ~ ④ 질문 중에서 자신과 가장 가깝다고 생각하는 것은 ㄱ에 표시하고, 자신과 가장 멀다고 생각하는 것은 ㅁ에 표시한다.

(2) 예시 및 해설

1	① 아무것도 생각하지 않을 때가 많다.	ㄱ ①②③④
	② 스포츠는 하는 것보다 보는 게 좋다.	
	③ 성격이 급한 편이다.	ㅁ ①②③④
	④ 비가 오지 않으면 우산을 가지고 가지 않는다.	

〈문항 해설〉

① 활동의욕을 구분하는 문항이다.
② 신체활동성을 구분하는 문항이다.
③ 침착성을 구분하는 문항이다.
④ 신중성을 구분하는 문항이다.

(3) 응답 전략

① 행동 양상을 분석해서 생각과의 일관성을 판단하는 유형이다. 생각과 행동이 일치할 때 설득력이 높아짐에 유의한다.

② 지원하는 직무의 역할과 맥락을 고려하여, 태도에서 강조한 강점이 행동 사례에서도 입증되도록 응답한다.

③ 너무 극단적인 표현이나 단정 짓는 어조를 가진 문항에 주의하여 응답한다.

⑤ 진위형 응답 요령과 예시

(1) 응답 요령

진위형 응답법

제시된 질문을 읽은 다음 자신에게 해당하는 것이라면 YES를 선택하고, 해당하지 않는다면 NO를 선택한다.

(2) 예시 및 해설

질문	YES	NO
1. 집에 머무는 시간보다 밖에서 활동하는 시간이 더 많은 편이다.		
2. 자주 생각이 바뀌는 편이다.		
3. 사람들과 관계 맺는 것을 잘하지 못한다.		
4. 끈기가 있는 편이다.		
5. 인생의 목표는 큰 것이 좋다.		

〈문항 해설〉

1. 신체활동성을 구분하는 문항이다.
2. 신중성을 구분하는 문항이다.
3. 사회적 내향성을 구분하는 문항이다.
4. 지속성을 구분하는 문항이다.
5. 달성의욕을 구분하는 문항이다.

(3) 응답 전략

① 단순 양자택일의 유형이므로 극단적인 진술이 되지 않도록 특히 주의한다.

② 조직의 인재상에 부합하는 중요한 가치에는 일관된 긍정 답변을 제시하는 것이 좋다.

③ 약한 수준의 부정적 성향을 묻는 문항(ex. 나는 <u>가끔</u> 우울하다)에는 솔직하게 긍정해서 진정성을 드러내는 것이 좋다.

6 상황판단형 응답 요령과 예시

(1) 응답 요령

상황판단형 응답법

상황판단형은 개인의 감정보다 조직 기준에 부합하는 행동을 선택하는 것이 중요하다. 무조건적인 반항, 무조건적인 복종과 같은 극단적인 행동은 감점 요인이 될 수 있다. 문항에서 제시된 상황의 맥락을 먼저 파악한 뒤, 책임성과 협업성을 동시에 고려해야 한다.

(2) 예시 및 해설

문항 질문 : 상사가 규정을 다소 위반하는 방식으로 업무를 처리하라고 지시하였다. 당신의 행동으로 가장 적절한 것은 무엇인가?
① 지시에 따르되, 문제 발생 시 책임은 상사에게 전가한다.
② 규정 위반이므로 즉시 거부하고 문제를 외부 기관에 신고한다.
③ 우선 상사에게 규정 위반 가능성을 설명하고 대안을 제시한다.
④ 지시에 따르되, 별다른 의견은 제시하지 않는다.

〈문항 해설〉
① 책임 회피적 태도로 판단될 수 있으며 조직 신뢰성 측면에서 부정적으로 평가될 가능성이 있다.
② 원칙 중심적 태도는 긍정적이나, 조직 내 해결 노력 없이 즉각 외부 신고를 선택하는 것은 협업성 부족으로 해석될 수 있다.
③ 규정을 존중하면서도 상사와의 소통을 통해 해결을 시도하는 방식으로, 책임감 · 의사소통 능력 · 조직 적응성을 동시에 보여주는 선택이다.
④ 갈등을 회피하고 수동적으로 따르는 태도로 평가될 수 있으며, 문제 해결 능력이 낮게 판단될 가능성이 있다.

(3) 응답 전략

① 상황의 핵심 갈등 요소를 먼저 파악해야 한다.

② 조직 질서를 존중하되 소통과 문제 해결 노력을 포함한 선택지를 우선 고려한다.

③ 감정적 대응이나 책임 회피형 선택은 지양하고, 책임 · 협업 · 합리성이 균형을 이루는 답안을 선택하는 것이 바람직하다.

면접의 이해

① 면접 목적

(1) 역량 검증

면접은 다양한 기법을 활용하여 지원자가 직무에 필요한 능력을 보유하고 있는지 확인하는 절차이다. 지원자는 직무 수행에 필요한 요건과 관련한 자신의 경험, 관심사, 성취 등을 기업에 직접 어필하고, 인사 담당자는 기업은 서류만으로는 알 수 없는 지원자의 정보를 직접적으로 판단하고 평가한다.

(2) 강점 어필

면접은 보통 대면으로 이루어지며, 즉흥적인 질문을 포함하기 때문에 지원자가 완벽하게 준비하기 어렵다. 그러나 지원자에게는 서류 전형에서 미처 보이지 못한 실제 외국어 능력이나 커뮤니케이션 능력, 비즈니스 매너 등을 인사 담당자에게 추가로 어필하는 기회가 될 수 있다.

(3) 가치관 및 태도 확인

지원자의 성실성, 책임감, 윤리 의식 등 기본적인 인성 요소를 종합적으로 판단한다. 위기 상황에서의 태도, 실패 경험에 대한 인식 등을 통해 가치관의 방향성을 확인한다. 이는 장기 근속 가능성과도 밀접하게 연결되는 평가 요소이다.

(4) 의사소통 능력 평가

면접은 질문을 이해하고 핵심을 구조화하여 전달하는 능력을 평가하는 과정이다. 논리 전개력, 표현의 명확성, 경청 태도 등을 종합적으로 본다. 특히 조직 내 보고·협업 환경에서 원활한 소통이 가능한지를 판단한다.

(5) 성장 가능성 탐색

현재 역량뿐 아니라 향후 발전 가능성을 함께 평가한다. 피드백 수용 태도, 자기 성찰 능력, 학습 의지를 통해 잠재력을 확인한다. 즉시 투입 가능한 인재와 동시에 장기적으로 성장할 수 있는 인재를 선별하고자 한다.

(1) 경험에 대한 이해와 성찰

면접 평가에서는 지원자가 제시한 경험 그 자체보다 해당 경험을 통해 무엇을 느꼈고 어떤 발전을 이루어냈는지가 더 중요하게 고려된다. 동일한 경험이라 하더라도 문제 인식의 깊이, 판단의 기준, 성찰 정도에 따라 평가가 달라질 수 있다.

(2) 태도와 잠재력

면접관은 지원자의 의사소통 방식, 질문에 대한 반응 등을 통해 협업 능력과 발전 의지를 파악한다. 완벽한 답변보다는 겸손하면서도 주도적인 자세, 피드백을 수용하는 열린 태도, 그리고 조직의 가치관과 부합하는 직업관을 가지고 있을 때 좋은 평가를 받을 수 있다.

(3) 직무 역량

지원 직무와 관련된 이해도, 문제 해결 능력, 실무 적용 가능성을 평가한다. 경험 기반 답변이 구체적일수록 높은 평가를 받을 가능성이 크다.

(4) 의사소통 능력

질문 의도를 정확히 이해하고 구조적으로 답변하는지를 본다. 논리 전개, 핵심 전달력, 태도의 안정성이 중요한 요소이다.

(5) 조직 적합성

기업 문화와의 조화 가능성을 평가한다. 협업 태도, 갈등 해결 방식, 규범 수용 태도 등이 관찰 대상이다.

(6) 태도 및 인성

자신감, 성실성, 책임감, 예의 등을 종합적으로 판단한다. 지나친 과장이나 방어적 태도는 감점 요인이 될 수 있다.

(7) 성장 가능성

현재 능력뿐 아니라 학습 의지와 발전 가능성을 함께 평가한다. 피드백 수용 태도와 자기 성찰 능력도 중요한 요소이다.

면접 준비

① 면접 전 준비 사항

(1) 복장 및 스타일

최근 면접 복장을 점차 자율화하는 추세지만, 인사 담당자와 처음으로 만나는 자리이므로 예의를 갖춰 단정하게 입는 것이 좋다.

- 깔끔한 셔츠나 블라우스에 슬랙스를 매치하는 것이 가장 무난하다. 여성의 경우 단정한 원피스도 좋은 선택지가 될 것이다.
- 너무 화려한 액세서리와 넥타이, 높은 구두는 피하는 것이 좋다.
- 헤어스타일 역시 복장의 일부이기에 단정하게 정돈한다. 앞머리가 있다면 눈을 가리지 않도록 정리한다. 여성의 경우 묶이지 않는 길이가 아니라면 깔끔하게 묶는 것을 권장한다.

(2) 조직 정보 확인

지원한 조직의 홈페이지에서 비전과 경영 목표 등을 미리 확인한다. 조직마다 지향점이 다르고, 그 지향점에 따라 지원자에게 바라는 인재상 또한 달라지기 때문이다. 조직에서 제시하는 핵심 가치나 인재상에 자신의 경험과 강점을 연결 지어 답변할 수 있도록 준비한다.

(3) 시간 준수

예절의 기본은 시간이다. 지각할 경우 면접에 응시할 수 없거나 불이익을 받을 가능성이 높다. 면접 시간과 장소가 결정되면 가장 먼저 교통편과 소요 시간을 미리 확인하도록 한다. 가능하면 사전에 방문해 본다. 면접 당일 여유를 가지고 20 ~ 30분 전에 도착하는 것이 좋다.

(4) 지원서와 자기소개서 숙지

인성 면접은 지원서와 자기소개서에 관한 내용을 바탕으로 진행하기 마련이다. 그러므로 작성했던 지원서와 자기소개서를 사전에 충분히 숙지하도록 한다. 특히 자신이 작성한 경험이나 성과에 대해 '왜 그렇게 했는지', '그 과정에서 무엇을 배웠는지' 등의 세부 내용을 명확히 알고 있어야 꼬리 질문에 대비할 수 있다.

(5) 최신 뉴스와 시사상식 파악

사회 이슈에 대한 견해나 시사상식에 관한 질문에 대비하기 위해, 지원한 분야와 관련된 최신 뉴스와 시사상식을 알아 두는 것이 좋다. 이런 부분에서 해당 조직에 대한 관심, 입사 의지, 직무 이해도 등을 보일 수 있다.

(6) 예상 질문 및 답변 준비

사전에 다빈도 기출 질문 리스트를 만들고 예상 답변을 정리해 본다. 다소 긴장한 상태에서도 자연스럽게 답할 수 있도록 반복해서 연습한다. 거울을 보며 말하거나 답변하는 자신의 모습을 동영상으로 촬영해 보는 것도 도움이 될 수 있다.

(7) 면접 점검표

점검사항	확인
① 면접 장소를 확인했다.	
② 면접 장소까지의 교통편과 소요 시간을 확인했다.	
③ 지원한 조직의 비전과 목표를 확인했다.	
④ 지원한 조직의 인재상을 확인했다.	
⑤ 면접 자리에 알맞은 복장을 준비했다.	
⑥ 헤어스타일을 단정하게 정돈했다.	
⑦ 지원서와 자기소개서를 숙지했다.	
⑧ 지원한 조직의 보도 자료를 확인했다.	
⑨ 지원 분야와 관련된 최신 뉴스를 확인했다.	
⑩ 지원 분야와 관련된 시사상식을 숙지했다.	
⑪ 다빈도 기출 질문 리스트를 만들고 예상 답변을 정리했다.	

② 면접 중 유념 사항

(1) 자세

① 인사를 할 때는 목만 숙인다거나 흐트러진 상태가 되지 않도록 주의한다.

② 걸을 때는 상체를 곧게 유지하고 발끝은 평행이 되게 하며 무릎은 스치듯 11자로 걷는다. 보폭은 어깨너비만큼이 적당하지만, 스커트를 입은 경우 보폭을 줄인다.

③ 서 있을 때는 팔을 자연스럽게 내리고 양손을 가볍게 쥐어 바지 옆선에 붙인다. 스커트를 입은 경우 공수 자세를 유지한다.

④ 앉아 있을 때 시선은 정면을 바라보며 턱은 가볍게 당기고 미소를 짓는다.

⑤ 앉고 일어날 때는 자세가 흐트러지지 않도록 의식해서 행동한다.

(2) 언어적 표현

① 인사말을 할 때는 밝고 친근감 있는 목소리로 또박또박 발성하며, 이름과 응시직렬, 수험번호 등을 간략하게 소개한다.

② 면접은 면접관과 지원자가 서로 이야기를 나누는 과정이므로 목소리가 미치는 영향력이 상당히 크다. 때문에 적절한 답변을 하더라도 자신감 없는 작은 목소리나 콧소리를 동반하면 신뢰감이 떨어질 수 있다. 부드러우면서 명확한 목소리를 유지하는 것이 바람직하다.

(3) 비언어적 표현

① 표정은 감정을 가장 잘 표현할 수 있는 의사소통 도구이며, 면접에서 지원자의 첫인상을 결정하는 중요한 요소 중 하나이다. 따라서 면접 중에는 밝은 표정으로 미소를 지어 호감을 형성할 수 있도록 한다.

② 시선은 면접관과 고르게 맞추고 생기 있는 눈빛을 띠도록 한다. 인사 시에는 상대방의 눈을 보며 하는 것이 가장 중요하지만, 너무 빤히 쳐다본다는 느낌이 들지 않도록 주의한다.

3 **면접관의 감점 포인트**

(1) 질문 의도 파악 실패

질문과 무관한 답변을 장황하게 이어가는 경우 감점 요인이 된다. 면접은 말하기 시험이 아니라 질문에 정확히 답하는 능력을 평가하는 과정이다. 질문의 핵심을 파악하지 못하면 직무 이해도와 사고력에 대한 신뢰가 낮아질 수 있다.

(2) 경험의 구체성 부족

추상적인 표현이나 일반론적 답변은 실제 역량 검증이 어렵다. 열심히 했다, 최선을 다했다와 같은 표현은 설득력이 낮다. 구체적인 상황·행동·결과가 제시되지 않으면 직무 수행 가능성에 의문이 생길 수 있다.

(3) 책임 회피형 태도

실패 경험을 설명하면서 타인이나 환경 탓으로 돌리는 태도는 부정적으로 평가된다. 조직은 완벽한 인재보다, 문제를 인식하고 개선하는 인재를 선호한다. 책임을 인정하고 학습한 점을 제시하지 못하면 성장 가능성 점수가 낮아질 수 있다.

(4) 과도한 자기 연출

지나치게 이상적이거나 완벽한 모습만을 강조하면 진정성이 의심될 수 있다. 실제 경험과 동떨어진 과장된 답변은 추가 질문에서 쉽게 드러난다. 완벽한 사람보다 예측 가능한 사람을 선호한다는 점을 이해해야 한다.

(5) 비언어적 태도의 불안정성

시선 처리, 표정, 자세, 말의 속도는 신뢰감 형성에 영향을 미친다. 과도한 긴장으로 인한 급한 말투나 불안정한 태도는 준비 부족으로 해석될 수 있다. 안정된 자세와 일정한 말하기 속도는 내용 이상의 평가 요소가 된다.

면접 답변 구조

① STAR

(1) 정의 및 특징

상황과 경험 면접에서 주로 사용한다. 어려운 상황을 극복했던 경험, 갈등을 중재했던 경험 등을 묻는 질문에 답하기 좋다.

상황(situation)		업무(task)		실행(action)		결과(result)
계기나 상황	→	맡은 업무	→	실행한 사례	→	실행의 결과

(2) 질문 답변 예시

> Q. 가장 힘들었던 때와 그때를 극복해 낸 경험을 말해 보십시오.

① S : 고등학교 이 학년 때 동아리 회장직을 맡게 되었습니다. 그런데 내부 갈등으로 인원과 예산이 줄어 동아리를 폐쇄해야 할 위기에 직면했습니다.

    TIP 당시 상황과 맥락을 들어 사건의 시발점을 간결하게 제시한다.

② T : 저는 동아리 재건에 도전하기로 마음먹었습니다. 동아리 활성화를 위해 가장 중요한 것은 사람이라고 생각했고, 새로운 동아리 회원을 모집하고자 했습니다.

    TIP 주어진 책임이나 목표를 언급하며, 해결해야 했던 핵심 과제 또는 맡은 업무를 중심으로 답변한다.

③ A : 그래서 동아리 홍보 포스터를 만들어 일 학년 게시판이나 복도에 중심적으로 게시하고, 점심시간과 쉬는 시간에 선생님들께 양해를 얻어 일 학년 교실에서 동아리 홍보를 하기도 했습니다.

    TIP 중심이 되는 부분이므로 명확하게 전달한다. 문제 해결을 위해 취한 행동을 구체적으로 설명하며, 능동 표현을 사용하는 것이 좋다.

④ R : 그 결과 폐쇄 위기였던 저희 동아리는 일 년 만에 학교에서 신입생이 가장 많은 동아리가 되었고, 이후 다양한 활동을 하며 동아리를 활성화했습니다. 이 경험으로 문제 해결을 위해 주도적으로 행동하는 자세의 중요성을 배울 수 있었습니다.

    TIP 구체적인 성과를 언급하며 마무리한다. 가능하다면 수치나 객관적 지표를 제시하는 것이 효과적이다. 배운 점 또는 느낀 점을 덧붙이면 더 좋은 인상을 남길 수 있다.

② SCAR

(1) 정의 및 특징

압박이나 개별 면접에서 주로 사용한다. 갈등이나 위기, 도전 경험을 설명하는 데 유용하게 사용할 수 있다.

상황(situation)		위기(crisis)		행동(action)		결과(result)
상황 설명	→	위기 상황	→	위기 해결 행동	→	행동의 결과

(2) 질문 답변 예시

> Q. 갈등 상황을 중재한 적이 있습니까? 있다면 경험을 말해 보십시오.

① S : 팀 프로젝트에서 자료 분석 방향을 두고 두 명이 서로 다른 해석을 주장하며 큰 의견 차이를 보인 적이 있었습니다.

TIP 지원 분야와 관련한 전문적인 과제 및 업무 상황의 내용을 제시하면 유리하다.

② C : 가벼운 토의에서 시작했지만 분석 기준과 책임 범위를 두고 감정적인 논쟁으로까지 번졌고, 이에 따라 프로젝트가 무산될 위험까지 생겼습니다.

TIP 위기 또는 갈등 상황을 구체적으로 설명한다. 예상되었던 부정적인 결과를 덧붙이면 상황의 심각성을 더욱 설득력 있게 전달할 수 있다.

③ A : 저는 우선 갈등 악화를 막기 위해 회의를 중단하고, 이후 중립적인 기준을 바탕으로 두 주장을 정리한 뒤, 타협안을 도출해서 다음 회의 때 제시했습니다.

TIP 자신의 역할과 행동을 중심으로 답변한다. 가능한 경우 문제의 접근 방법과 합리적인 판단의 근거 등을 함께 설명하면 좋다.

④ R : 그 결과, 의견이 원만하게 통일되어 프로젝트에서 만족스러운 결과를 얻을 수 있었습니다. 저는 이를 통해 양측의 입장을 헤아려 합리적인 해결책을 제시하는 중재자의 역할을 경험했습니다.

TIP 앞서 언급한 행동의 긍정적인 결과를 제시하고, 그로 인해 얻은 교훈이나 역량으로 마무리한다.

③ PREP

(1) 정의 및 특징

토론이나 발표 면접에서 주로 사용한다. 논리적인 이유와 실제 사례 및 데이터에 기반하므로 설득력 있는 주장을 펼칠 수 있다.

주장(point)		이유(reason)		사례(example)		주장(point)
주장 제시	→	논리적 이유	→	근거 보충	→	주장 강조

(2) 질문 답변 예시

> Q. 재택근무 제도에 대해 어떻게 생각하십니까?

① P : 저는 재택근무 제도에 찬성합니다. 재택근무를 확대하는 것이 조직의 발전에 도움이 된다고 생각합니다.

TIP 주장과 주장의 핵심이 되는 내용을 시작으로 답변을 전개한다. 짧고 간결한 표현을 사용하면 좋다.

② R : 업무 특성에 따라 유연한 근무 환경을 제공하면 직원들의 업무 집중도와 조직 전체의 효율성이 높아질 수 있기 때문입니다.

TIP 주관적인 판단보다는 주제를 객관적으로 파악하는 관점을 가지는 것이 좋다.

③ E : 실제로 근래에 많은 기업이 재택근무를 도입하기 시작했는데, 출퇴근 시간 단축과 자율적인 근무 환경으로 만족도와 생산성이 동시에 향상되었다는 조사 결과가 있었습니다.

TIP 근거와 직접적으로 연결되는 부연 설명을 덧붙인다. 연구 결과, 기사, 통계 등을 활용하면 신뢰성과 설득력을 높일 수 있다.

④ P : 그러므로 재택근무 제도를 적극 도입해 근무자의 업무 수행력을 높일 수 있도록 도와야 한다고 생각합니다.

TIP 마무리 단계에서 처음 주장을 반복함으로써 자신의 의견을 강조할 수 있다. 제안이나 기대 효과 등을 함께 언급하면 논리의 전문성을 높이는 데 도움이 된다.

 OREO

(1) 정의 및 특징

토론이나 발표 면접에서 주로 사용한다. 설득보다는 설명과 이해를 좀 더 중시한다는 특징이 있다.

주장(opinion)		이유(reason)		예시(example)		주장(opinion)
주장 명시	→	논리적 이유	→	구체적 예시	→	주장 강조

(2) 질문 답변 예시

> Q. 현재 동물 학대 처벌 수준에 대해 어떻게 생각하십니까?

① O : 저는 동물 학대에 대한 처벌을 크게 강화해야 한다고 생각합니다.

TIP 도입부에서 자신의 주장을 명확하게 제시한다. 추상적이거나 애매한 입장은 피하고 확실한 태도를 갖는 편이 더욱 신뢰감을 줄 수 있다.

② R : 동물 또한 감정과 고통을 가진 존재이기 때문에 윤리적으로 충분히 보호받아야 할 필요가 있습니다. 그러나 현행 처벌 수준으로는 동물 학대의 실질적인 억제 효과가 부족합니다.

TIP 의견을 뒷받침하는 논리적 근거를 중심으로 답변한다. 이때 주장과 이유의 인과관계를 분명히 하여, 타당하고 듣는 이가 납득하기 쉽게 구성하는 것이 좋다.

③ E : 일부 국가에서는 동물 학대에 대한 처벌을 강화한 후, 관련 범죄가 감소하고 동물 복지 의식이 높아졌다는 보고가 있습니다. 예를 들어, 독일은 헌법에 동물 보호를 명시하고 학대자에 대해 최대 3년의 징역형을 집행하면서, 동물 학대가 매우 드문 국가가 된 사례가 있습니다.

TIP 구체적인 사례나 통계를 제시하여 주장과 이유를 보다 자세히 설명한다. 이때 검증할 수 있고 신뢰가 가는 자료를 채택하는 것이 좋다.

④ O : 따라서 동물 학대에 대한 처벌을 대폭 강화해 실질적인 동물 복지를 개선하고 사회 전반의 윤리적 수준을 높여야 한다고 생각합니다.

TIP 핵심 의견을 다시 강조하며 마무리한다. 가능하다면 예상되는 결과나 미래 전망 등을 함께 언급해서 결론을 더 강조할 수 있다.

1 인성면접

(1) 평정 요소

① 대인관계능력

> • 처음 만나는 사람과 쉽게 친해지는 편입니까?
> • 생각이 다른 동료와 함께 일했을 때 어떻게 협업했습니까?
> • 업무 중 동료와 갈등이 생긴다면 어떻게 하겠습니까?

㉠ 협조성과 갈등 중재 능력, 팀워크 등을 심사하는 질문이다. 인사 담당자로서는 동료들과 얼마나 원활한 관계를 형성하고 유지해 나가는지도 중요한 평정요소이다.

㉡ 대인관계능력은 의사소통에서 시작한다. 의사소통능력은 단순히 조리 있게 말을 잘 하는 것뿐만 아니라 경청하는 자세, 문서를 읽고 쓰는 능력, 기초 외국어 능력까지 포함한다.

② 자기계발능력

> • 가장 힘들었던 때와 그때를 극복해 낸 경험을 말해 보십시오.
> • 입사 후 전문성을 키우기 위해 어떤 자기 계발을 할 계획입니까?
> • 새로운 업무 시스템이나 절차가 도입되었을 때 빠르게 이해하고 적응했던 경험이 있습니까?

㉠ 과거에 자기 계발을 했던 경험, 또는 입사 후 포부 등 다양한 형태로 질문한다.

㉡ 과거의 경험은 자신의 부족한 점이나 약점을 인식한 후 어떤 노력을 통해 극복했는지, 입사 후 포부는 자신의 부족한 점을 어떻게 더욱 개발할지를 묻는다.

③ 스트레스 관리

> • 취미가 무엇입니까?
> • 자신만의 스트레스 관리법이 있습니까?
> • 평소 여가시간을 어떻게 보내는 편입니까?

㉠ 스트레스를 어떻게 관리하고 해소하는지를 통해 인사 담당자는 해당 지원자가 압박 상황에서 어떻게 대처하는지를 알 수 있다.

㉡ 취미나 여가 시간을 묻는 단순한 질문에도 자신의 직무 역량과 연결해 답하는 것이 중요하다.

④ 성실성

> • 장기간 꾸준히 노력했던 경험을 말씀해 주십시오.
> • 마감 기한이 촉박했던 상황에서 어떻게 대응했는지 구체적으로 설명해 보십시오.
> • 반복적이고 단조로운 업무를 맡았을 때 어떻게 동기를 유지했습니까?

㉠ 성실하게 근무를 했었던 경험에 대해서 질문한다.

㉡ 장기 근속 여부 및 맡은 업무를 성실하게 할 수 있는 가를 중요하게 확인한다.

⑤ 책임감

> • 본인의 실수로 문제가 발생했던 경험과 그 해결 과정을 설명해 보십시오.
> • 팀 프로젝트에서 갈등이 발생했을 때 본인은 어떤 역할을 했습니까?
> • 맡은 역할 이상으로 추가적인 책임을 수행했던 경험이 있다면 말씀해 주십시오.

㉠ 업무에 책임감을 확인하는 평정요소이다.

㉡ 문제 해결을 한 경험에 대해서 빈번하게 묻는다.

⑥ 가치관 및 조직적합성

> • 조직 내에서 규정과 개인의 판단이 충돌한다면 어떻게 행동하시겠습니까?
> • 본인이 중요하게 생각하는 직장인의 덕목은 무엇입니까?
> • 상사의 지시가 본인의 생각과 다를 경우 어떻게 대응하겠습니까?

㉠ 가치관을 확인하는 질문을 하는 평정요소이다.

㉡ 인성검사 결과와 연관되는 질문을 빈번하게 하는 편이다.

⑦ 의사소통 태도 및 안정성

> • 본인의 의견이 받아들여지지 않았던 경험을 설명해 보십시오.
> • 예상치 못한 질문을 받았을 때 어떻게 대응하시겠습니까?
> • 면접과 같은 긴장 상황에서 본인을 어떻게 조절합니까?

㉠ 의사소통 및 소통능력을 확인하는 평정요소이다.

㉡ 동료들과 의사소통을 통해서 갈등을 해결한 경험을 주요하게 물어본다.

(2) 준비전략

인성면접은 지원자의 인품을 넘어 상기 평정 요소들을 평가하는 일종의 구술시험이다. 따라서 인성 평가라는 사고에 갇혀 무난한 모범 대답만 반복하는 것은 피해야 한다. 질문의 의도를 파악하고 그것을 조리 있게 말하는 능력이 중요하다. 주로 지원서나 자기소개서에 기반으로 하는 질문 또는 사회적으로 쟁점이 되는 뉴스와 시사상식에 대한 견해를 묻기 때문에 해당 내용을 사전에 숙지해야 한다.

② 직무면접

(1) 평정 요소

① 직무상식

> • A 프로그램을 사용할 수 있습니까?
>
> • 해당 업무를 수행할 때 바람직한 태도는 무엇입니까?
>
> • 직무와 관련해 개인적으로 학습하거나 준비한 것이 있습니까?

㉠ 직무를 수행할 최소한의 학습 경험과 이해도·관심도를 갖추었는지를 평가한다.

㉡ 해당 직무를 담당할 때 필요한 기초 지식과 태도 등의 이해를 필요로 한다.

㉢ 전공 개론 수준의 이론 또는 사용하는 툴이나 프로그램 등을 묻는다.

② 응용능력

> • 업무 과정에서 비효율적인 부분을 발견하고 개선한 경험이 있습니까?
>
> • 업무에서 실수를 줄이고 정확성을 유지하기 위한 자신만의 방법이 있습니까?
>
> • 업무 마감 시간이 얼마 남지 않았는데 시스템 오류가 발생했다면 어떻게 하겠습니까?

㉠ 직무 지식을 실제 현장에서 응용할 수 있는지 파악하기 위한 질문이다.

㉡ 직무와 관련된 상황을 분석하고 해결 전략을 제시하는 논리적 사고를 필요로 한다.

㉢ 어떠한 상황을 주고 그 상황에서 본인이라면 어떻게 할 것인지를 묻는 경우가 많다.

③ 직무이해도

> • 이 직무를 수행하는 데 가장 중요한 역량은 무엇이라고 생각합니까?
>
> • B 법이 다음 달부터 개정 발효되는데 이유를 알고 있습니까?
>
> • C 안건을 본인이 한다면 어떤 순서로 하겠습니까?

㉠ 지원하는 업무를 정확히 이해하고 있는지를 확인하기 위한 질문이다.

㉡ 자신이 어떤 일을 해야 하는지 알고 해당 직종의 정책 및 지향점을 명확히 파악하는 것이 중요하다.

㉢ 직무에 대한 세부적인 질문을 받았을 때, 기업의 비전 또는 미션과 해당 직무의 역할을 연결 지어 답변하는 것 또한 좋은 어필이 된다.

(2) 준비전략

직무면접은 지원자의 직무 적합성을 검증하기 위한 면접이므로, 지원하는 직무에 대한 기본 이론부터 응용 상식까지 포괄적인 내용을 숙지하는 것이 중요하다. 채용 공고의 직무 설명, 홈페이지의 기업의 직무 소개, NCS 직무기술서 등을 토대로 필요 역량과 툴 등을 명확하게 파악하도록 한다.

3 **AI 면접**

(1) 특징

AI가 면접관 역할을 대신하는 비대면 면접 유형 중 하나이다. 화상 카메라, 마이크 등을 준비해야 한다는 번거로움이 있지만, 시간과 장소의 제약이 없다는 것이 장점이다. AI가 지원자의 시선, 말투, 표정, 제스처까지 전부 분석하고 많은 인원의 면접을 빠르게 치를 수 있다는 점에서 AI 면접을 선호하는 곳이 늘고 있다.

(2) 준비전략

① AI 면접에서는 시선처리와 발음, 응답속도가 중요한 평가 요소로 작용한다. 많은 지원자가 카메라가 아닌 화면을 보는 실수를 하는데, AI 면접 시에는 화면이 아닌 카메라를 정확히 보는 연습을 하는 것이 좋다.

② 음성 인식 정확도를 높이기 위해서는 또박또박 천천히 말하고, 질문이 끝난 뒤 2 ~ 3초 정도의 간격을 두고 대답한다.

4 **개별면접**

(1) 특징

한 명 또는 여러 명의 면접관과 한 명의 지원자가 면접을 치르는 것이다. 지원자가 한 명인 만큼 심층적인 질문과 다양한 꼬리 질문을 받는다. 지원자의 사고 과정과 태도를 집중적으로 검증할 수 있다는 특징이 있다.

(2) 준비전략

① 심화 질문에 대비하기 위해서는 채용 공고, 기업의 비전과 미션, 보도 자료, 직종과 관련된 시사상식, 최근 이슈, 지원서와 자기소개서 등을 모두 꼼꼼하게 숙지하도록 한다.

② 다 대 일 면접의 경우 심리적 압박감이 강할 수 있으므로 모의 면접을 통해 여러 면접관의 질문에 차분히 대응하는 연습을 해두는 것이 좋다.

③ 한 면접관의 질문에 답변할 때도 다른 면접관들과 자연스럽게 시선을 나누며 소통하는 자세를 유지해야 한다.

⑤ 토론면접

(1) 특징

면접자들을 조별로 나누어 특정 주제를 주고 찬반 토론을 하도록 하는 면접이다. 토론을 통해 도출해 낸 최종안도 중요하지만, 결론을 도출하는 과정에서의 의사소통능력 및 갈등 상황에서 의견을 조정하는 대처 능력 등도 중요하게 평가된다.

(2) 준비전략

① 적극적으로 나의 의견을 주장하는 것도 중요하지만, 경청하고 조정하는 능력도 평정 요소 중 하나라는 사실에 유념하여 토론에 임해야 한다. 다른 사람이 발언할 때 고개를 끄덕이거나 적절한 반응을 보이며 경청하는 비언어적 커뮤니케이션을 잊지 않도록 한다.

② 주제는 주로 최근 사회 이슈나 업계 관련 쟁점 중에서 나오는 경우가 많으므로 이를 중심으로 공부하는 것이 좋다.

⑥ 상황면접

(1) 특징

실제 업무 중 마주할 수 있는 상황을 제시하고 어떻게 행동할 것인지를 묻는 방식으로 진행하는 면접이다. 현장에서 겪을 수 있는 상황을 제시함으로써 입사 이후의 실제적인 업무 수행 능력을 중점적으로 평가한다.

(2) 준비전략

① 상황면접 특성상 면접 질문이 길다는 점에 유의한다. 질문의 핵심 의도를 짚어내고 적절한 답을 제시할수록 높은 점수를 얻을 수 있다.

② 다양한 관점을 고려하여 어려운 문제 상황에 대한 답을 미리 생각해 보고 구조화된 면접 답변을 준비하는 것이 좋다.

7 비대면 면접

(1) 특징

면접관과 지원자가 대면하지 않은 상태에서 진행하는 면접이다. 화상 프로그램을 통해 면접관과 질의문답을 주고받는 것과, 주어진 주제나 질문에 답하는 모습을 녹화하여 제출하는 것 두 종류로 나뉜다. 면접관이 사람이라는 점에서 AI 면접과는 차이가 있다.

(2) 준비전략

① 카메라와 마이크가 잘 작동하는지, 프로그램 설치나 설정이 맞게 되어있는지를 사전에 반드시 점검하도록 한다.

② 화면이 아닌 카메라 렌즈를 향해서 자연스러운 시선 처리를 유지하고, 질문이 끝난 뒤 2 ~ 3초의 간격을 두고 또렷하게 답변하는 것이 좋다.

③ 시스템 오류 등의 예상치 못한 상황이 벌어지더라도 당황하지 않고 침착하게 담당자의 안내에 따르도록 한다.

8 외국어 면접

(1) 특징

외국어로 진행되는 면접으로, 외국계 기업이나 업무상 외국어를 많이 사용하는 직종에서 주로 시행한다. 전문용어나 비즈니스 매너 등까지 전반적으로 갖춰야 하므로, 원어민 면접관이 면접을 진행하는 때도 많다.

(2) 준비전략

① 중요한 건 자신감이다. 면접장에서 외국어를 완벽하게 구사해야 한다는 사실을 부담스러워하는 지원자가 많다. 그러나 완벽하지 않더라도 자신감 있게 나를 표현하는 모습이 좋은 평가를 받을 수 있다.

② 문화권마다 예의범절이나 비즈니스 매너 등이 다르다는 점에 유의하고 미리 숙지하도록 한다.

⑨ 발표면접 (PT면접)

(1) 특징

지원자가 제시된 특정 주제와 자료를 토대로 자기 생각을 발표하는 면접이다. 주어진 자료에서 핵심 주제와 맥락을 짚어낼 수 있는 능력과, 그것들을 기반으로 문제를 해결할 수 있는 능력 등이 주요 평정 요소이다.

(2) 준비전략

① 주제와 상황을 명징하게 파악하는 것이 가장 중요하다. 강조하고자 하는 핵심을 찾아내고, 서론 – 본론 – 결론의 체계적인 구조를 사용하여 이를 드러내는 것이 좋다.

② 발표할 때는 주어진 시간을 엄수하여 명확하고 자신 있는 태도로 한다.

⑩ 다(多) 대 다(多) 면접

(1) 특징

다수의 면접관과 다수의 지원자가 함께 면접을 보는 것이다. 개별 역량뿐만 아니라 다른 지원자들과의 상호작용, 경쟁 상황에서의 태도 등을 종합적으로 평가한다. 제한된 시간 내에 자신을 효과적으로 드러내야 하는 점이 어렵지만, 다른 지원자와 비교하여 자신의 취약점이나 강점을 파악할 수 있다는 장점도 있다.

(2) 준비전략

① 사람들 사이에서 자신을 보여주는 것도 중요하지만, 다른 지원자들을 향한 태도도 중요하다. 다른 지원자가 답변할 때는 그 지원자를, 면접관이 질문할 때는 그 면접관을 바라보며 경청하는 태도를 보인다.

② 다른 지원자와 답변이 겹치지 않도록 한 질문에 다양한 답변을 준비하는 것이 좋다.

Q. 자기소개를 간단하게 해 보세요.

A. 안녕하십니까, A사 B계열에 지원한 OOO(이)라고 합니다. 저는 제 핵심 강점인 책임감을 바탕으로, 어느 조직에서나 끈질긴 분석과 협업을 통해 목표 달성에 기여하고자 노력해 왔습니다. 이 과정에서 업무에 필요한 문제 해결 능력과 추진력 또한 키울 수 있었습니다. 실제로 여러 프로젝트에 참여하여 직접 제안한 아이디어로 성과 개선에 기여한 경험이 있습니다. 입사 후에도 이러한 역량과 경험을 바탕으로 빠르게 업무에 적응하고, 장기적으로는 A사의 핵심 인재로 성장할 수 있도록 노력하겠습니다. 감사합니다.

> **TIP** 블라인드 면접 시 학교명이나 나이 등의 신상정보를 빼고, 직무와 관련된 강점 중심으로만 답변해야 한다. 자신의 성향을 한 문장으로 요약하고, 이어서 간단한 경험으로 근거를 제시한 뒤, 그 역량이 지원 직무에 어떻게 도움이 되는지 언급하며 마무리하면 좋다.

Q. 우리 회사를 지원한 이유는 무엇입니까?

A. 회사의 성장 방향성 및 추구하는 목표가 제 가치관과 역량에 잘 맞는다고 생각했기 때문입니다. 저는 조직의 성격과 구성원의 역량이 맞닿을 때 가장 큰 성과를 만든다고 믿습니다. A사가 명확한 목표를 갖고 체계적으로 성장 전략을 실천하는 조직 문화를 갖추고 있으며, 구성원들이 도전하면서도 협업을 중시하는 환경에서 일하고 있다는 점이 인상 깊었습니다. 저 또한 A사에서 책임감 있게 협업하고 결과를 내는 사람으로 성장하고 싶어 지원했습니다.

> **TIP** 홈페이지나 채용 공고에서 언급되는 핵심 가치 또는 인재상을 파악하고, 이를 자신의 성향과 연결 지어 기업과 자신의 지향점이 일치함을 강조하는 것이 바람직하다. 마무리는 능동적이고 미래지향적인 표현을 사용해 입사 의지를 드러내면 좋다.

Q. 해당 직무에 지원한 이유는 무엇입니까?

A. 저는 문제를 해결하고 가치를 창출하는 과정에서 큰 성취를 느끼는 사람입니다. 해당 직무가 분석을 바탕으로 명확한 결과를 만들어내며, 팀과 조직 목표 달성에 직접적으로 기여할 수 있다는 점이 매력적으로 다가왔습니다. 이전에도 주어진 과제를 체계적으로 분석하고 접근하여 성과를 낸 경험이 많이 있습니다. 때문에 해당 직무에서 제 흥미와 역량을 가장 효과적으로 발휘할 수 있다고 생각했습니다.

TIP 직무에 대한 지원자의 이해도와 직무 적합성을 파악하기 위한 질문이다. 효과적인 답변을 위해서는 지원하는 직무의 핵심 역할을 정확히 파악하고 있다는 사실을 드러내고, 그 안에서 자신의 역량을 발휘할 수 있다는 점을 어필하는 것이 좋다. 해당 역량을 효과적으로 발휘한 사례를 더하면 설득력을 높일 수 있다.

Q. 자신의 장·단점은 무엇이라고 생각합니까?

A. 저의 장점은 인내심입니다. 어렵고 힘든 문제를 만나도 쉽게 포기하지 않고 해결할 때까지 끊임없이 노력하기 때문입니다. 단점은 목표가 없으면 쉽게 나태해진다는 점입니다. 이를 극복하기 위해서 평소에도 맡은 일에 단계별로 구체적인 목표와 계획을 세우고 점검하는 습관을 만들었습니다.

TIP 장·단점을 묻는 질문은 자신의 약점을 어떻게 관리하고 성장의 계기로 삼는지를 평가하기 위한 목적이 있다. 따라서 단점을 언급할 때는 너무 사소하거나 추상적인 것보다는 개선 가능성과 보완 의지를 드러낼 수 있는 현실적인 문제를 제시하는 것이 좋다.

Q. 취미가 무엇입니까?

A. 제 취미는 조깅입니다. 운동을 하면 몸과 마음이 개운해질 뿐만 아니라 생각도 정리할 수 있기 때문입니다. 건강관리에 큰 도움이 되고 있기 때문에 조금 바쁘거나 피곤하더라도 시간을 내 꾸준히 조깅이나 산책을 하고 있습니다.

TIP 취미를 통한 지원자의 성실성, 자기관리 태도 등을 파악하려는 의도를 내포한다. 따라서 단순히 '운동을 좋아한다', '독서를 한다'처럼 열거식으로 답하기보다, 해당 취미가 자신에게 어떤 긍정적 영향을 주는지를 들어 답변하는 것이 바람직하다.

Q. 여가 시간은 주로 어떻게 보냅니까?

A. 여가 시간에는 주로 취미인 조깅을 하면서 보내는 편입니다. 하지만 밤이거나 날씨가 안 좋을 때는 책이나 영화를 보기도 합니다. 중요한 것은 균형 있는 활동과 휴식을 통해 체력을 관리하며 업무 시간에 필요한 집중력을 확보하는 것이라고 생각합니다.

> **TIP** 시간 분배와 자기관리에 대한 체계적인 태도나 긍정적으로 업무 에너지를 회복하는 모습을 보이면 좋은 인상을 남길 수 있다. 이는 주어진 자원을 효율적으로 활용하고 장기적인 업무 수행에서도 안정적인 성과를 낼 수 있는 사람으로 평가 받는 데 도움을 준다.

Q. 자신만의 스트레스 해소법이 있습니까?

A. 스트레스를 받는 상황이 생기면 우선 감정적으로 반응하기보다 이성적으로 상황을 정리하고 마음을 다스릴 수 있도록 노력합니다. 보통 짧은 산책이나 조깅으로 생각을 환기하는 것이 도움 되었습니다. 스트레스 해소는 감정 배출이 아닌 문제를 해결하기 위한 정리 과정이라고 생각하고 있습니다.

> **TIP** 긍정적이며 건강한 방법을 제시하고, 구체적인 예시를 들어 자신만의 스트레스 해소법을 언급하는 것이 좋다. 이를 통해 압박 상황에서도 일의 균형과 효율을 유지할 수 있는 안정적인 지원자로 인식될 가능성이 높다.

Q. 가장 최근에 읽은 책은 무엇입니까?

A. 카시와기의 「데이터 문해력」을 읽었습니다. 데이터를 어떻게 해석하고 업무 의사결정에 활용할 것인지에 대한 책입니다. 데이터 활용 능력이 더욱 중요해지고 있는 시대인 만큼 데이터를 통해 실제 문제를 해결하는 방법을 더 잘 이해해야 한다고 생각했습니다. 책을 읽으며 데이터를 다루는 기술적 역량뿐만 아니라 그 속의 맥락을 이해하는 능력도 함께 키워야겠다고 느꼈습니다.

> **TIP** 자기 계발과 직무 역량 향상을 위해 노력하는 태도를 어필할 수 있는 질문이다. 단순히 책의 줄거리나 내용 요약을 말하기보다. 그 책을 통해 무엇을 느꼈고 어떤 점을 배우게 되었는지를 중심으로 답변하면 설득력이 높아진다.

A. 저는 팔로워에 좀 더 가깝다고 생각합니다. 지금까지 상황을 분석하고 소통하는 능력을 통해 리더의 아래에서 팀을 하나로 만든 경험이 많았기 때문입니다. 그러나 좋은 팔로워의 경험이 있어야 좋은 리더도 될 수 있다고 생각합니다. 조율이 필요한 순간에는 앞장서서 의견을 모으고 정리하는 리더 역할도 마다하지 않고자 합니다. 팀의 성과를 위해 두 역할을 유연하게 수행하는 사람이 되겠습니다.

> **TIP** 자신의 강점과 역량에 대해 충분히 이해하고 있는 것이 중요하다. 구체적인 경험을 근거로 들어, 적절한 자리에서 스스로의 역할을 충실히 수행할 수 있는 인재라는 점을 설명한다. 가능하다면 한쪽만 일방적으로 강조하기보다 두 역할을 상황에 따라 조화롭게 수행할 수 있는 유연성을 보여주어도 좋다.

A. 나이보다는 개인이 가진 전문성과 역량이 더 중요하다고 생각하므로 개의치 않습니다. 실제로 인턴 활동 중 저보다 어린 선배와 함께 일했던 적이 있습니다. 그분은 업무 경험이 많고 문제 해결 능력이 뛰어났기 때문에 옆에서 많이 여쭤보고 배울 수 있었습니다. 조직에서 상사라는 사실은 그만큼 인정받은 경력이 있다는 의미이기 때문에, 나이와 관계없이 존중하며 배우는 자세로 임하겠습니다.

> **TIP** 조직 내 위계에 대한 이해도와 관계 유연성을 파악하기 위한 목적이 있다. 합리적인 근거와 경험을 토대로 연령보다 역량을 중시하는 성숙한 사고방식을 드러내는 것이 좋다.

A. 먼저 지시받은 일의 목적과 필요성을 여쭤보겠습니다. 신입사원인 만큼 제가 해당 지시의 의미를 제대로 파악하지 못했을 수 있다고 생각하기 때문입니다. 그럼에도 명백히 업무와 무관한 사적인 일이라고 판단되면, 현재 더 필요한 업무에 집중하기 위해서 정중하게 거절하겠습니다.

> **TIP** 지원자의 문제 대처 능력, 윤리관 등을 평가할 수 있는 질문이다. 우선 상황을 객관적으로 파악하려는 시도 이후 합리적인 결정을 내리는 모습을 보이면 보다 긍정적인 평가를 받을 수 있다. 언행에서는 예의와 조직 존중의 자세를 잃지 않는 태도 또한 중요하다.

Q. 원하지 않는 지방이나 외국으로 발령을 받는다면 어떻게 하겠습니까?

A. 지원할 때 순환근무에 대한 사실을 충분히 숙지했기 때문에 기꺼이 받아들일 준비가 되어있습니다. 저는 환경이 바뀌는 것을 어려워하지 않고, 새로운 일에 도전하는 것을 좋아하는 편입니다. 물론 처음에는 낯설 수도 있지만, 그만큼 다양한 경험을 쌓고 폭넓은 시각을 갖춰 보다 성장하는 기회로 삼고자 합니다.

TIP 기업의 인사 정책을 존중하면서도 변화에 긍정적으로 대응하려는 자세로 답변하는 것이 바람직하다. 즉, 곤란하다거나 어렵다고 단정 짓기보다는 이를 성장의 기회로 삼아 조직에 기여하겠다는 의지를 드러내는 것이 좋다.

Q. 과도한 업무가 주어져서 일과 개인 시간의 밸런스가 무너진다면 어떻게 하겠습니까?

A. 우선은 저의 업무 처리 방식을 점검해보겠습니다. 업무에 요령이 부족하거나 서툴러서 생긴 문제일 수 있으므로 이를 개선해야 한다고 생각합니다. 선배님께 효율적인 방법을 여쭤보고 불필요한 시간을 줄이는 법을 익힐 계획입니다. 그런데도 업무량이 과다하다고 느껴진다면, 팀 내 상급자분께 상담을 요청해 조율하겠습니다.

TIP 먼저 스스로 업무를 완수하려는 의지를 보이고, 개인의 역량을 넘는 불가피한 상황임을 인지했을 때는 구체적인 해결 전략을 제시하여 원만한 문제 해결 능력과 소통 능력을 갖추었음을 밝히는 것이 바람직하다.

Q. 만약 이번 채용에 불합격한다면 어떻게 하겠습니까?

A. 겸허히 결과를 받아들이고 준비 과정에서 부족했던 부분을 점검하는 계기로 삼겠습니다. 특히 면접을 준비하며 느꼈던 제 역량의 한계나 보완이 필요하다고 생각한 부분을 중심으로 다시 정리하고, 관련 경험과 역량을 보완해 나가겠습니다.

TIP 채용 결과와 관계없이 지원자의 회복 탄력성, 직무에 대한 지속적인 관심과 준비 의지를 확인하고자 하는 질문이다. 감정적으로 반응하기보다는 자신에게 부족했던 점을 돌아보고 향후 계획을 성숙하게 수립하겠다는 태도를 보이는 것이 좋다.

시사용어사전 1228

매일 접하는 각종 기사와 정보! 공기업/언론사/기업체/공무원 채용을 준비하는 수험생과
현대인이 꼭 알아야 할 최신 시사상식을 쏙쏙 뽑아 이해하기 쉽도록 영역별로 정리

경제용어사전 1050

주요 경제용어는 거의 다 실었다! 금융권/공기업/언론사/기업체/공무원 채용을 준비하기 전에,
경제 공부를 시작하기 전에 읽어보면 경제가 쉬워지도록 사전식으로 구성

부동산용어사전 1310

부동산에 대한 이해를 높이고 부동산의 개발과 활용, 투자 및 부동산 용어 학습에도
적극적으로 이용할 수 있는 교재, 공인중개사 출제용어도 수록

자격증

한번에 따기 위한 서원각 교재

한 권에 준비하기 시리즈 / 기출문제 정복하기 시리즈를 통해 자격증 준비하자!